DELIUS KLASING

Günter Wätzig

Törn ohne Wiederkehr

Roman

Delius Klasing Verlag

Bibliografische Information
Der Deutschen Bibliothek

Die Deutsche Bibliothek verzeichnet diese Publikation
in der Deutschen Nationalbibliografie;
detaillierte bibliografische Daten sind im Internet
über »http://dnb.ddb.de« abrufbar.

1. Auflage
ISBN 3-7688-1428-9

Schutzumschlaggestaltung:
Buchholz / Hinsch / Hensinger, Hamburg
Druck und Einband: GGP Media, Pößneck
Printed in Germany 2003

Delius Klasing Verlag
Siekerwall 21, D-33602 Bielefeld
Tel. (05 21) 559-0, Fax (05 21) 559-115
E-mail: info@delius-klasing.de
www.delius-klasing.de

Inhalt

Bernd
9

Spiros
14

Anna
21

Michael
42

Senta
188

Epilog
216

Meinen segelnden Freunden gewidmet.

* * *

Den Karibikstaat St. Andrew gibt es nicht.
Die Handlung des Romans, alle Vorgänge, Personen
und Namen sind frei erfunden und leben nur
in der Fantasie des Autors.

Bernd

Die *Helena*, eine hochgetakelte, etwa 14 Meter lange Ketsch, eilte unter ausgebaumten Passatsegeln mit fast achterlichem Wind nach Westen. Der Wind wehte in den letzten Stunden gleichmäßig mit 5 bis 6 Beaufort. Die Dünung vom Starkwind der vergangenen Tage war zwar noch hoch, aber das Gieren des Schiffes und das Geigen vor dem Wind nahmen kontinuierlich ab. Trotz des schon starken, bremsenden Bewuchses des Unterwasserschiffes würde es ein gutes Etmal werden. Anna schätzte, sicher über 90 Seemeilen. Sie saß im warmen Passatwind in der Plicht, zurückgelehnt, die Hände hinter dem Kopf verschränkt. Die von ihr notdürftig mit Draht, Sperrholz, vier Schrauben und Sekundenkleber reparierte Windfahnenselbststeueranlage tat wieder ihren Dienst. Der Sternenhimmel mit der fremdartigen Stellung der ihr noch bekannten Sternbilder und mit den neuen, intensiv leuchtenden, ungewohnten Sternen funkelte und ließ alles in einem matten Glanz erscheinen, in dem man die Umgebung gut erkennen konnte, obwohl der Mond schon untergegangen war.

Die *Helena* war, obwohl ihren Holzanteilen ein neuer Anstrich gut getan hätte, vom Heckkorb aus der defekte Außenbordmotor eine Rostspur am Rumpf verursacht hatte und die Segel grau waren, ein schönes Schiff mit gefälligen Linien, nicht zu hohen Aufbauten und einer kleinen Plicht. Sie war schnell und auch sicher, wie Anna in den vorhergegangenen Sturmtagen mit Freude festgestellt hatte.

Morgen sollte sie 41 Tage nach ihrem Aufbruch von Gran Canaria die kleinen Antillen bei St. Andrew erreichen.

Die Karibik war Annas Traum gewesen, seitdem sie segelte, also mehr oder minder seitdem sie denken konnte. Nach den Anstrengungen und der Anspannung der letzten Tage und Wochen liefen ihr plötzlich Tränen über die Wangen, leise, kontinuierlich und nicht von Schluchzen unterbrochen. Was war aus ihrem Traum geworden? Ein Alptraum, ja, schlimmer noch, gefährliche Wirklichkeit. Sie wollte unbedingt, sobald wie möglich, vom Schiff. Würde Bernd sie so ohne weiteres gehen lassen? Von seiner Frau Senta war keine Hilfe mehr zu erwarten. Sie hatte vor vier Tagen gesehen, dass Bernd seine Hand auf Annas nacktem Oberschenkel liegen hatte und seit diesem Zeitpunkt kein Wort mehr mit ihr gewechselt. Sie hatte keine Erklärung hören wollen, schob ihr jetzt bei den Mahlzeiten feindselig schweigend das Essen zu und nannte bei der Wachablösung lediglich knapp die Zahl des Kompasskurses. Dabei hatte Anna Angst vor Bernd und empfand ihn nur als widerlich.

Während der ganzen Überfahrt hatte er sich an sie herangemacht, sie betatscht, in der Kajüte in die Enge getrieben, schlüpfrige Bemerkungen gemacht und sogar Liebeserklärungen abgegeben. Die Sache mit seiner Hand auf ihrem Schenkel vor vier Tagen hatte wirklich keinerlei Bedeutung gehabt, Anna war einfach zu erschöpft gewesen, sich weiter zu wehren.

Bernd hatte sich, nachdem sie Gran Canaria verlassen hatten, erheblich verändert. Seine Stimmungsschwankungen waren grotesk, er trank viel, log und fantasierte. Das Schiff führten eigentlich Anna und Senta, welche unscheinbar, hilfsbereit und nett gewesen war – bis eben vor vier Tagen.

In der letzten Zeit hatte sich Bernd ostentativ nicht mehr von seinem Revolver getrennt und sich zusätzlich damit beschäftigt, stundenlang ein kleines Beil zu schärfen. Mit irrem Gesicht saß er da, um erst mit einer Feile und anschließend mit einem Wetzstein die Klinge rasiermesserscharf zu schleifen. Dabei murmelte er pausenlos Verständliches und Unverständliches in seinen Bart:

»Na, ihr beiden Hübschen mit den scheißmuffigen Gesichtern, bald sind wir am Ziel unserer Reise und da werden wir ja sehen, ob ihr wieder vernünftig werdet und ein bisschen netter zum alten Bernd. Sonst könnte es passieren, dass einer von euch etwas zustößt. Oder vielleicht besser gleich beiden? Ich nehme mir dann ein unkompliziertes Niggermädchen«, er kicherte, »mit dicken Titten, die machen nicht so einen Aufstand wie ihr. Wenn wir in Goats Head angekommen sind, gibt es dort erst einmal ein feines Willkommensfest und da bitte ich mir fröhliche Gesichter aus, sonst ...« Und dazu hörte man das kreischende Schleifen. »Ich habe ja außer der Pistole noch mein Beil.« Hier wurde er unverständlich. Wenig später konnte man heraushören: »Ein Beil ist das Beste, um Kokosnüsse zu ernten, und kein Weißer kann so auf Palmen aufentern wie ich. Und die dummen Krausköpfe glauben immer noch, dass man nur mit einer Machete die Nüsse gut herunterholen kann.« Er kicherte wieder und fuhr großspurig fort: »Weit gefehlt, mit meinem scharfen, kleinen Beilchen schlage ich in der Zeit doppelt so viele los, wie die mit ihren Messern.«

Seit Tagen faselte er vom Ankommensessen auf der kleinen, St. Georg vorgelagerten Insel Goats Head: Kokoskrebsfleisch, Kokosstücke und Reis in frischer Kokosmilch gekocht.

»Das macht müde Mädchen wieder munter.« Er schüttete sich aus vor Lachen, als wenn er einen grandiosen Witz gemacht hätte.

Senta hatte Anna erzählt, dass die Kokoskrebse große Einsiedlerkrebse wären, die an Land unglaublich schnell in ihrem charakteristischem Gang unter den Palmen auf Jagd gingen und alles, was sie erwischen konnten, ob lebend, ob Aas, gierig zersäbelten und fraßen. Aber das war schon eine Weile her – vor ihrem großen feindseligen Schweigen.

In der Kajüte rührte es sich. Senta kam hoch, um sie wieder einmal wortlos abzulösen. Auf Annas »Kurs 270 Grad« bekam sie keine Antwort, nicht einmal ein Kopfnicken hatte Senta mehr für sie übrig. Bernds Schnarchen hörte man neben den

Wind- und Wassergeräuschen nur ab und zu aus dem Salon heraufönen.

Am nächsten Tag war im Norden St. Andrew und im Südwesten St. Georg mit dem kleinen, vorgelagerten Goats Head Island in Sicht. Der Wind stand unverändert durch und am Spätnachmittag fiel der Anker in einer geschützten, menschenleeren Westbucht hinter der Südspitze von Goats Head. Keine Yacht, keine Hütte waren zu sehen. In der Windabdeckung wurde es plötzlich deutlich wärmer. Vom Land her roch es nach Blüten, Wald und Gewürzen. Zikaden und Baumfrösche machten ein großes Spektakel und in den Wipfeln der Palmen flirrten die harten Blattwedel.

Bernd hatte, jetzt wieder mürrisch und wortkarg, die *Helena* die letzten Meilen gesteuert und den Ankerplatz bestimmt. Etwa 200 Meter vom Strand grub sich der Anker auf gut fünf Metern Tiefe in den festen Grund aus Korallensand und Lavasche ein. Anna war an der Ankerwinsch, während Senta mit dem Blasebalg schweigend das Schlauchboot aufgeblasen hatte. Die Stimmung war unheimlich gespannt, Anna empfand sie als bedrohlich.

Der Außenbordmotor war schon defekt gewesen, als Anna in Gran Canaria an Bord gekommen war. Bernd ruderte, Senta saß im Heck, Anna im Bug. Zwischen seinen Knien hatte Bernd einen Korb für die Nüsse und Krebse stehen. Sein Revolver steckte im Gürtel mit der großen, angeberischen Metallschnalle, neben ihm lag, die scharfe Schneide in ein Tuch gehüllt, das kleine Beil. Mit seinem roten Kopftuch sah er zumindest eigenwillig aus, er erinnerte an einen Komparsen in einem billigen Piratenfilm. Nur die Taschenlampe, die um seinen Hals baumelte, störte das Bild. Die schwache Dünung schwappte sie an den dunklen, grobkörnigen Sandstrand.

Goats Head Island ist ebenso wie die Nachbarinseln St. Vincent, St. Andrew und St. Georg vulkanischen Ursprungs. Alle haben deshalb graue bis schwarze Strände, die von dunklem Wasser umgeben sind; es ist eine düstere Szenerie.

Kaum dass sie ausgestiegen waren und Bernd das Beiboot auf den Strand gezogen hatte, ging mit der den Tropen eigenen Geschwindigkeit die Sonne unter. Dafür spendete aber ein fast voller Mond helles, silbernes, auf dem Wasser bleiernes Licht. Landeinwärts sah und hörte man auf dem beschienenen Kies des lichten Palmenwaldes die fetten Kokoskrebse herumhuschen.

»Du musst sie am Rückenpanzer fassen, sonst beißen sie dich«, gab Bernd Anna lachend seine Anweisungen, eindeutig wieder besser gestimmt. »Jetzt zeige ich euch einmal, wie man Kokosnüsse erntet«, prahlte er. Geschickt kletterte er barfuß auf eine etwas schräg stehende Palme. Als er ihm das zweite Mal heruntergefallen war, legte er seinen Revolver auf einen Stein und drohte: »Dass mir keiner die Knarre anrührt.« Nach wenigen Minuten prasselten die großen, grünen Nüsse gefährlich nahe neben Senta und Anna auf den Boden. Statt sich noch weiter über diesen Irren aufzuregen, verfolgte Anna lieber einen großen Krebs tiefer in den Palmenwald hinein. Als sie ihn glücklich mit beiden Händen am Rückenpanzer gefasst hatte, hörte sie Bernd und Senta laut miteinander streiten. Der Wind trug ihr nur einige Satzbruchstücke zu. »Du Schwein – du abgewrackte Nutte – Heirat – Gefängnis – ich bring dich um.«

Anna drehte sich zögernd um und blickte nach den beiden. In diesem Augenblick peitschten unregelmäßig, aber schnell hintereinander, fünf Schüsse durch die Palmen. Dann folgte ein Klicken, die Trommel des Revolvers war wohl leer. Ein Schuss war ganz nahe an ihrem Kopf vorbeigezischt. Wie gelähmt stand sie da, hielt immer noch den sich wehrenden Krebs in den Händen und schrie. Dann sah sie vom Strand schnell auf sich zukommend, blitzend und glänzend im Mondlicht, das kleine Beil. Sie wollte etwas sagen, wollte weglaufen, doch sie rührte sich nicht von der Stelle, blieb einfach nur stehen und schrie.

Spiros

Dr. med. Philipp Bauer hatte sich seine Ferien verdient. Seit er vor zwei Jahren in der kleinen Abteilung für Frauenheilkunde und Geburtshilfe der St. Walburga Klinik in Rendsburg Oberarzt geworden war – der einzige im Stellenplan, was im Wechsel mit dem Chef jede zweite Nacht und jedes zweite Wochenende Rufbereitschaft bedeutete –, war das sein erster, längerer Urlaub. Helma, seine Frau, war skeptisch gewesen. »Vier Wochen Segeln am Stück?«, hatte sie gefragt, nachdem an verlängerten Wochenenden die Kinder Sandra und Florian, fünf und zehn Jahre alt, nur wenig Geduld und Begeisterung für das Leben an Bord gezeigt hatten. Allerdings war das Wetter bei ihren letzten Törns auf der Ostsee auch meist recht schlecht und kalt gewesen. Jetzt also einen Monat Mittelmeer? Helma hatte sich überreden lassen und ihrem Mann seinen Herzenswunsch erfüllt, eine große, komfortable Yacht zu chartern, um nach all der Plackerei in den letzten Jahren Segeln in Reinkultur genießen zu können. Sie waren alle vier nicht enttäuscht worden. Die große, griechische Kunststoffyacht war fast neu und ohne Macken funktionstüchtig. Schon bei der Übergabe in Porto Heli hatte Philipp gemerkt, dass hier keine Halsabschneider vercharterten. Die Ausrüstung war komplett, der Motor stark, eine elektrische Ankerwinsch vorhanden, das Beiboot neu, der Eisschrank intakt, ja, es gab sogar eine Mikrowelle für die Bordfrau, die Philipp eigentlich als Schnickschnack abgetan hatte, die sich dann aber als ausgesprochen praktisch erwies. Der kleine japanische Generator für die große Batteriebank war fest installiert und leise. Zudem hatte auf ihrem Törn das Wetter mitgespielt, bis jetzt kein Sturmtag, der Meltemi hatte nie über 7 Beaufort betragen und der Wetterbericht sprach meist von »flachen Luftdruckgegensätzen über dem östlichen Mittelmeer«. Sie waren langsam, keine Nacht ohne Hafen- oder Ankerplatz, nach Südosten von Kykladeninsel zu Kykladeninsel gehüpft. Philipp sollte die Yacht in Santorin wieder abgeben, um so mit seiner schwachen Crew nicht gegen die vorherrschenden Nordwinde zum Ausgangshafen anknüppeln zu müssen.

Sie hatten Zeit und waren jetzt auf Isychos gelandet. Isychos heißt auf Griechisch ruhig, und so war die kleine Insel auch, keine Strände, nur ein Fischer- und Fährhafen, kein Marinakomfort, keine Ausgrabungen und somit auch keine Strandurlauber oder Bildungstouristen. Außer ein paar Rucksackreisenden gab es keine Gäste. Ein Clubfreund aus Kiel, der die Ägäis gut kannte und mit Philipp den Törn geplant hatte, nannte ihm als Geheimtipp im Süden von Isychos eine kleine Felsenbucht. Dort gab es einen von Land aus unzugänglichen Ministrand sowie, und das war das Besondere und den meisten unbekannt, von See her eine vorgelagerte Sandbank, die guten Ankergrund bot. Hier lag die Charteryacht der Bauer-Familie schon drei Tage. Helma war wie verwandelt. Sie trug ihre durch die Sonne schon deutlich heller gewordenen Haare wieder wie früher meist offen, war braun gebrannt und sah aus wie in ihrer Jugend. Selbst der Sex, der in der letzten Zeit nach Philipps Meinung zu kurz gekommen war – kein Wunder bei den unruhig schlafenden Kindern und Florians Asthmaanfällen –, schien ihr wieder Spaß zu machen.

Florian, der ängstliche und weinerliche Florian, hatte in diesen Wochen einen großen Sprung nach vorne gemacht. Er schlief gut, aß alles wie ein hungriger Wolf, war Philipp bei der Führung des Schiffes die Haupthilfe, ging Ruder, fuhr saubere Ankermanöver, hatte das GPS und die Übertragung seiner Werte in die Seekarte begriffen, tauchte, sprang, ruderte, von Asthma keine Spur mehr. Auch Sandra hatte ihren Spaß und brachte jeden Abend stolz und eifrig mit rotem Köpfchen einen neuen Eimer mit frisch gekeschertem Seegetier von ihren kleinen Strandausflügen mit.

Philipp döste mit sich und der Welt im Reinen unter dem Sonnensegel. Gerade überlegte er, ob er sich nicht doch seinem Filius anschließen sollte, der in einiger Entfernung vom Boot im ruhigen Wasser vor den Felsen schnorchelte, als dieser aufgeregt nach ihm rief.

»Papa, Papa!«, hektisch wedelte Florian mit den Armen über Wasser, »ein Wrack, ein Segelboot, ich hab's entdeckt, komm schnell!«

Mit einem eleganten Kopfsprung und wenigen Kraulschlägen war Philipp bei seinem Sohn. Florian hatte Recht. Etwa hundert Meter von der Steilküste entfernt hing in einem schrägen Felsabbruch in etwa 20 Meter Tiefe eine Segelyacht. Die Mastspitze war vielleicht nur acht bis zehn Meter unter der Oberfläche. Das Schiff war nicht sehr stark bewachsen und stand still und unwirklich im Wasser. Zur Kajüte hinunterzutauchen, wagte Philipp ohne Tauchgerät natürlich nicht. So viel man sehen konnte, war die Yacht aber intakt, kein Kleinholz nach einer harten Landung bei Sturm an der Felsküste. Der Niedergang schien weit offen zu sein.

»Wir müssen zur Küstenwache«, entschied Philipp und blickte auf die Uhr. Er hatte über Funk auf Kanal 16 mit Isychos keine Verbindung bekommen. »In einer halben Stunde legen wir ab, ich hole euch mit dem Beiboot«, rief er Helma und Sandra zu, die am Strand lagen und spielten.

Leutnant Spiros Mastoras von der Hellenic Coast Guard, Kommandant der Außenstelle Isychos, hatte sehr schlechte Laune. Das Mittagessen zu Hause war schlecht und fade gewesen, wie eigentlich häufig in den letzten Wochen. Das Pastizio hatte man kaum herunterbringen können. Ja, seine Mutter, die hatte Pastizio kochen können. Amalia hatte sich früher auch mehr Mühe gegeben. Er hatte dennoch zwei große Portionen gegessen, vorher einen Salat mit Fetakäse und hinterher auch noch Oreganochips. Sein ständiger Hunger war entsetzlich. Seufzend kaute er an der zweiten Blätterteigpastete, die ihm der Junge vom Kiosk zusammen mit dem Eiskaffee gebracht hatte.

Amalia war so seltsam in der letzten Zeit, nicht giftig, nur uninteressiert an ihm und seinen Bedürfnissen. Als ob er es nicht schon schwer genug hätte. Die Strafversetzung von Kreta, wo er gute Aufstiegschancen gehabt hatte, auf das Abstellgleis Isychos hatte er immer noch nicht verkraftet. Und das alles nur, weil man ihm bei der Seeamtsverhandlung in Athen den Verlust der *Ariadne*, eines beschissenen, kleinen Dienstschlauchbootes, zur Last gelegt hatte. Wie hätte er auch damals wissen können, dass der Wind umspringen und die Muringleine nicht halten würde. Also Isychos und Ende der Karriereleiter. Seufzend blickte Spiros an sich hinunter. Er war fett geworden in den letzten zwei Jahren, sehr fett. Die schon mehrfach umgearbeitete Uniform passte überhaupt nicht mehr, seine Fettwülste quollen über den Hosenbund. In der letzten Zeit hatte er sich angewöhnt, hinter dem Schreibtisch die Hose zu öffnen. Einmal hatte er vergessen sie wieder zu schließen als er aufstand, und die Hose plötzlich in den Kniekehlen getragen. Sein Stellvertreter Kostas hatte sich das Lachen nicht verkneifen können. Der hatte gut lachen, er war ja auch schlank, muskulös, gut aussehend – ihm stand die knappe, weiße Uniform mit den goldenen Litzen gut, er war nicht strafversetzt worden.

Zweimal hatte er seine Frau in der letzten Zeit mit Kostas lachend reden gesehen, sie hatte dabei ihren hübschen Kopf zurückgeworfen und ihre langen Haare geschüttelt. Und sie hatte ihre bessere Bluse mit dem großen Ausschnitt getragen. Ob sie mit Kostas etwas hatte? Unmöglich. Andererseits … als er sich am vergangenen Sonntag nach längerer Zeit wieder einmal auf ihr abgemüht hatte, um es ihr schön zu machen, hatte er sie dabei beobachtet, wie sie mit offenen Augen interessiert die Fliegen an der Zimmerdecke betrachtete.

Mann, war das eine Hitze hier drin. Spiros blickte böse auf

den sich langsam drehenden Ventilator über seinem Schreibtisch. Die schon mehrfach beantragte Klimaanlage für seine Dienststelle war noch immer nicht genehmigt worden. Ja, die Herren in Athen in ihren klimatisierten Büros hatten gut ablehnen. Spiros schnaufte. Dann fiel sein Blick aus dem Fenster. Da war doch tatsächlich gerade eine große Charteryacht dabei, an seinen Anleger zu gehen! Er nahm das Fernglas und studierte die kleine Flagge unter der Steuerbordsaling: schwarz, rot, gelb, ein Germanos. Malakas – Scheiße! Dass diese hirnverbrannten Touristen nicht lernten, dass das Einklarieren bei der Hafenbehörde und nicht bei der Coast Guard statt zu finden und dass seine Dienstpier frei zu bleiben hatte. Konnte denn niemand mehr lesen? Spiros stand auf, atmete aus und erreichte knapp das letzte Loch seines Gürtels, der es bei ihm wahrlich nicht leicht hatte.

Obwohl der Beamte der Coast Guard an der Pier abwinkte, ging Philipp längsseits, sprang an Land, wartete auf die Leinen von Helma und Florian und machte provisorisch fest.

»Not for yachts!«, rief der Beamte, aber Philipp schüttelte den Kopf.

»Ich habe einen Unfall zu melden! Ein Wrack!«, entgegnete Philipp, doch der Matrose verstand das flüssige Englisch von Philipp nicht. Immerhin merkte er aber, dass dieser etwas Besonderes wollte und brachte ihn zu Spiros hoch. Der Kommandant blieb unfreundlich sitzen und teilte Philipp mit, dass es in der Umgebung von Isychos höchstens uralte Wracks aus den türkisch-venezianischen Kriegen geben würde und selbst die bestimmt nicht an der Südküste. Als Philipp aber auf der an der Wand hängenden Seekarte die Stelle zeigte und ebenso eindringlich wie glaubwürdig versicherte, dass sich genau dort auf geringer Wassertiefe eine noch wenig bewachsene, von außen intakt erscheinende Yacht befände, erhob sich Spiros stöhnend. Dieser Feierabend war hin.

Mit dem kleinen Coast-Guard-Boot waren sie in einer halben Stunde an Ort und Stelle. Spiros hatte Philipp auf dessen

Bitten hin erlaubt, auch Florian, den eigentlichen Entdecker des Wracks, mitzunehmen. Nun sah Spiros durch einen Glasbodeneimer, nicht sehr gut, da die Sonne schon recht tief stand, aber immer noch deutlich genug das gesunkene Schiff und drehte ab. Sie fuhren nach Isychos-Hafen zurück und Spiros versuchte die Tauchergruppe des Marinecorps zu erreichen. Das gelang zu dieser Stunde nicht mehr.

Er lachte höhnisch in sich hinein: »Scheiß-Marine. Feierabend, wenn ich das schon höre! Wenn jetzt die Türken kämen, müsste man sie mit den Kampfhandlungen auf den kommenden Tag in der Dienstzeit vertrösten«, spottete er.

Am nächsten Morgen telefonierte er mit dem diensthabenden Offizier der Taucherabteilung Ägäis-Mitte. Da es sich nicht um einen Notfall handelte, erhielt er die Zusage, dass, je nach Wetter, in etwa zehn Tagen das Tauchboot und zwei Taucher bereitgestellt werden würden. Spiros solle für ein Bergeschiff sorgen, da die Taucher selbst keines hätten. Sie würden lediglich das Wrack inspizieren und Trossen zum Heben des Schiffes befestigen.

Drei Wochen später wurde das Wrack gehoben. Dr. Bauer stand zu dieser Zeit schon wieder im Kreißsaal und hatte gerade der Frau des Sparkassendirektors geholfen, ihrem verschreckten Mann, der unbedingt bei der Geburt hatte dabei sein wollen und dabei kollabiert war, eine gesunde Tochter zu präsentieren.

Triefend drehte sich das Boot an der dicken Trosse um seine Achse, wurde auf der Bergeplattform festgezurrt und an der Coast-Guard-Pier ganz hinten, wo die zwei defekten Seezeichentonnen vor sich hin rosteten, auf vier alten Ölfässern aufgebockt. Ins Schiff selbst zu klettern, mutete sich Spiros nicht zu, dafür hatte er schließlich junge sportliche Untergebene. Kostas fand keine Zeichen einer Gewalteinwirkung, keine Überreste einer Besatzung und auch kein Leck. Lediglich die Seeventile waren geöffnet. Das Boot war wohl in intaktem Zustand versenkt worden. Und als Spiros auf einer Bockleiter stehend die abblätternde Farbe des Schiffsnamens am Heck mit dem Taschenmesser entfernte, kam unter dem Namen *Verena* der Name *Helena* zum Vorschein. Schnaufend und umständlich stieg Spiros von der Leiter, ließ sich von Kostas die Motornummer des Schiffsdiesels geben und faxte die Daten des Schiffes nach Athen. Die würden sie dann weitergeben an Interpol und an die Versicherungsheinis von Lloyds in London. Sollten die doch feststellen, ob eine *Helena* als vermisst gemeldet worden war.

Spiros schätzte, dass das Boot ungefähr ein Jahr hier unter Wasser gelegen hatte.

In den nächsten Tagen trocknete das Schiff ab. Der Bewuchs klebte an und wurde gelbbraun. Niemand auf der Insel Isychos kümmerte sich mehr um die Yacht.

Anna

Klar zur Wende!« Annas Stimme war zwar kindlich hell, aber dennoch klar und durchdringend. Sie reckte ihr kräftiges Kinn in die Höhe und legte die Stirn über ihrer kleinen Stupsnase in wichtige Falten. Die hellen blauen Augen blitzten, während der Wind in den kurzen, weißblonden Haaren spielte, die unter ihrer dicken, gestrickten Pudelmütze hervorschauten.

»Ist klar!«, lächelte ihr Großvater, ein mächtiger Mann mit verwaschener Prinz-Heinrich-Mütze und weißen Haaren, dessen »Hans-Albers-Blau« seiner Augen mit zunehmendem Alter etwas wässrig geworden war. Sein Schiff, die *Seute Deern*, pflügte mit wenig Lage durch das nördliche Elbfahrwasser, einige Seemeilen elbabwärts von Glückstadt. Das Boot war ein vom Großvater eigenhändig liebevoll verbesserter Krabbenkutter, der Ende der fünfziger Jahre in Finkenwerder gebaut worden war. In den vergangenen Jahren hatte der Großvater, ohne die Substanz des alten Fischerbootes wesentlich zu verändern, das etwa 13 Meter lange Schiff zu einer stäbigen, sicheren, wunderbaren Fahrtenyacht umgebaut. Der alte nagelnde Einzylinder war durch einen starken Volvo Penta Bootsdiesel ersetzt worden, das Kutterrigg war einer Hochtakelung gewichen, der Holzmast war belassen und das stehende und laufende Gut komplett erneuert worden.

Konzessionen an die moderne Technik waren, da Großvater viel allein segelte, Rollreffanlagen für Klüver und Fock und eine elektrische Ankerwinsch. Unter Deck hatte er durch zusätzlichen Bleiballast mehr Sicherheit geschaffen und außerdem eine Pumptoilette sowie einen Fäkalientank eingebaut. Den alten, gemütlichen Charakter der Kajüte hatte er erhalten. Die Täfelung war weiß lackiert und mit dunklen Eichenleisten abgesetzt, der alte messingbeschlagene Petroleumofen spendete bei Bedarf schöne, trockene Wärme, die Kojen waren groß und die Polster und Leesegel aus dickem, naturfarbenem Leinen gearbeitet. In der Kombüse wurde ebenfalls mit Petroleum gekocht, und neben dem Herd hingen die vier dicken, großen, dunkelroten Porzellantassen, die Anna so liebte. Sie wurden für Kaffee, Kakao und Suppe gleichermaßen benutzt, speicherten die Temperatur lange und wärmten in der Plicht die klammen Finger.

Anna brachte das Boot gekonnt auf den neuen Kurs. Sie stand hinter dem schönen Holzsteuerrad auf einer extra für sie gefertigten und eingepassten Holzkiste, da sie recht klein war. Das Mädchen war etwas abgefallen, um mehr Geschwindigkeit zu bekommen, hatte dann schnell und stark Ruder gelegt und den Bug durch den Wind gebracht, ein wenig allerdings unterstützt durch ihren Großvater, der den Klüver ganz kurz hatte backstehen lassen. Das Schiff legte sich sanft auf die andere Seite und wurde wieder schneller. Der Wind, etwa 3 Beaufort, kam aus Nordwest, die Elbe war ruhig. Es war die Zeit des Stillwassers an einem kalten, schönen Junimorgen. Mit der kommenden Flut würden sie mit raumem Wind am Nachmittag wieder in Blockhaven, dem Heimathafen der *Seute Deern* festmachen.

In einem speziell dafür angefertigten Sperrholzbrettchen stand ein roter Kakaobecher vor Anna, den Großvater kurz vorher hochgereicht hatte. »Der Mann am Rohr geht allen vor!«, grinste er, ehe er sich seinen Pulverkaffee aufbrühte. Aus den Augenwinkeln betrachtete er zärtlich seine elfjährige Enkelin, die etwas zu klein für ihr Alter, aber stämmig und kräftig war und deren kleine, runde Händchen mit den kurzen Fingern das Steuerrad umklammerten. Sie war nicht eigentlich hübsch, doch wie sie da so dick eingemummt in ihrer Daunenjacke ansteckend lächelnd mit strahlenden Augen

Ruder ging, war sie für den alten Mann das hübscheste und liebenswerteste Geschöpf auf dieser Welt.

Wenn Anna später zurückdachte, waren die Segeltage mit ihrem Großvater die schönsten Tage ihres Lebens gewesen. Sie liebte seine Verlässlichkeit, seinen ungepflegten, leicht gelben Schnauzbart, seine warme, tiefe Stimme, den Geruch seiner kurzen Pfeife, die er fast immer im Mund trug und lediglich kurz zum Essen herausnahm. Ein ähnliches Gefühl des Geliebtwerdens, der Sicherheit und Geborgenheit, des gemeinsamen Erlebens von See, Wind und Natur sollte sie nie wieder empfinden.

Die Zuneigung zu ihrem Großvater wurde erwidert, sehr. Er sah so aus, wie sich ein Binnenländer einen Seemann vorstellt: groß, mit schaukelndem Gang und mit großen Händen. Aber wie vorsichtig konnten diese mächtigen Pranken sein, wenn er Anna liebevoll in ihrer Koje zudeckte und ihr über die Haare strich. Großvater Schmitt, Anna nannte ihn Großpapa, da Opa oder Opi von beiden als zu kindisch abgelehnt wurden, hatte zwar im Krieg bei der Marine in Wilhelmshaven gedient, war aber sonst nicht Seemann oder Fischer gewesen, sondern in der dritten Generation Bäckermeister in Blockhaven.

Der Unfalltod seines Sohnes, des Vaters von Anna, hatte ihn tief getroffen. Anna war damals gerade erst drei Jahre alt. Sie konnte sich nur ganz verschwommen an ihren Vater erinnern. Schmitts Sohn war ebenfalls Bäcker gewesen, hatte den Vater in der Firma schon sehr entlastet, segelte gerne bei ihm mit – es war ein herzliches, spannungsfreies Verhältnis gewesen.

Schmitts Schwiegertochter war bei dem Tod ihres Mannes noch sehr jung gewesen. Sie hatte es in der alteingesessenen schleswig-holsteinischen Handwerksmeisterfamilie als »Flüchtlingskind« nicht immer ganz einfach gehabt und war nicht bereit gewesen, mit dem Kind ihr Leben von nun an als trauernde Witwe zu beschließen. Um Anna nicht zu verlieren, hatte Schmitt die Frau seines Sohnes weitgehend unterstützt und bei seiner Frau und seiner Tochter dafür gesorgt, dass trotz der teilweise recht unglücklichen Eskapaden der Schwiegertochter der Familienfrieden gewahrt blieb. Sein Schwiegersohn war ebenfalls vom Fach und hatte inzwischen die große Bäckerei mit den drei Filialen ganz übernommen. Er war höflich und korrekt, aber Schmitt spürte, dass er im Grunde seines Herzens kalt und glatt war und im Wesentlichen nur seinen Vorteil sah. Er hatte ihn sogar im Verdacht, weniger seine Tochter, sondern eher seine Bäckerei geheiratet zu haben. Seine beiden Enkel aus dieser Ehe, zwei von ihrer Mutter und ihrer Großmutter maßlos verwöhnte Jungen, blieben ihm immer fremd. Seine Liebe zu Anna, in der er nicht nur seinen Sohn wiedererkannte, sondern die er auch als eigenständige, kleine Persönlichkeit schätzte, überstrahlte alles, machte den Rest der Familie eifersüchtig und isolierte das Mädchen damit von den anderen.

Anna war 15 Jahre alt, als ihr Großvater plötzlich verstarb. Sie war außer sich und nicht zu trösten. In ihrer Verzweiflung, Trauer und Not konnte man sie nicht mit auf die Beerdigung nehmen. Stattdessen verdämmerte sie zwei Tage im Bett, vollgepumpt mit Beruhigungsmitteln, die ihr der Hausarzt gegeben hatte.

Der zweite große, gleich darauf folgende Schmerz war für sie der Verkauf der *Seute Deern*. Insgeheim hatte Anna gehofft, sie später einmal übernehmen zu können.

Zum Glück war jetzt aber für Anna das Segeln nicht beendet, hatte ihr Großvater sie doch gut in die »Blockhavener Segelvereinigung« integriert – »Schmitt sine Lütte« war immer mit dabei. Dieser Segelclub lag mit seinen Schwimmstegliegeplätzen nur durch eine Spundwand vom allgemeinen Fähr- und Fischereihafen Blockhavens getrennt. Er sah schon durch sein geducktes, reetgedecktes Clubhaus und mit den verschiedenen ordentlichen Bootsschuppen hinter dem Deich solide und, wie man in Blockhaven zu sagen pflegt, gediegen aus. Seine Mitglieder waren in der Regel gestandene Bürger von Blockhaven, Glückstadt und den umliegenden Gemeinden, sodass die Schickeria aus Hamburg zum Glück noch keine große Rolle spielte, und die aufgetakelten Facharzt- und Anwaltsgattinnen nicht den Ton angaben. Nein, hier legte man Wert auf gute Seemannschaft, Kameradschaft und Hilfsbereitschaft und hatte eine rührige Jugendabteilung, zu der unter anderem zwei Jugendkutter gehörten.

In all dem war Anna fest eingebunden, sie war als gute Seglerin, die zupackte, nicht seekrank wurde und nicht zimperlich war, sehr beliebt. Ja, sie durfte sogar auf den sonst nur mit reiner Jungencrew auf Fahrt gehenden Kuttern mit und wurde hier in erster Linie als guter Kumpel und kaum als weibliches Wesen empfunden. Auch die schlimmsten »Kutterrussen« sahen in ihr lediglich die kleine Schwester. Und wenn die Jungen über die Bordwand pinkelten, guckte Anna eben weg, genauso wie sie erwartete, dass die Jungs nicht so genau hinschauten, wenn sie im Notfall einmal auf den Pipi-Eimer musste.

Ihre Mutter – schwarze Haare, weiße Haut, hohe Wangenknochen und großer Mund – war immer noch eine sehr schöne Frau. Sie hatte nach einigen missglückten Partnerschaften wieder geheiratet, und Anna hatte eine kleine Halbschwester, das Abbild der Mutter und Liebling des Stiefvaters. Der neue Mann ihrer Mutter hatte sie nie schlecht behandelt, aber sie hatten sich nicht viel zu sagen. Er war der Leiter des Blockhavener Postamtes, korrekt und überaus freundlich zu jedermann. Anna empfand ihn in den letzten Jahren zunehmend als schleimig und mochte nicht, wenn er sie intensiv ansah oder ihr über das Haar strich.

Der Lebensinhalt von Stiefvater und Mutter war nicht das Segeln, sondern die Volksmusik, die zu jeder Stunde das Hauptthema in der Familie darstellte. Die beiden hatten, musikalisch und engagiert, eine Volksmusikmädchengruppe gegründet und zunächst unentgeltlich und regional, dann aber auch in größerem Rahmen und gegen Bezahlung durchaus Erfolg. Der Stiefvater ging darin auf, Dirigent und künstlerischer Leiter zu sein, während Annas Mutter als zusammenhaltender, guter Geist und Mädchen für alles fungierte. »Die

Blockhavener Fischermädchen«, so war ihr Künstlername, sahen in ihrer Phantasietracht mit weißen Kopftüchern, Finkenwerder Fischerblusen, weißen Röckchen und friesischen Holzschuhen wirklich sehr herzig aus. Den größten Erfolg, den sie hatten und der von nun an den Rest des Lebens der Eltern überstrahlen sollte, war ein Auftritt der Gesangsgruppe im Fernsehen im Rahmen des »Musikantenstadls« gewesen, und selbst im Arbeitszimmer von Annas Stiefvater im Postamt stand ein Bild, das von diesem großen Tag Zeugnis ablegte.

Anna hatte sich im Gegensatz zu ihrer kleinen Schwester immer geweigert mitzusingen. Und schon gar nicht hatte sie zugelassen, dass sie in dieses kitschige Kostüm gesteckt wurde. Darüber waren ihre Eltern natürlich anfangs traurig gewesen, trösteten sich aber schnell durch den goldigen Anblick ihrer jüngeren Tochter und deren glockenhelles Stimmchen.

Und obwohl ihr die segelnde Männerwelt des Segelclubs ein wenig unheimlich erschien, war Annas Mutter im Grunde froh, ihre Große dort aufgehoben zu wissen, um sich ganz auf die Gesangsgruppe und ihr zweites Töchterchen konzentrieren zu können.

Als Anna 19 Jahre alt war, machte sie ihr Abitur, nachdem sie sich in all den Schuljahren recht und schlecht und ohne Glanzleistungen durchgeschlagen hatte. Fast wäre sie noch durch die Prüfung gefallen, denn ihre Leistungen waren in den letzten Monaten steil nach unten gegangen.

Natürlich hatte das einen Grund: Anna hatte sich verliebt. Sie schwebte wie auf Wolken und genoss das Gefühl, für jemanden wichtig zu sein. Bisher war ihr klar gewesen, dass sie keine Schönheit war und von den Jungs eher als Segelkamerad denn als Frau wahrgenommen wurde. Wenn ihre Freunde, meist angetrunken, doch einmal zärtlich wurden und ihr an die Wäsche gingen, wusste sie sich ohne viel Theater gut zu wehren, und sie vermisste eigentlich nichts.

Aber dann tauchte Martin in ihrem Leben auf. Bei dem jährlichen Segelsommerfest des Vereins im bunt dekorierten, großen, leeren Bootsschuppen wich Martin nicht von Annas Seite. Sie konnte es anfangs gar nicht fassen, dass seine Aufmerksamkeit ihr galt, und sie schämte sich, dass sie im bunten T-Shirt und mit Jeans so gar nicht festlich und weiblich angezogen war. Aber das schien Martin nichts auszumachen, und in einem Taumel von Glück erlebte Anna in den nächsten Wochen und Monaten Zärtlichkeit, Sex und Liebe, Dinge, von denen sie gar nicht gewusst hatte, dass sie existierten. Martin war aufmerksam und ging auf ihre Wünsche und ihre Interessen ein.

Annas Hausarzt, der liebenswerte, schon etwas betagte Dr. Jensen, überließ ihr, da er kaum noch segelte, so oft sie wollte seine alte Delanta. Und so erlebte Anna in den Ferien und an langen Wochenenden das reine Glück: Segeln und Liebe. Der Sommer und Spätsommer waren in diesem Jahr einfach herrlich, Anna nahm ihn mit jeder Faser ihres Körpers wahr: in einem Seitenarm der Elbe, allein im Schilf, in der Dänischen Südsee in der Plicht unter Sternen, im gemeinsamen Schlafsack, unter dem Sprayhood im Niedergang stehend, das Sommergewitter beobachtend, den Regen prasseln hörend, den Arm von Martin um sich gelegt spürend.

Alle anderen Männer, die ihr nahe gekommen waren, hatten nach Schweiß gerochen und ihre Unterhosen hatten vorne gelbe Urinflecken gehabt. Martin roch nach Aftershave und trug blütenweiße Wäsche. Im Mondschein oder bei Kerzenlicht wurden Zukunftspläne geschmiedet, Bootskauf, Törns, ein Leben auf dem Wasser.

Aber dann hatte Martin auf einmal viel zu tun. Er studierte Betriebswirtschaft in Hamburg, und obwohl Semesterferien waren, musste er plötzlich unheimlich viel lernen. Bei Gesprächen über Bootspläne wurde er immer einsilbiger und zurückhaltender. Anna machte für sein verändertes Verhalten alles verantwortlich, was man sich denken konnte, nur nicht das nahe liegende: eine andere Frau.

Selbst als Birte, ihre beste und einzige Freundin, ihr berichtete, dass sie Martin in Glückstadt mit einer anderen, einer auffällig gekleideten »Ziege« gesehen habe, glaubte sie nicht an Verrat. Birte hatte sich sowieso sehr verändert seitdem sie ein Baby hatte, es gab wirklich kein anderes Gesprächsthema mehr als ihren Zwerg. Birte hatte keine Ahnung, meinte Anna.

Erst als sie mit Martin und der Neuen zufällig in Glückstadt auf der Straße fast zusammenstieß – er hatte ihr gesagt, dass er in Hamburg arbeiten müsse –, brach die Welt für sie zusammen. Sie kannte die Neue, es war die Tochter des Drogeriebesitzers von Blockhaven und stand selbst in der Kosmetikabteilung hinter dem Ladentisch. Genauso sah sie aus: schimmerndes, gepflegtes, langes, blondes Haar, Lidschatten, konturierter, dunkelroter Mund, die Fingernägel in gleicher Farbe, lang, makellos. Und um sie herum schwebte der teure Geruch von »Bulgari«.

Anna wurde blass, Martin rot und verlegen. Lediglich ein »Hallo« kam ihm über die Lippen, als er hektisch seinen Arm von der Hüfte der Neuen zog. Die Neue fasste sich als Erste und sagte süß lächelnd, indem sie Anna die Hand hinstreckte: »Sie müssen Anna, die nette Segelfreundin von Martin sein, er hat mir ja schon so viel von Ihnen erzählt und wie gut er bei Ihnen Segeln gelernt hat. Wir würden ja gerne eine Tasse Kaffee mit Ihnen trinken, aber«, sie blickte auf ihre große, silberne Designeruhr, »wir kommen zu spät zur Vernissage, zu der wir eingeladen sind.«

Sie fasste Martin liebevoll unter den Arm und schon stand Anna allein in der belebten Fußgängerzone. Ihr war schlecht, und sie fürchtete, sich übergeben zu müssen. Verstohlen blickte sie auf die unlackierten, kurz geschnittenen, nicht ganz sauberen Fingernägel ihrer rundlichen Hände und schüttelte sich. Als sie mit dem Fahrrad nach Hause fuhr, liefen ihr die Tränen über das Gesicht.

»Die nette Segelfreundin«, äffte sie Martins neues Verhältnis nach. »Vernissage, Scheißvernissage, Scheißsegelfreundin!«, rief sie immer lauter werdend. Der krampfartige Schmerz in der Brust ließ sie kaum atmen.

Doch damit nicht genug. Schon seit längerer Zeit lauerte ein weiteres Problem auf sie: Was sollte sie nach dem Abitur machen? Während die meisten aus ihrer Klasse schon eine genaue Vorstellung von ihrer späteren Tätigkeit hatten, Industriekauffrau, Elektronikstudium, Bauingenieur oder Kinderärztin, hatte Anna immer unbestimmt etwas gewollt, das mit dem Segeln, das mit Booten zusammenhing. Aber die Realität war enttäuschend. Für ein Ingenieurstudium in Richtung Schiffbau war sie in Mathematik viel zu schlecht gewesen, Segellehrerin zu werden schloss sie selbst aus, das hatte über ein gewisses Alter hinaus keine Zukunft. Eine Bootsbauerlehre hätte sie gerne gemacht, aber bei den wenigen traditionellen kleinen Holzwerften hatte man überall abgewunken, als sie sich um eine Lehrstelle beworben hatte. Brauchten die wirklich niemanden, oder wollten die nur keine Frau mit Abitur? Und die Tätigkeit in einer im Binnenland liegenden, großen Kunststoffwerft hätte erst einmal für längere Zeit bedeutet, dass sie im Schutzanzug vorgefertigte Möbeleinheiten mit Glasfasermatten und der Spritzpistole in Kunststoffrümpfe hätte einlaminieren müssen – nicht gerade ihr Traum.

Ihre Mutter hatte sie auf Kindergärtnerin gebracht, kein langes Studium, eine Tätigkeit, die an jedem Ort, auch später mit Familie und selbst in Teilzeit möglich sein würde, vom Sozialprestige her ein netter Frauenberuf. Seltsamerweise hatte ihr auch Martin zugeredet, sodass sie sich in der Sozialpädagogischen Berufsfachschule für das Jahr nach ihrem Abitur angemeldet hatte. Jetzt im Nachhinein hatte sie das Gefühl, dass Martin nur deshalb so für diese Ausbildung gewesen war, weil er dann der einzige Akademiker in ihrer Verbindung geblieben wäre und sie sich mit dem Status »liebes, dummes Frauchen« hätte zufrieden geben müssen.

Das Schlüsselerlebnis, das sie von dieser Berufswahl abbrachte, war aber das Vorpraktikum, in dem sie den Alltag des Kindergartens hatte kennen lernen wollen.

Eines Nachts richtete sie sich in ihrem Bett auf, schaute in die Dunkelheit und wusste plötzlich ganz deutlich, dass sie kleine Kinder eigentlich gar nicht so sehr mochte. Diese verwöhnten, frechen, weinerlichen Bälger, diese Miniterroristen, diese Heulsusen anderer Leute, sollten die von jetzt an ihr Lebensinhalt sein? Noch schlimmer als die Kinder waren in diesen Tagen die Mütter gewesen. Je verhaltensgestörter ihre Brut war, desto hochnäsiger waren sie, wussten alles besser, hatten alle Bücher über Erziehung und die kindliche Psyche gelesen und schauten mit einer strahlenden, lächelnden Kälte durch die kleine, unwichtige Anna hindurch.

Blockhaven war ihr verleidet, sie wollte nach ihrer gescheiterten Liebesbeziehung und dem Missgriff bei der Berufswahl erst einmal nur weg, nachdenken.

Ein Clubkamerad hatte vor zwei Jahren von den Kanaren aus eine Atlantiküberquerung in die Karibik mitgemacht und hörte nicht auf, von seinen Segelerlebnissen zu erzählen. Er schwärmte von klarem Wasser, stetigem Wind, einer lockeren, unprätentiösen Szene, der Tatsache, dass Mitsegelgelegenheiten praktisch unbegrenzt zur Verfügung stünden, dass man unter der Bedingung »Hand gegen Koje« froh wäre, anständige Segler und Seglerinnen anheuern zu können, wenn diese nur genügend Zeit hätten. Und Anna hatte alle Zeit der Welt.

In ihrem Kopf nistete sich diese Idee ein: Kanarische Inseln, Atlantik, Karibik, Segeln pur und lange. Die vage Vorstellung verdichtete sich zu einem festen Plan, und Ende des folgenden Oktobers saß sie mit leichtem Gepäck im Charterflugzeug zu den Kanarischen Inseln – zusammen mit zahlreichen Rentnerinnen und Rentnern, die in der Sonne überwintern wollten.

Alles Weitere, so ihr Segelfreund, wäre keine schwierige Sache mehr.

Geldprobleme hatte Anna nicht, sie war sparsam und anspruchslos. Mit dem Geld, das sie von ihrem Großvater geerbt hatte, glaubte sie, zwei bis drei Jahre auskommen zu können.

Ihre Mutter und ihr Stiefvater fanden die Idee, aussteigen zu wollen, zunächst furchterregend und mit ihren bürgerlichen Vorstellungen schwer vereinbar. Aber nach dem ersten Schock und etwas Nachdenken gefielen auch ihnen Annas

Pläne immer besser. Das alles würde sie kein Geld kosten, und die immer unglücklich und verschlossen erscheinende Tochter und Stieftochter wäre erst einmal für eine gute Zeit aus ihrem Gesichtsfeld.

Andere fragte Anna nicht nach ihrer Meinung. Birte, ihre Freundin, die wieder einmal schwanger war und deren erstes Baby gerade Brechdurchfall hatte, war nur ganz kurz neidisch und bat Anna, mit ihr Kontakt zu halten, was diese auch versprach.

Es war fast Mitternacht, als der Airbus ruhig und sicher auf dem »Aeropuerto de Gaudo«, dem Hauptflughafen Gran Canarias aufsetzte. Die Langzeittouristen verliefen sich, eingesaugt in ihre wartenden Busse. Es war dunkel, recht frisch und regnete leicht. Anna wollte nach Puerto Rico im Süden der Insel, einem Ferienort mit großer Sportboothafenanlage, vom dem aus viele Yachten in die Karibik starten. Sie hatte noch kein Zimmer, die Touristikinformation war bereits geschlossen und die unfreundliche Frau von der Fluggesellschaft verwies sie in ihrem komischen Englisch an den Taxenstand.

Der Taxifahrer betrachtete sie zunächst sehr abschätzig, wurde dann freundlicher und sprach recht gut Deutsch. Die Fahrt nach Puerto Rico sollte für die knapp 50 Kilometer in der Nacht fast 200 DM kosten. Als er den Schrecken in Annas Augen sah, bot er ihr an, sie in ein Dorf in der Nähe zu fahren, da würde er eine günstige Pension kennen und morgen früh könne sie dann, sehr billig, mit dem Bus nach Puerto Rico fahren.

Der Ort hieß Carizal und die Pension »Encanto«. Sie lag über einem kleinen Café, in dem nur Männer saßen, die sie neugierig anstarrten. Deshalb ging Anna, Hunger und Durst ignorierend, gleich ins Bett. Ihr Zimmer hatte keine Toilette, lag über der Küche und roch penetrant nach frittiertem Fisch. Anna musste sich zusammennehmen, nicht zu traurig und zu enttäuscht zu sein. Der erste Tag war nicht so toll gewesen. Aber morgen, morgen würde es viel besser werden.

Doch das Wetter hatte sich nicht gebessert. Anna war zum Frühstück allein in dem zugigen Café, die Spiegeleier schmeckten seltsam nach Öl und der Kaffee war ganz anders als zu Hause, scharf und bitter.

Die Frau von der Pension war neugierig und gesprächig und beschrieb ihr den Weg zur Bushaltestelle nach Puerto Rico, wusste aber auch nicht, wann der Bus fuhr. Mit dem Seesack auf dem Rücken, der Tasche in der Hand und ihrem Gürteltäschchen mit den Papieren und dem Geld vor den Bauch geschnallt, konnte sie sich kaum der Männer erwehren, die ihr alle tragen helfen wollten. Man hatte sie vor Handtaschenräubern gewarnt, und so klammerte sie sich an ihre Habseligkeiten und kam trotz der kühlen Witterung ins Schwitzen. An dem kleinen Busbahnhof stellte sich heraus, dass der Bus erst in vier Stunden fuhr. Sie kaufte sich eine Fahrkarte und setzte sich mit Sack und Pack in ein Café. Die Zeit wurde ihr lang. Der Mann hinter der Theke war nicht sehr vertrauenerweckend und grinste dreckig, als sie ihn bat, auf ihre Sachen aufzupassen, während sie zur Toilette musste.

Die Landschaft auf der Fahrt nach Puerto Rico nahm sie kaum wahr, ihre Gedanken kreisten um die vor ihr liegenden Probleme: Wo werde ich wohnen, hoffentlich wird mir nichts gestohlen, hoffentlich finde ich die Bar »Zum roten Pedro«. Die Pedro-Bar sollte der Treffpunkt der Langzeitsegler in Puerto Rico sein, hatte Volker, der Segelfreund aus Blockhaven, erzählt. Pedro hätte eine deutsche Frau, die für die Segler sozusagen die Mutter der Kompanie sein würde.

Puerto Rico hatte sich Anna anders vorgestellt, irgendwie ursprünglicher oder spanischer. Was sie vorfand, war ein reiner Touristenort mit unendlich vielen Hotels und Appartementhäusern, die amphitheaterartig um den alten Ort und den Hafen die Berge hinaufstiegen. Sie fragte sich nach einem preiswerten Quartier durch und fand in einer Nebenstraße eine kleine Pension mit einer schwarz gekleideten, streng aussehenden Besitzerin, die von ihr, nachdem sie sie ausgiebig gemustert hatte, eine Vorauszahlung für drei Tage verlangte.

Nachdem sie das Geld in ihre Handtasche gesteckt hatte, wurde sie freundlicher und konnte Anna auch den Weg zu Pedros Bar beschreiben.

Ohne Gepäck, ein abschließbares Zimmer, die strahlende Sonne ebenso wie das Panorama samt Hafen vor sich, ging es Anna schon besser. Die Hafenanlage bestand aus zwei Becken, dem älteren, genannt »Puerto de Escala«, wie Anna bald lernen sollte, in dem vorwiegend Motor- und Segelyachten lagen, praktisch alles Dauerlieger, und dem neueren Hafenbecken »Puerto Base«, das für durchreisende Schiffe vorgesehen war und von wo aus auch die Ausflugsschiffe operierten. Die Anlagen waren durch einen Stichkanal getrennt und machten einen guten Eindruck. Einige Yachten ankerten auf Reede in recht unruhigem Wasser, wohl um die Liegeplatzgebühren zu sparen.

Don Pedro war ein mäßig großes, hohes Lokal mit kleinen, niedrigen Tischen, alten Segelpostern und Spirituosenreklamen an den Wänden. Bis auf dem hinter der Theke wirtschaftenden alten, fetten Mann war die Bar leer. Der Wirt war Don Pedro persönlich. Er schaute Anna mit seinen kleinen Augen nicht unfreundlich an. Nein, seine Frau Olga sei nicht da, sie käme erst für den Abendbetrieb, ob sie etwas trinken wolle. Die Cola war sehr kalt, kostete umgerechnet fast drei Euro und Anna kam sich in der leeren Bar sehr verloren vor.

Viele Yachten im neuen Segelhafen waren bewohnt, etliche von ihnen sahen allerdings so aus, als wären sie lange nicht mehr bewegt worden. Hatte der Freund in Blockhaven ihr zu viel versprochen?

Olga am Abend war zum Glück sehr freundlich, füllig, mit tiefschwarz gefärbten, hochgesteckten Haaren. Sie bestätigte in ihrem breiten Berlinerisch, dass nicht mehr so viel los sei. Die meisten Boote wären schon über den großen Teich gegangen, sonst wäre ja die Saison in der Karibik vor der Hurrikanzeit auch zu kurz.

»Aber«, sagte sie tröstend, »es fahren immer noch einige, auch später.«

Olga hatte ein Schwarzes Brett für die Segler, für An- und Verkauf, Dienstangebote und Mitsegelwünsche, das kostenlos für ihre Gäste zur Verfügung stand. Anna solle gleich heute, am besten in Englisch, ihr Angebot mit ihren Qualifikationen unter »Hand gegen Koje« aushängen. Sie gab ihr Zettel und Bleistift und zeigte ihr, wo das Brett und die Reißzwecken waren. Als Anna ihr den Preis für ihre Pension mitteilte, lachte Olga: »Die Alte versucht es immer wieder, ich kann dir etwas weiter landeinwärts ein sauberes, kleines Zimmer für ein Drittel des Preises vermitteln.« Anna strahlte, hier war sie richtig.

Am Abend hatte sich Pedros Bar gefüllt. Yachties aus aller Herren Länder schwadronierten, lachten, riefen, sangen durcheinander, es wurde Gitarre gespielt und sehr viel getrunken. Anna hatte Glück, zwei junge, norwegische Paare hatten sie, als sie unschlüssig und augenscheinlich unglücklich im Raum stand, an ihren Tisch gebeten. Die Norweger waren kurz vor dem Aufbruch nach Martinique, hatten aber leider keinen Bedarf an einer zusätzlichen Hand an Bord.

In den nächsten Tagen geschah nichts, sodass sich Anna gezwungen sah, die einzelnen Yachten abzuklappern und nach Mitreisegelegenheiten zu fragen. Ihr Mut sank von Steg zu Steg, der Gang war ihr sowieso schon schwer gefallen. Meist freundlich wurde sie immer wieder abgewiesen. Die Mehrzahl der Yachties blieb über den Winter hier, die anderen waren komplett, wieder andere glaubten, dass Frauen an Bord Unglück brächten, »Sorry«, und auf die anzüglichen Angebote von fröhlichen Männercrews konnte Anna gut verzichten.

Die Tage vergingen, es war schon Dezember, und Anna geriet langsam in Torschlusspanik. Doch eines Abends war plötzlich ein Zettel in Deutsch auf ihr Briefchen gepinnt: Kontaktaufnahme heute Abend hier, 21.00 Uhr, Yacht *Silke II*. Kurz nach 21.00 Uhr traten zwei braun gebrannte, junge, freundliche Hippietypen in verwaschener und ausgefranster Kleidung, sympathisch lächelnd an Anna heran und stellten sich als Boris und Henning vor, die Crew von der *Silke II*. Beim ersten Bier sagten sie Anna, dass sie noch in diesem Jahr auslaufen wollten, am Schiff sei allerdings noch etwas zu tun, sie brauchten eine dritte Hand für einen vernünftigen Wachwechsel und ob sie kochen und navigieren könne. Sie wollten sie gleich mit an Bord nehmen, sie lägen auf Reede, hätten ihr Beiboot am Molenkopf und Anna würde auf sie einen tollen, kompetenten Eindruck machen.

Anna fühlte sich geschmeichelt, meinte aber, es sei doch zu spät, im Dunkeln könne sie sich das Schiff ja gar nicht ansehen, und so verabredeten sie sich für den nächsten Spätnachmittag um 17.00 Uhr.

Das Schlauchboot der *Silke* war sehr verlottert, eine Kammer verlor Luft, die Backborddolle war ausgerissen und mit Draht notdürftig repariert, ein Außenbordmotor war nicht vorhanden, und der Weg zum Schiff war weit. Beim Näherkommen bemerkte Anna die fast meterlangen, dicken, grünen Bewuchsfransen am Unterwasserschiff, die Steuerbordunterwant war gebrochen und baumelte lose von der unteren Saling herunter, die aufgetuchten Segel sahen grau und brüchig aus, und der Rumpf, das Boot war wohl ein holländischer Knickspanter aus Stahl, war voller Rostnasen.

Am liebsten wäre Anna jetzt umgekehrt, aber die lärmige Freundlichkeit, die von den beiden Jungen ausging, »wenn du mitmachst, kriegen wir das alles in ein, zwei Wochen auf die Reihe«, stimmte sie um.

Die Kajüte war gemütlich, es roch ein wenig seltsam, der Wein aus der Korbflasche schmeckte gut, Boris hatte Spaghetti gekocht, die beiden waren richtig nett und von Annas Reparaturplänen augenscheinlich begeistert. Nach dem Essen machte plötzlich ein Joint die Runde. Anna hatte schon einmal auf einem Törn in den Schwedischen Schären bei Stockholm Haschisch zu rauchen probiert und wenig oder gar nichts davon gespürt. Die beiden waren so freundlich, hier hatte sie ihre Überfahrt in die Karibik und sie drängten sie so, um der allgemeinen Gemütlichkeit und Stimmung willen mitzumachen, sodass sie ein paar tiefe Züge nahm. Puh, dachte Anna, das ist aber ein kräftiges Zeug und dann noch der

Rotwein. Ihr wurde rasch ein wenig schwindelig, aber auch angenehm, die Zukunft sah gut aus, die Blockhavener Spießer konnten sie alle einmal. Der Joint kam immer wieder zu ihr zurück, Henning schenkte Wein nach. Die Kajütlampe veränderte plötzlich ihre Farbe von gelb nach rosa, wurde größer und begann, sich im Kreise zu drehen, die Ohren rauschten, es war alles weit weg. Anna gab lachend ihren Beinen den Befehl aufzustehen, aber es ging nicht. Ihr Zunge ruhte sanft, fest und unbeweglich auf dem Mundboden. Auch ihre Mitraucher hatten sich verändert, die Stimmen quäkten, die Gesichter waren verzerrt, sie hatten endlos lange Arme. Das Lachen von Boris hörte sich wie das Meckern einer Ziege an. Die beiden sprachen teilweise unverständliches Zeug, als sie Anna auszogen. Sie wehrte sich nicht. War sie gemeint? Interessiert schaute sie zu, wie Henning eine Brust knetete, richtig, es war ja ihre eigene. Er kicherte: »Fest wie frische Äpfel, da kannste Filzläuse drauf knacken.«

Dann kam Boris auf sie und dann Henning, oder war es umgekehrt gewesen? Und dann wieder Boris. Sie erbrach sich auf den Kajütboden und alles war dunkel.

Am Morgen wurde sie durch ein Rütteln an ihrer Schulter geweckt. Sie hatte entsetzliche Kopfschmerzen. Ihr war übel, sie lag halb in ihrem Erbrochenen auf dem Boden, ihr Hals war steif, fast unbeweglich und sie war mit einem schmuddeligen Badetuch zugedeckt. Im Hintergrund schnarchte Henning. Boris stand mit einer Tasse Kaffee vor ihr, reichte ihr ihre Kleidung, ihre Unterhose war nicht auffindbar, der Geruch in der Kajüte atemberaubend. Boris ruderte sie zurück. Auf halber Strecke machte er ihr klar: »Mit einer Anzeige wegen Vergewaltigung oder so, ist nicht, du riechst drei Meilen gegen den Wind nach Hasch und bist total verkotzt. Viele Mädchen hier bumsen für Geld, die Polizei würde dir kein Wort glauben.« Anna sagte nichts und kämpfte mit ihrem Magen.

Nachdem sie sich an ihrer zahnlosen Vermieterin mit der schwarzen Kittelschürze vorbeigedrückt hatte, war sie endlich in ihrem Zimmer. Im Spiegel blickte sie eine fremde Frau mit großen, schwarzen Ringen um die Augen und grüner Haut an. Am Hals und aus den Haaren roch sie nach Erbrochenem, ihre Atemluft roch nach Haschisch und die Oberschenkel nach Lachs. Als sie würgte, kam nur noch etwas grüne Galle hoch. Sie duschte so lange, bis sie die keifende, hohe Stimme der Hausbesitzerin zwang, damit aufzuhören. Oh Gott, dachte Anna, hoffentlich bin ich nicht schwanger, und hoffentlich waren Boris und Henning nicht krank.

Als sie sich nach zwei Tagen wieder etwas erholt hatte, fasste Anna einen Entschluss. Wenn sich in einer Woche kein gutes Schiff mit einer guten Crew für die Überfahrt gefunden hätte, würde sie wieder nach Hause fahren, obwohl sie den Blockhavenern nicht gönnen würde, über ihr abgebrochenes Aussteigen zu lachen.

Am dritten Abend, als sie wie immer in die Pedro-Bar kam, erwartete sie Olga schon mit einem deutschen Ehepaar. Bernd und Senta machten auf Anna einen guten Eindruck, obwohl Bernd durch seine Kleidung trotz des freundlichen, markanten Gesichtes ein wenig unseriös wirkte. Er trug Kaki und halbhohe Stiefel und sah mit seinem Musketierbart eher wie ein afrikanischer Großwildjäger, denn wie ein Segler aus.

Bernd und Senta berichteten, dass sie in ihrem Zeitplan deshalb so spät daran wären, weil sie im Oktober noch einen Charter von Menorca nach Kreta gehabt und wegen Maschinenschadens 14 Tage in Malta festgelegen hätten. Der Schaden sei inzwischen behoben und sie wollten den Winter in der Karibik verbringen, um sich von St. Vincent oder St. Andrew aus ein Stück vom großen, illegalen Charterkuchen abzuschneiden. Sie wären auf das Geld angewiesen, weil die Unterhaltskosten für das Boot und für das tägliche Leben deutlich höher seien, als sie damals beim Kauf der Yacht gedacht hatten. Das Geld für das Boot stamme aus dem Verkauf einer Gaststätte, die sie in Husum besessen hätten. Es sollte Bernds Traum von Unabhängigkeit, Segeln und südlicher Sonne ermöglichen.

Als Bernd von seinen Träumen sprach, erinnerte er Anna mit seinen schönen, weißen Zähnen und den gepflegten Händen mit den langen Pianistenfingern irgendwie an Martin.

Auf Annas vorsichtige Frage, wie das mit der Illegalität des Chartergeschäftes zu verstehen sei, lachten die beiden und sagten, dass das alle so machen würden, ohne Steuer, ohne Seeberufsgenossenschaft und ohne Personenversicherung.

Der nächste Morgen brachte für Anna eine kleine Enttäuschung: Die *Helena*, so hieß das Schiff der beiden, war zwar ein schönes Boot, eine 14-Meter-Ketsch aus Kunststoff, ein französischer Werftbau, sie schien auch seetüchtig zu sein, wirkte aber irgendwie vernachlässigt und ungepflegt. Anna sah bei aller Freundlichkeit von Bernd und Senta sofort, dass der Außenbordmotor für das Beiboot, der am Heckkorb montiert war, sehr rostig war, die Elemente der Selbststeueranlage teilweise korrodiert waren, der Wartungstermin für die Rettungsinsel schon lange überschritten war. Sentas herzlicher Empfang machte aber für Anna alles wieder gut. Überhaupt schien Senta das Boot besser zu kennen und mehr zu lieben als Bernd. Ihr freundliches, unauffälliges Gesicht unter den kurzen schwarzen Haaren wirkte sympathisch. Sie verwischte damit den etwas graumäusigen Eindruck, den Anna von ihr am Vortag bekommen hatte. Sie wird etwa 30 Jahre alt sein, dachte Anna, Bernd vielleicht 40.

Der Motor, der gerade lief, um die Batterien zu laden, klang gut. Anna würde das Vorschiff mit Koje, WC, Waschbecken und viel Stauraum für sich alleine haben. Der Salon war aufgeräumt und mit zahlreichen Andenken an vergangene Törns ausgeschmückt, mit Muscheln, Korallenzweigen, afrikanischen Masken, Seeigelskeletten und Fotografien, und, Anna wunderte sich, auch mit einem Kruzifix, welches über dem Kartentisch hing.

Die Navigation würde Sentas Aufgabe sein, sie könne auch mit dem Sextanten umgehen, sagte sie, würde aber fast immer mit dem kleinen Hand-GPS, welches sehr gute Ergebnisse erzielen würde, navigieren, da das große, eingebaute GPS schon seit langem defekt wäre und komplett – und teuer – ausgetauscht werden müsste.

Am nächsten Tag zog Anna an Bord. Senta und Anna machten in den nächsten Tagen klarschiff und stellten eine Einkaufsliste zusammen, während Bernd meist nur gute Ratschläge gab. Vom Großeinkauf kehrte er ohne Ware zurück, angeblich war seine Kreditkarte gesperrt, und er konnte das Problem nicht von hier aus und nicht kurzfristig lösen. Und da sie ja alle loswollten, bat er Anna um einen kleinen Kredit, auf St. Vincent wäre er wieder flüssig. Obwohl Anna dies nicht gut gefiel, lieh sie Bernd 500 Dollar und erhielt eine korrekte Quittung von ihm. Eingekauft wurden aber lediglich Nudeln, Zwiebeln, Dosentomaten, Corned Beef, Thunfischkonserven und Alkoholika. Auf Annas vorsichtiges Fragen strahlte Bernd sie an: »Mit diesen Grundnahrungsmitteln kann ich zaubern, und wir sind ja auch nicht lange unterwegs.«

Obwohl ausreichend Wasser und wenig Diesel gebunkert worden waren, konnten sie nicht starten, da der Passat sich verabschiedet hatte und an seiner Stelle eine Kaltfront mit Sturmstärken aus West folgte.

Doch am 22. Dezember ging es dann endlich los. Weihnachten würde man auf See sein. In den ersten Tagen gab es Starkwind aus verschiedenen Richtungen, statt im Badezeug auf der Barfußroute zu segeln, saßen sie im Ölzeug in die Plicht geduckt und mussten teilweise sogar gegenankreuzen. Am dritten Tag brach der Aluminiumschaft der Selbststeueranlage und konnte wegen Sturm und Seegang nicht repariert oder ersetzt werden. Das bedeutete 24 Stunden Rudergehen am Tag für die kleine Crew. Erschöpfung machte sich breit. Bernd war seekrank, wie gelähmt und den beiden Frauen keine große Hilfe. Weihnachten fiel aus, Anna merkte erst zwei Tage später, dass es vorbei war. Endlich kam die Sonne wieder, der Passatwind mit seinem blauen Himmel und seinen typischen, weißen Wölkchen setzte sich durch und blieb stetig. Anna gelang es, über Kopf und teilweise unter Wasser arbeitend, den defekten Metallstift der Selbststeueranlage auszuwechseln. Das lästige Rudergehen war erst einmal vorbei, die relativ neuen Passatsegel mit überdimensionierten, stabilen Bäumen standen gut und zogen die *Helena* schnell und gleichmäßig nach Westen.

Alles hätte gut sein können, wenn Bernd nicht gewesen wäre. Sein angeberisches Auftreten, sein operettenhaftes Verkleiden, seine großspurigen Reden, seine Lügengeschichten, sein machohaftes Herumkommandieren der beiden Frauen auf der einen Seite und auf der anderen Seite seine offensichtliche Angst beim Sturm der Vortage und seine geringen seglerischen Kenntnisse machten es Anna schwer, ihn zu ertragen. Senta schien seine Art zu kennen und blieb still und unaggressiv. Lediglich Bernds deutlich wachsendes Interesse für Anna, die sich ihm aber immer entzog, beobachtete Senta scharf.

Das Essen war schlecht und eintönig, Nudeln mit Corned Beef und roter Sauce und Nudeln mit Thunfisch im Wechsel waren der Speiseplan. Ohne die frischen Zwiebeln würden sie alle Skorbut bekommen, dachte Anna.

Als Bernd bei seiner Wache wieder einmal eingeschlafen war und die Selbststeueranlage sich aushakte, kam bei starkem Wind mit einem lauten Knall die ausgebaumte Steuerbordgenua back. Fast wären sie gekentert. Das Schiff wieder auf Kurs zu bringen war schwierig und brachte Senta und Anna einige blaue Flecken ein. Das Aufräumen der Schrankinhalte, die mit zerbrochenem Glas, Ketchup und dem öligen Inhalt der Bilge vermischt durch die starke Krängung des Bootes auf dem Salonboden gelandet waren, dauerte einen ganzen Tag.

Während Senta still das Chaos beseitigte, hatte es Anna nicht mehr ausgehalten und Bernd im Zorn eine faule und gefährliche Flasche genannt. Wahrscheinlich wäre Anna nicht so ausgerastet, wenn bei dieser Aktion nicht ihr goldenes Armband mit dem länglichen Goldschild verloren gegangen wäre. Das Armband war das Geschenk ihres Großvaters zum 14. Geburtstag gewesen, sie hatte es Tag und Nacht getragen und sie glaubte irgendwie, dass Großpapa sie damit über seinen Tod hinaus beschützte. »Anna-Esther 6.7.1994« war in die kleine Goldplatte eingraviert gewesen.

Faule und gefährliche Flasche, das hätte Anna besser nicht gesagt. Bernd verstummte für zwei Tage völlig, dann trug er am dritten Tag plötzlich im protzigen Cowboygürtel seiner Dreiviertelshorts einen Revolver. Anna fand, dass er jetzt so wie die Leute in den Wildwestfilmen aussah. Er fluchte auf Anna, aber auch auf Senta. Er würde ihnen Beine machen, sie würden sich jetzt nicht mehr auf seinem Schiff auf seine Kosten einen faulen Lenz machen können, ab sofort sollten sie die Wachen unter sich ausmachen, er sei der Skipper und verlange Gehorsam ohne Widerspruch. Anna war sprachlos und Senta, die ihn ja schon länger kannte, versuchte ruhig und bittend, ja unterwürfig und zärtlich, ihn zu überreden, seinen Entschluss noch einmal zu überdenken. Die schmierige Art von Senta machte ihn aber nur noch wütender, er zog seinen Revolver und schoss in die Holzverkleidung der Kajütdecke.

»Der nächste Schuss ist für eine von euch, an die Arbeit!«, bestimmte er finster.

Der ist ja komplett verrückt geworden, dachte sich Anna, jetzt hat es keinen Zweck, etwas gegen ihn zu unternehmen. In wenigen Tagen ist die Überfahrt zu Ende und wir werden auf Goats Head Island vor St. Georg sein und spätestens dort gehe ich von Bord. Wenn er meine 500 Dollar nicht gleich rausrückt, gehe ich ohne das Geld, das kann ich verkraften, Hauptsache weg von diesem Schiff und weg von Bernd. Auf Senta kann ich keine Rücksicht nehmen, sie ist bis jetzt mit ihm fertig geworden und ein bisschen blöde ist sie auch, wenn sie denkt, ich wäre an Bernd als Mann interessiert.

Nach langer Zeit tauchte auf Annas Gesicht endlich wieder ein kleines Lächeln auf. In wenigen Tagen hatte sie es geschafft – glaubte sie.

Michael

Michael nahm an diesem Montagmorgen wie meist die Treppe und nicht den Aufzug, um in das Büro seiner Firma zu kommen. Er bekam in Fahrstühlen leicht Platzangst, nachdem er einmal für einige Stunden in einem dunklen Fahrstuhl hängen geblieben war. Aber das brauchten die anderen ja nicht zu wissen. Die Firma lag in Hamburg am Neuen Wall im vierten Stock eines alten, geschmackvoll renovierten Jugendstil-Bürogebäudes, nur einen Steinwurf von der Binnenalster entfernt. Der alte Konsul Geistmann, der sie um die Jahrhundertwende gegründet hatte, war natürlich schon lange tot. Die Geistmann-Schifffahrts-Assekuranz war eine Versicherung vor allem für Reedereien und den Überseehandel gewesen. Lange hatte sie zur Concordiagruppe gehört, und als diese nach dem Tod der letzten direkten Geistmannerben zerschlagen wurde, hatte sie die große St. Gallener Rückversicherung erworben. Sie hieß jetzt Nautik-Versicherung Hamburg und machte als gesundes Unternehmen überdurchschnittliche Gewinne für die Schweizer Muttergesellschaft. Sie füllte eine Nische aus, indem sie Segel- und Motoryachten versicherte, eine Tätigkeit, von der in der Schweizer Zentrale niemand etwas verstand. Und da die Nautik-Versicherung an der fernen Waterkant so gut funktionierte, ließ man sie in Ruhe.

Das Hauptverdienst am Prosperieren des Unternehmens hatte ihr langjähriger Geschäftsführer Herr Broll, der das Klientel der Versicherung in den letzten Jahren behutsam umgeschichtet hatte, sodass es jetzt eine fast reine Spezialversicherung für Sportboote war. Ihr Einzugsbereich war vor allem die Nord- und Ostsee, aber auch das Ijsselmeer und die großen Binnenseen Süddeutschlands, Österreichs und der Schweiz. Die Unternehmensphilosophie war, nicht mit zahlreichen Versicherungsvertretern zu arbeiten, sondern in Vereinen, Verbänden, Werften, bei Händlern, Hafengemeinschaften und in Winterlagern präsent zu sein. Die meisten neuen Kunden gewannen sie durch Mundpropaganda. Die Versicherungsbedingungen waren gut bei der Nautik, und das war bekannt. Ihre Verwaltung war schlank, sie bestand außer Herrn Broll und Michael nur noch aus 20 weiteren angestellten Mitarbeitern sowie ein bis zwei Lehrlingen, die alle im eineinhalbgeschossigen Großraumbüro am Neuen Wall arbeiteten. Zum anderen hatte die Nautik in der letzten Zeit auch viel Glück gehabt. Die großen Versicherungsschäden der vergangenen Jahre im Bereich Boote, der Totalschaden von mehreren hundert Yachten bei der Sturmkatastrophe in Ostdorf und Heimstedt und der noch größere Schaden beim Winterlagerbrand in Harburg hatte die Nautik fast überhaupt nicht getroffen, während Mylius, Maritima und die anderen erhebliche Schwierigkeiten gehabt hatten.

Michael Hander war als Leiter der Schadensabteilung in erster Linie zuständig für die Überprüfung von unklaren Schadensfällen, Verdacht auf Versicherungsbetrug, Abklärung von Diebstählen und für die Zusammenarbeit mit den nationalen und internationalen Polizeidienststellen.

Er hatte nach dem Abitur und dem Wehrdienst bei der Marine in seiner Firma die dreijährige Ausbildung zum Versicherungskaufmann durchlaufen, zu der man eigentlich nur die Mittlere Reife benötigt. Nachdem er ausgelernt hatte, war er nicht ungern bei seiner Ausbildungsstätte geblieben. Studieren wollte er nicht, unter anderem auch, weil er bald Geld verdienen wollte. Außerdem hatte seine Tätigkeit im weiteren Sinn mit der Seefahrt, mit dem Segeln und mit Booten zu tun, der großen Leidenschaft von Michael.

Im Laufe der Zeit, Michael war gerade 26 Jahre alt geworden, hatte er über den Rahmen seiner Tätigkeit hinaus und gefördert durch seine Firma recht gut Englisch gelernt. Außerdem hatte er ein zweijähriges Fernstudium zum »Geprüften Privatdetektiv« absolviert. Die jeweiligen Blockseminare und die Prüfung hatten in München stattgefunden. Michael interessierte sich schon immer für Kriminalistik. Sein spektakulärster Aufklärungsfall – nur wenige Wochen nach Beendigung des letzten Seminars – war das Auffinden der gestohlenen *Solveig III* in Lissabon gewesen, was seine besondere Position in der Firma weiter gefestigt hatte.

Damals hatte Broll ihm einen Computerausdruck auf den Schreibtisch gelegt. Neben den Daten des verschwundenen Schiffes hatte sein Chef lapidar »wahrscheinlich keine große Sache« geschrieben. – Wenn Broll schon sagte, dass etwas keine große Sache sei, dann handelte es sich meist um eine besonders langwierige oder knifflige Angelegenheit – aber das wusste Michael damals noch nicht.

Er hatte sich zunächst einmal in die Daten vertieft: Die Yacht *Solveig III* war sieben Tage zuvor aus dem Gemeindehafen von Arnis als gestohlen gemeldet worden. Der Eigner, ein Arzt aus Hamburg, hatte das Boot zusammen mit Freunden aus dem Wasser ins Winterlager bringen wollen und dabei festgestellt, dass sein Schiff nicht mehr auf seinem Liegeplatz war. Die meisten Boote standen zu dieser Zeit schon an Land und der Hafen war dementsprechend leer und unbelebt. Selbst das Büro des Hafenmeisters war seit einigen Wochen unbesetzt. Niemandem war etwas aufgefallen. Das Schiff war einfach weg.

Zum Glück handelte es sich bei dem Eigner um einen extrem vielbeschäftigten Mann, der selbst seine Freizeittermine von seiner Sekretärin in seinen Kalender eintragen ließ. So konnte er der Polizei genau mitteilen, dass er exakt fünf Wochen vorher in Arnis gewesen sei. Außerdem hatte er den Beamten sämtliche Schiffsunterlagen aushändigen können: Schiffs- und Motornummer sowie die genaue Spezifikation. Eine ausführliche Auflistung der Ausrüstung und des Bootsinventars fehlte ebenso wenig wie ein Foto.

Natürlich hatte sich der Eigner auch mit einer identischen Akte an seine Versicherung gewandt und sie ebenfalls zur Suche nach der Yacht aufgefordert. Völlig zu Recht hatte er schon mal vorsorglich darauf aufmerksam gemacht, dass er nach angemessener Zeit – sofern die Yacht nicht unbeschädigt gefunden würde – die Versicherungssumme ausbezahlt bekommen wollte.

Damals hatte Michael gestutzt: Warum wies der Eigner gleich darauf hin, dass er das Geld haben wollte? Sollte es hier etwas um einen Versicherungsbetrug gehen? Dann hatte er anerkennend durch die Zähne gepfiffen, als er das Foto der schnittigen blauen Yacht zur Hand nahm und die genauen Daten studierte: Bei der *Solveig III* handelte es sich um eine »Skandi 38«, einen hochwertigen finnischen Werftbau aus dem Jahr 1993, eine edle und teure Slup. Der Versicherungswert lag zum Zeitpunkt der Schadensmeldung noch bei 340 000 DM.

Wer auch immer das Schiff geklaut hat – sofern es wirklich geklaut worden war –, dachte Michael, der hatte Geschmack und einen Sinn für Werte, das war klar.

Dann ging es an die Recherche. Im Internet besuchte Michael zunächst die Werft. »Skandi Boats« bot sechs verschieden große Yachtmodelle an, eine Skandi 38 war aber nicht darunter. Also musste Michael doch wieder telefonieren. Die freundliche, weibliche Stimme am anderen Ende begrüßte ihn höflich – jedenfalls nahm Michael das an, denn außer einigen kehligen Lauten und diversen »aaa« und »iii« verstand er überhaupt nichts. Sofort schaltete die Dame auf ein niedliches, skandinavisch gefärbtes Englisch um und vemittelte ihn an die richtige Person für seine Fragen. Skandi war ein Familienbetrieb und der Sohn des Gründers und Besitzers gab Michael bereitwillig Auskunft: Von der Skandi 38 waren 112 Einheiten gebaut worden. Der Bau dieses Typs sei 1996 zugunsten einer etwas größeren Yacht, der Skandi 40, eingestellt worden.

»Natürlich kann ich Ihnen die Liste der Eigner und der Ausstattung aller gelieferten Skandi 38 zusenden. Wir halten engen Kontakt mit unseren Kunden. Allein zu den Regatta-

Wochenenden der einzelnen Skandi-Typen kommt immer ein großer Prozentsatz der Besitzer. Und wenn Sie weitere Fragen haben, Sie können mich jederzeit erneut anrufen«, schloss der freundliche Finne. Nur eine halbe Stunde später kamen die Listen der Werft per Fax hereingerattert.

Ach ja, und dann war da ja auch noch die Sache mit der Gütig gewesen, der Stellvertreterin vom Chef, erinnerte sich Michael. Während er damals überlegte, ob ihm so ein großes, luxuriöses Schiff wohl gefallen würde und, noch wichtiger, wie es sich denn segeln ließe, kam Frau Gütig vorbei und fragte ihn, ob er mit ihr essen gehen wolle. Sie hatte ihn schon ein paar Mal angesprochen, aber Michael wusste nicht so richtig, wie er darauf reagieren sollte. Schließlich war sie schon um die Fünfzig, war zwar unterhaltend und witzig, besonders wenn sie von den Törns mit ihrem Mann und dem Bordungeheuer, einem kleinen Rauhaardackel, erzählte, aber mit ihr ausgehen? Was sollten denn die Leute denken? Dass sie seine Freundin war? Oder seine Mutter? Beides war ihm nicht recht. Doch Frau Gütig hatte damals wohl seine Unsicherheit längst durchschaut und schlug die Pizzeria gleich um die Ecke vor, wo man zwischen den Leuten der Nautik-Versicherung und der italienischen Bedienung sozusagen auf Du und Du stand und es somit klar war, dass sie nur Kollegen waren.

Nach diesem wirklich netten, kurzweiligen Mittag ging Michael erheblich entspannter mit Frau Gütig um – und schalt sich einmal mehr einen unsicheren Hampelmann, dass ihn solche harmlosen Fragen derart in Bedrängnis bringen konnten. Das musste sich wirklich ändern, das hatte er sich damals fest vorgenommen.

Michael seufzte. In Teilen war ihm das auch gelungen, aber nur bei Frauen, die sich weit jenseits der 35 befanden.

Damals hatte er sich dann wieder an die Liste der Werft gemacht. Nur 24 Boote hatten ein aufwändiges Bugstrahlruder wie auch die *Solveig III*, das engte den Kreis der infrage kommenden Schiffe schon ein. Über die Kürzel w und b grübelt er eine ganze Weile nach, bis ihm aufging, dass damit die

Rumpffarbe, weiß oder blau bzw. white und blue gemeint war. Es gab überhaupt nur vier Boote mit blauem Rumpf, und nur zwei, die blau waren und einen Bugstrahler besaßen.

Sollte die vermisste *Solveig* tatsächlich auf dem Gebrauchtbootmarkt angeboten werden, dürfte sie eigentlich nicht mehr allzu schwer zu finden sein, dachte er. Zunächst musste natürlich überprüft werden, ob die andere Yacht ebenfalls zum Verkauf stünde.

Das Boot gehörte einem Immobilienmakler aus Hameln. Die auf der Werftliste angegebene Telefonnummer stimmte nicht mehr. Beim Anruf der durch die Auskunft herausgefundenen Nummer meldete sich nach langem Läuten einen ältere Dame, wie sich später herausstellte die Mutter des Eigners, die Michael mitteilte, dass ihr Sohn die meiste Zeit des Jahres auf Mallorca leben würde. Auf die Frage, ob ihr Sohn noch seine Yacht besitzen würde und wie diese aussähe, konnte sie nur sagen, dass er tatsächlich ein Boot auf der Insel haben würde. Sie überlegte: Wie es aussehen würde? Na, so eines mit einem Mast und Segeln drauf und unten so ein Häuschen drin, wo man schlafen und kochen könne …

In sich hineinlächelnd hatte Michael sich herzlich bedankt, nachdem es ihm auch noch gelungen war, der langsam misstrauisch werdenden alten Dame die Handy-Nummer ihres Sohnes zu entlocken.

Die Verbindung zu den Balearen war recht gut, abgesehen von den Funkstörungen, die das Gespräch teilweise wie eine hängengebliebene Schallplatte klingen ließen, weil beide Teilnehmer ihre Sätze mehrfach wiederholen mussten. Doch das Ergebnis war eindeutig: Der Immobilienmakler war nach wie vor im Besitz seiner Skandi 38 und dachte auch nicht daran, sich von ihr in den nächsten Jahren zu trennen.

Also, hatte Michael überlegt, wenn ich nun beim Gebrauchtboothandel eine blaue Skandi 38 mit Bugstrahlruder finde, müsste das die gestohlene Yacht sein.

Systematisch war er darangegangen, im Internet die Gebrauchtbootfirmen aufzusuchen und ihre Verkaufslisten durchzusehen. Er begann mit Deutschland, nahm sich dann die skandinavischen Länder vor und danach die Beneluxstaaten.

Nun hatte ihn das Jagdfieber gepackt. Weil noch nicht alle Firmen im Internet vertreten waren, schickte er zudem seine Anfragen per Fax raus.

Mitten in der Nacht war er schließlich bei den Holländern fündig geworden: Am Ijsselmeer bot eine Firma, die »Dutch-Super-Boats« eine Skandi 38, blau, mit Bugstrahruder an. Das musste sie sein! Froh über seinen Erfolg wollte Michael am nächsten Morgen gerade seine Ergebnisse an die Kriminalpolizei in Schleswig weitergeben, als er einen Anruf aus Finnland bekam. Es gäbe noch eine Änderung in der Liste. Im letzten Jahr hätten sie eine 38-iger mit einem Bugstrahler nachgerüstet, falls das für ihn von Interesse sei. Michael hatte geseufzt und sich vorsichtig nach der Farbe dieses Bootes erkundigt. »Die Farbe? Vermutlich weiß, wir haben ja hauptsächlich weiße Yachten gebaut, aber wenn Sie wollen, frage ich noch mal meinen Werksmeister.« Michael wollte. Und seine Ahnung hatte ihn nicht getrogen, denn nach nur wenigen Minuten war klar: Es war eine blaue Yacht gewesen, von einem Besitzer aus München. Telefonische Recherchen hatten anschließend schnell ergeben, dass es sich bei dem Umbau gerade um das von Michael gefundene Schiff in Holland handelte.

Frustriert hatte er damals aufgeben wollen und eher aus Trotz die Kleinanzeigen in der Zeitschrift »Yacht« studiert. Dabei war er auf etwas Merkwürdiges gestoßen, was ihm aber erst einen Tag später aufging: In einer Annonce wurde nämlich eine schwarze Skandi 38 »mit allem erdenklichen Komfort und Zubehör« angeboten. Liegeplatz des Schiffes sei Lissabon. Noch einmal hatte er die Liste aus Finnland konsultiert: Sicherlich würde die Werft doch für »blue« und »black« zwei verschiedene Kürzel verwenden? Und ebenso sicher könnte man doch ein Schiff umspritzen? Immerhin war der Diebstahl ja schon einige Wochen her …

Indem er sich als Interessent ausgegeben hatte, vereinbarte

Michael einen Besichtigungstermin. Es war seine erste Dienstreise gewesen, und er war mächtig aufgeregt. »Keine Alleingänge!«, hatte Broll ihm mit auf den Weg gegeben.

In Lissabon angekommen, betrachtete Michael die Yacht genau: Die Plakette der Werft mit der Bootsnummer war entfernt worden. Eine Motornummer war da, und sie war nicht mit der des vermissten Schiffes identisch. Trotzdem war Michael misstrauisch, und so schabte er »zufällig« mit einem scharfkantigen Jackenknopf über den Rumpf. Der angebliche Besitzer hatte nichts gemerkt, aber Michael konnte unter dem schwarzen Lack einen etwas helleren Blauton entdecken. Der Rest war Sache der Polizei. Sollte er wieder falsch liegen, hätte er Pech, sollte es sich bei dem Angebot aber um die gesuchte *Solveig III* handeln, musste etwas unternommen werden.

Michael hatte Recht behalten: Es war die vermisste Yacht aus der Schlei, umlackiert und mit einer neuen, nicht ungeschickt eingestanzten Motornummer versehen.

Wenige Wochen später wurde das Boot per Tieflader auf Kosten der Nautik zurück nach Deutschland gebracht. Der Besitzer und natürlich Herr Broll waren sehr zufrieden gewesen – und Michael war sich sicher, den richtigen Beruf gewählt zu haben.

Sein bester Freund Helge war Kriminalhauptkommissar bei der Spurensicherung in einer der großen Hamburger Dienststellen. Und so wie Michael ihn in seglerischen und Bootsfragen beriet, beide waren Mitglied desselben Segelvereins, half Helge ihm bei kriminalistischen und juristischen Fragen seiner Tätigkeit.

Im Büro waren fast schon alle da, arbeiteten aber nicht, weil Walter Gebig, wie meist, wenn er am Wochenende mit seinen Hockeyfreunden zusammengewesen war, die neuesten Witze erzählte:

»Also, der noch, kommt der 30-jährige Sohn wütend vom Nervenarzt nach Hause und beklagt sich bei seiner Mutter, dass der doofe Psychiater zu ihm gesagt hätte, er litte unter einem Ödipuskomplex. Da streicht ihm die Mutter über die

Haare und sagt liebevoll und begütigend, Ödipus-Schnödipus, Hauptsache, du hast die Mami lieb.«

Walter war beim Erzählen selbst schon ins Lachen gekommen, war rot angelaufen und kicherte: »Ist das nicht köstlich, Michael, Hauptsache du hast die Mami lieb.«

Michael hatte nur flau mitgelacht – hatten ihn die anderen im Büro nicht komisch angesehen? Hatte Walter, die blöde Pfeife, etwa ihn gemeint? Die Kollegin Messmer, die mit den tollen Beinen und der niedlichen, frechen Nase hatte besonders laut gelacht und zu ihm hingeschaut.

Zugegeben, es war idiotisch von ihm gewesen, wieder zu seiner Mutter zurückzuziehen, er hatte es schon nach wenigen Tagen bereut. Wie sie wieder immer um ihn herum war, Micki – sie nannte ihn Micki – Micki hier, Micki da, iss doch etwas, das war aber spät gestern Abend, bei dem Wetter ohne Mantel und so weiter.

Sein Vater war schon lange tot. Seine Mutter arbeitete als Änderungsschneiderin bei Karstadt, und Michael war ihr Lebensinhalt. Leider war er ein Einzelkind. Nun war es aber beileibe nicht so, dass Michael nicht schon auf eigenen Füßen – und in einer eigenen Wohnung – gestanden hätte. Doch aus Bequemlichkeit war er meist bei seiner Mutter zum Essen gewesen, wenn er nicht gerade im Büro, im Verein oder auf seinem Boot war. Ein Fehler, wie sich schnell herausstellte.

Ein wesentlicher Grund für seinen Auszug war seine Vermutung, die enge Bindung an den mütterlichen Haushalt wäre die Hauptursache, weshalb er bei den Mädchen nicht so richtig Erfolg haben würde.

Doch nach dem Auszug war alles unverändert. Er selbst war der Gleiche geblieben, und so hatten sich weiterhin vor seiner Tür keine Schlangen von hübschen Mädchen gebildet, die mit ihm ins Bett gehen wollten.

Und dann kam der Wunsch auf, mehr sparen zu wollen, um für die nächste Saison für sein Boot endlich einen Innenborder kaufen zu können, ihm schwebte ein kompakter, kleiner Yanmar Diesel vor.

Michael tippte den Rest des gestern begonnenen Abschlussberichtes in den Computer, Schadensabwicklung nach Einbruch, Diebstahl und Vandalismus im Hafen von Laboe, und druckte ihn aus.

Herr Broll, sein Chef, trat an seinen Schreibtisch, gerade mittelgroß, schlank, mit weißem Bürstenhaarschnitt. »Unser Häuptling mit der Irokesenlocke«, pflegte Walter Gebig zu sagen.

Broll wippte im Stehen immer auf den Fußspitzen, was ihm eine gewisse dauernde Unruhe verlieh, blickte freundlich, wie meist, aus seiner kleinen, goldgeränderten Brille und sprach, auch wie immer, mit leiser Stimme:

»Herr Hander, ein Fall für Sie, holen Sie sich doch bitte einmal die Daten dieses Schiffes hier auf den Bildschirm. Ich kann mich nur vage erinnern, ich glaube, es handelt sich um eine normale Schadensabwicklung vor ein bis zwei Jahren mit einer allerdings nicht eben niedrigen Summe. Wir haben hier den Namen und die Motornummer. Bitte kommen Sie, wenn Sie sich schlau gemacht haben, in mein Büro.«

Mit Büro meinte er seinen kleinen, vom großen Büro abgeteilten Glaskasten, aus welchem er alles sehen konnte, der aber weitgehend schalldicht war und in dem immer eine abgestandene Luft hing.

»Herr Hander«, so nannte ihn nur Herr Broll. Woher der komische Name kam, wusste auch seine Mutter nicht, sie hatte ihm aber erzählt, dass sein Vater sich immer vorgestellte habe mit »Hander, wie die Hand, bloß mit *e r* am Ende«. Walter hatte in einer seiner Blödelphasen herausgefunden, dass Hander so klang, wie wenn ein Sachse versucht, das englische Wort »hunter«, also »Jäger« zu benutzen, und so blieb Michael bei den Kollegen lange Zeit »unser sächsischer Jäger«, zumal seine Tätigkeit ja auch zu dieser Deutung des Namens passte.

Gedankenverloren hatte Michael in der Zwischenzeit die Daten eingegeben. Nun hatte er die Versicherungsakte auf dem Bildschirm: Wassersportkaskoversicherung vom 03.01.88 einer 14-Meter-Kunststoffketsch der französischen Werft Jeanneau.

Erstversicherung durch den Eigner Herrn Dr. Jan Strom mit Bootshaftpflichtversicherung. Am 20.09.98 Versicherungswechsel, Tod des Dr. Strom, Übernahme der Police durch die beiden neuen Eigner, das Ehepaar Senta und Bernd Schleusser aus Husum, beide einzeln zeichnungsberechtigt. Änderung der Police am 20.09.98, größerer Selbstbehalt, Zeitwertvollkasko bei Totalverlust, keine Versicherung von Bootsinhalt, mobiler Ausrüstung und persönlichen Effekten mehr. Für die Haftpflichtversicherung Reduzierung auf die Mindestprämie. Festgesetzter Zeitwert bei Vertragsabschluss 225 000 DM.

Totalverlust vor der Küste von St. Andrew, Karibik, am 15. Mai 2001 durch Hurrikan Madeleine, zwei Überlebende. Die örtlichen Behörden hatten auf Anfrage mitgeteilt, dass der geschilderte Unfallhergang glaubwürdig sei, bei diesem Sturm wären allein um St. Andrew und St. Vincent 14 Yachten zum Teil in Häfen, zum Teil auf See mit Totalverlust zu beklagen gewesen. Die Überlebenden hätten Teile der bei der Strandung auf den Felsen zerfetzten Rettungsinsel vom Typ Secumar mit der Nummer D-1576135 vorgelegt, sie wiesen Hautabschürfungen und Prellungen bei ihren Besuchen der Hafenbehörde auf. Sie haben wenige Tage später die Insel verlassen. Im Übrigen habe damals auf den ganzen südlichen kleinen Antillen Ausnahmezustand geherrscht und nicht jedes einzelne Bootsschicksal konnte genau dokumentiert und nachgeforscht werden. Es spreche nichts gegen die Darstellung der betroffenen Versicherungsnehmer.

Michael schob das Dokument weiter hoch. Am 4. Juni 2001 wurden von den Versicherten Ansprüche wegen des Totalverlusts der Yacht *Helena* geltend gemacht und von der Nautik geprüft. Die Nummer der von den Schiffbrüchigen in St. Andrew vorgelegten Teile der Rettungsinsel entsprach derjenigen des früher mitversicherten Rettungsmittels. Am 30.10.2001 wurde die Summe von 185 500 DM an die Versicherungsnehmer ausgezahlt und zwar auf deren Konto bei der Neuen Hamburger Sparkasse. Die Quittierung erfolgte durch die auch allein zeichnungsberechtigte Senta Schleusser.

Michael verglich die Werftnummer und die Motornummer des Bootes, welches angeblich in der Karibik gesunken war, mit denen des Schiffes, welches ihnen jetzt von Lloyds London als auf Isychos in Griechenland liegend gemeldet worden war. Sie waren identisch, da war ja wohl etwas nicht in Ordnung.

Das fand Herr Broll auch: »Wer hat den Fall damals bearbeitet? Frau Messmer?«, fragte er.

»Sie haben aber damals«, Michael deutete auf das Dokument, »bei der Summe auch gegengezeichnet.« Broll ärgerte sich sehr und fand, dass sie alle in dieser Angelegenheit zu blauäugig gewesen seien.

Michael wurde beauftragt, sich nach dem Verbleib des Ehepaares Schleusser und vor allem nach dem des Geldes zu erkundigen und sich darauf vorzubereiten, in den nächsten Tagen nach Griechenland zu fliegen. Er sollte dort an Ort und Stelle am Wrack versuchen, Spuren zu sichern, den verbliebenen Wert des Bootes zu schätzen und entscheiden, ob sich eine Reparatur oder ein Transport nach Deutschland lohnen würde.

Michael konnte kaum verbergen, wie froh er über die in Aussicht gestellte Griechenlandreise war. Das entging natürlich auch Herrn Broll nicht, der so etwas brummte wie, dass sich Hander aber keine Hoffnung auf eine längere Vergnügungsreise machen solle.

Unter der Adresse, die auf dem Versicherungsvertrag stand, wohnten Schleussers schon lange nicht mehr. Beckmann stand auf dem Klingelschild der Hochhauswohnung in Hamburg-Barmbek. Die junge Frau, ein Kleinkind mit Schniefnase auf dem Arm, öffnete erst die Kette, nachdem Michael seinen Personalausweis und seine Visitenkarte, die ihn als Ermittler in Schadensfällen der Nautik-Versicherung auswies, durch den Postschlitz geschoben hatte. Nein, sie wohnten schon mehrere Jahre hier und hatten die Schleussers nicht gekannt. Als sie die Wohnung mit einem Makler besichtigt hätten, wären diese schon ausgezogen gewesen. Von wegen besenrein, die Wohnung sei vielleicht dreckig gewesen, vor allem in der Küche hätte es vor altem Fett nur so geklebt. Bevor sie richtig loslegen konnte, verabschiedete Michael sich hastig.

Dem jungen Filialleiter der Neuen Hamburger Sparkasse tat es sehr Leid, Michael keine Auskunft über das Konto der Schleussers geben zu können. Michael wusste das natürlich, hatte es aber wieder einmal versucht. Der Bankangestellte bat ihn, sich doch für die Kontoeinsicht einen Auskunfts-Beschluss, vom zuständigen Amtsgericht zu erwirken, er habe das schon einmal erlebt, die Staatsanwaltschaft müsste den Antrag stellen. Er würde Michael schon damit zu viel sagen, dass auf dem Konto seit über einem Jahr keine Bewegung mehr durchgeführt worden und die Post an die Schleussers mit dem Vermerk »Unbekannt verzogen« zurückgekommen sei. Michael bedankte sich. Das war zumindest schon mal ein Anfang.

Vom Büro aus versuchte er dann sein Glück beim Einwohnermeldeamt. Die nette Beamtin, mit der er sich verbinden lassen wollte, war die Freundin eines Vereinskameraden von Michael und rief ihn zurück: »Ja, das Ehepaar Schleusser ist verzogen, ohne einen neuen Wohnort anzugeben, zugezogen sind beide aus Husum, mehr darf ich dir aber wirklich nicht sagen. Handelt es sich bei deinem Problem wirklich um eine Beitragsrückerstattung?«

Frau Messmer, die den Fall *Helena* bearbeitet hatte, kam mit rotem Kopf vom Chef. Der konnte fies ironisch werden. Als sie aus Brolls Glaskasten kommend Michaels Schreibtisch streifte, würdigte sie ihn keines Blickes.

Das mit der Messmer war auch so eine Sache. Beim letzten Betriebsausflug ins Alte Land bei Harburg war er ihr etwas näher gekommen, beide waren angeheitert gewesen und hatten während der Rückfahrt auf der letzten Bank des Busses ein bisschen geknutscht. Am nächsten Tag hatte Ilona Messmer aber totalen Gedächtnisverlust und wollte nichts mehr von ihm wissen.

Lag es an seinem Aussehen, dass es mit den Mädchen bis

jetzt bei ihm noch nie so richtig gelaufen war? Michael war 1,85 Meter groß, hatte Übergewicht, bewegte sich schlaksig und hielt sich nicht ganz gerade. Er hatte ein rosiges Gesicht, große Ohren und lächelte meist. Dass er neben dem normalen Wirbel seines dichten, strohfarbenen Haares einen zweiten im Bereich rechts oberhalb der Stirn hatte, sodass er immer ungekämmt und etwas zerzaust aussah, störte ihn jedes Mal, wenn er in den Spiegel schaute. Was hatte er alles an Cremes und Gels versucht, um diesen Wirbel zu bändigen, es war ihm nicht gelungen. Insgesamt wirkte er jünger als er war, etwas unfertig, jungenhaft, was die Frauen nicht eben ansprach. Er wurde rasch rot und sein häufiges Lächeln konnte man durchaus auch als Unsicherheit deuten. Eines aber empfand Michael als besonders störend: Er bekam sehr leicht auch bei nur geringer sexueller Erregung eine deutliche Erektion.

Schon kurz nach der Pubertät brauchte seine Geographielehrerin nur eine enge, ärmellose Bluse zu tragen und ein paar Büschel dunkler Achselhaare zu zeigen, gleich ging es los. Sein Banknachbar Flori, aus Berlin zugezogen und in diesen Dingen sehr bewandert, sagte dann fachmännisch und mitfühlend: »Na, hasse wieder Latte?« Ja, das mit der Latte.

Im Freibad hatte Michael stundenlang mit einem Handtuch bedeckt im Gras gesessen, da er sich mit seinem kleinen Zelt nicht ins Wasser getraut hatte – es gab einfach zu viel an Pos, Busen und Beinen zu sehen. Seine Klassenkameraden bekamen das beim Sportunterricht natürlich auch mit, und lange wurde er deshalb arg verspottet. Besonders schlimm war es beim Tanzen, sodass er sich selbst bei den Festen seines Clubs, in dem er ein geachtetes und beliebtes Mitglied war, kaum auf die Tanzfläche wagte.

Mitten in seine unerfreulichen Gedanken platzte das Klingeln seines Handys. Michaels Freund Helge von der Kriminalpolizei rief ihn zurück: »Na klar, der richterliche Beschluss für die Sparkasse wird kein Problem sein. Die in der Staatsanwaltschaft sind mir noch etwas schuldig, fax mir den Vorgang nur kommentarlos rüber. Ja, ich schaue auch in den Computer, ob die beiden Schleussers vorbestraft sind, ich rufe dich an. Bist du am Wochenende im Club? Ich muss noch meinen Rumpf abschleifen.«

Er meinte damit natürlich nicht seinen eigenen, sondern den Rumpf seines Bootes, das er irgendwie aus der Konkursmasse seiner kürzlich erfolgten Scheidung herausgerettet hatte. Seine geschiedene Frau war sehr hübsch, aber, wie auch Michael fand, sehr zickig. Sie war mit dem Alltag eines Kriminalkommissars nicht zurechtgekommen. Helge hatte jetzt auf einmal viel Zeit, aber auch ein schlechtes Gewissen und eine große Wut, weil seine ehemalige Frau die vereinbarten Treffen mit seiner dreijährigen Tochter häufig torpedierte und weil er sich doch irgendwie schuldig fühlte.

»Am Wochenende? Doch, eigentlich wollte ich kommen, es sei denn …« Michael ließ seinen Freund erst ein bisschen zappeln, bevor er mit seiner Neuigkeit herausrückte, »… es sei denn, ich bin zu dieser Zeit schon in Griechenland. Rein dienstlich, versteht sich, ich hab da unten zu tun.« Er grinste. Helge war ganz schön neidisch, seine Dienstreisen führten ihn nie über die Grenzen von Ahrensburg oder Pinneberg hinaus.

Michael fragte Herrn Broll, ob er den Gerichtsbeschluss für die Kontoeinsicht abwarten und sich in Husum über die Schleussers erkundigen oder gleich versuchen solle, einen Flug nach Isychos zu bekommen. Glücklicherweise war Broll für Griechenland, und so buchte Michael bei den freundlichen und kompetenten Leuten vom Reisebüro Sperlings-Lufthansa-Citycenter für den kommenden Montag einen Flug Hamburg – Athen mit Anschluss am nächsten Tag mit Olympic Airways nach Isychos.

Der Samstag vor seinem Flug war ein für Hamburg untypischer Novembertag, strahlend und schön. So war es nicht verwunderlich, dass der halbe Verein von Michael und Helge schon auf dem Clubgelände war und jeder irgendwie an seinem Boot herumkratzte, schliff, malte, reparierte, ein- oder ausbaute.

Der Verein, die »Drumbüttler Segelgemeinschaft«, hatte

noch keine lange Geschichte. Vor etwa zehn Jahren hatten sich ein paar junge Leute, darunter Michael, ein wenig illegal in der privaten, verlassenen, weitgehend ausgebeuteten Kiesgrube von Drumbüttel eingenistet. Drumbüttel liegt einige wenige Seemeilen elbaufwärts von Hamburg am Nordufer der Elbe, nicht weit von Geesthacht.

Zunächst lagen dort nur ein paar Jollen im Schilf, der Zugang zur Elbe war schmal und versandet. Dann hatten die jungen Leute in Eigenarbeit das Gelände aufgeräumt, den Müll abtransportiert, einen kleinen Holzsteg ins Wasser gerammt, eine billig erstandene Baracke repariert, aufgestellt und gepinselt, eine Toilette mit Sickergrube installiert und sogar Blumen und Bäume gepflanzt. An einem schönen Sommertag, sie waren gerade beim Grillen, wurde ihnen die Verfügung der Ordnungsbehörde des Landkreises zugestellt, in der stand, dass sie innerhalb von 14 Tagen den alten Zustand wieder herzustellen hätten und danach das Gelände nicht mehr betreten dürften.

Michael und sein Freund Jörg, der später einmal in Hamburg ein gesuchter Anwalt werden sollte, beide Männer, besser gesagt Jungen der ersten Stunde, beschlossen, den Besitzer der Kiesgrube aufzusuchen und um Aufschub zu bitten – sie hatten ja nichts zu verlieren.

Die Vorzimmerdame des Geschäftsführers und Mitgesellschafters der Nord-Elbe-GmbH, Hoch- und Tiefbau, Zement- und Kieswerke, fand die beiden, obwohl sie unangemeldet gekommen waren, irgendwie rührend, und der Herr Direktor, der mit dem ausgekiesten Areal in einem Landschaftsschutzgebiet, das nie Bauland zu werden versprach, nichts Rechtes anzufangen wusste, überließ dem zu gründenden Verein »Drumbüttler Segelgemeinschaft e.V.« für eine symbolische Jahrespacht von DM 1,– bis auf weiteres das Grundstück. Vielleicht hatte er dabei an seine eigene seglerische Jugend gedacht. Auf jeden Fall gefielen ihm die eifrigen, täppischen, sympathischen Jungen, die nichts als Segeln wollten und nichts von Punks und Hippies an sich hatten.

Die Erlaubnis von der Ordnungsbehörde, Drumbüttel gehört schon zu Schleswig-Holstein, hier die Genehmigung zur Betreibung eines Sportboothafens zu bekommen, war um vieles schwieriger. Aber da Kommunalwahlen ins Haus standen und sich die Förderung eines solchen Jugendprojektes gut machte, gab auch diese unter strengen Auflagen grünes Licht für den Ausbau: keine Zäune, Ausbaggern nur im kleinen und umschriebenen Gebiet der Fahrrinne, nur ein Slip, Steglänge insgesamt, auch bei Unterteilung, nicht mehr als 40 Meter.

Im nächsten Jahr gab es Strom. Es wurden unter Eltern, Mitgliedern und Neumitgliedern Sponsoren gewonnen, ein Auftritt im Regionalfernsehen brachte allein 42 000 DM Spendengelder, die Nordelbe GmbH machte die Erdarbeiten und das Ausbaggern umsonst. Als Vorsitzender wurde ein Studienrat aus Harburg gewonnen, der sich seine Arbeitszeit besser einteilen konnte als manch anderer und der Dank seines Berufes lesen, schreiben und reden konnte.

Seit über drei Jahren war Michael nicht nur im Vorstand, sondern auch Kassenwart. Tätigkeiten, die er gerne ausübte und sehr ernst nahm. Es war ihm gelungen, den Beitrag mäßig hoch, für Jugendliche noch niedriger zu halten und er hatte ein Händchen, Sponsoren aufzuspüren und anzuzapfen. Es versteht sich von selbst, dass die Nautik-Versicherung auch immer mit auf der Spenderliste stand.

Die verwilderte Kiesgrube hatte sich ihren verwunschenen, schilfeingesäumten Charakter weitgehend bewahrt, der Dauerparkplatz lag zurück zur Straße hin, und die Bootsschuppen waren flache Gebäude und konnten nur mit gelegtem oder gezogenem Mast genutzt werden. Die Baracke war einem flachen, hübschen Fachwerkbau gewichen. Der Club hatte zwar keine Aufnahmebeschränkung, das wäre bei seinem Status und seiner Satzung auch nicht möglich gewesen, aber für die Stegplätze gab es schon eine Warteliste und die Fläche für die Trockenliegeplätze war fast voll.

Obwohl mittlerweile schon viele »Erwachsene« Mitglied geworden waren, Michael hatte unlängst mit Schrecken festgestellt, dass er ja auch schon lange dazugehörte, hatte sich der Verein seinen jugendlichen, kameradschaftlichen, so gar nicht schicken Charakter bewahrt. Man duzte sich, die meiste Arbeit am Hafen, für das Clubhaus und im Gelände wurde bei gemeinsamen Arbeitsdiensten erledigt, die regelmäßig in einer fröhlichen Feier endeten. Hier war Michaels eigentliches Zuhause. Aber selbst hier wurde er bei den weiblichen Mitgliedern und den Freundinnen der männlichen Mitsegler als Mann nicht so ganz für voll genommen und eher als Kumpel denn als potentieller Freund angesehen.

Ein Gefühl des Unvermögens, des Missbehagens und der Verlassenheit stellte sich ab und zu bei ihm ein, wenn er in einer lauen Sommernacht vom Bootshaus zu seinem Schiff ging und manches kleine Boot am Steg rhythmische Bewegungen zeigte oder aus dem offenen Niedergang lustvolles Stöhnen zu hören war.

Seitdem Michael drei Jahre zuvor seinen alten Kielschwerter verkauft und aus zweiter Hand sein neues Boot erworben hatte, war er fast jede freie Stunde auf dem Clubgelände gewesen. Das neue Boot war eine »Nordborg 26«, ein grundsolides, dänisches Fahrtenschiff, welches Michael, da es sehr ungepflegt und lange nicht mehr gesegelt auf einem Hinterhof vergessen worden war, sehr preiswert erstanden hatte. Die Linien hatten ihm gleich gut gefallen, der starke Kunststoffrumpf war intakt, keine Osmose. Das Holz allerdings war in schlechtem Zustand gewesen, einige Teile hatte er nicht mehr schleifen und streichen können, sondern erneuern müssen. Mast, Baum und Ruderanlage waren in Ordnung gewesen, das stehende und laufende Gut hatte Michael ausgetauscht. Die Kajüte war wieder ein Schmuckstück geworden und strahlte im matten Glanz ihres Mahagonis. Nach den vergangenen drei Jahren war das Boot besser als neu, seetüchtig, nicht langsam, gemütlich und gutmütig. Michael hatte häufig Mitsegler, war aber fast genau so gern allein unterwegs und konnte unter Segeln, wie man so schön sagt, »mit seinem Boot lesen und schreiben«, so gut waren die beiden aufeinander eingespielt. Als Namen hatte er den seines alten Kielschwerters behalten, obwohl das Boot ja schon einen Namen gehabt hatte. *Flotte Lotte* hatte man in sich ablösenden Buchstaben am Heck des vernachlässigten Schiffes lesen können. Diesen Namen wollte Michael aber auf keinen Fall übernehmen, auch wenn man nach dem alten Seemanns-Aberglauben Schiffe nicht umtaufen soll, weil dies Unglück bringt. Und so stand jetzt, Aberglaube hin oder her, in kleinen, golden glänzenden Messingbuchstaben wieder *Stormvogel* am Heck, *Stormvogel II.*

Eine wichtige Sache fehlte aber immer noch, eine richtige Maschine. Dafür hatte es bis jetzt nicht gereicht, und Michael musste sich mit einem Außenbordmotor, beim Segeln an seiner Heckhalterung hochgeklappt, behelfen.

Häufig genug hatte Michael geflucht, wenn gerade in einer kitzligen Situation der Motor ausfiel, nicht genug Vortrieb brachte, ein Manövrieren in engem Raum kaum möglich war. So benutzte er ihn fast nur als Flautenschieber. Seine Einhand-Anlegemanöver unter Segeln waren im Club als beispielhaft und gut bekannt, auch wenn man berücksichtigte, dass er hier die Wind- und Wasserverhältnisse genau kannte.

Das Ziel seines Sparens war für Michael ein Einbaudiesel, aber dieses Ziel lag noch in einiger Ferne.

Mit den Winterarbeiten an seiner *Stormvogel* war er schon weit gediehen, er wollte heute nur noch die Batterien ausbauen und diese dann mit nach Hause nehmen. So half er Helge beim Unterwasserschiff seiner *Neptun*, das wirklich nicht gut aussah. Der Bewuchs war so dicht und fest wie noch nie geworden, obwohl oder gerade weil Helge diesmal diese neue, teure Biofarbe genommen hatte. Beim vorsichtigen Abschleifen stellten beide fest, dass im Gelcoat Bläschen waren, die bei ihrer Arbeit aufrissen und tiefer gingen. Das hieß wohl, dass in den nächsten Wochen ein richtiges Sanieren nötig sein würde, vielleicht müssten auch einige neue Matten überlaminiert werden, bei den Wintertemperaturen in ihrem ungeheizten Schuppen nur schwer möglich. Michael holte für sich und Helge eine Flasche Bier aus dem Clubhaus, und als sie diese, auf einem Brett sitzend, tranken, sagte Helge nach einem langen Schluck:

»Dein Versicherungsbetrüger, der Schleusser, ist übrigens vorbestraft, Körperverletzung, räuberische Erpressung, Einbruch. Die meiste Zeit, ungefähr fünf Jahre, hat er in der Hamburger Justizvollzugsanstalt Santa Fu abgesessen. Keine vorzeitige Entlassung, Schlägereien mit Mitgefangenen. Die Frau war bisher sauber. Ich habe dir alles in dein Büro gefaxt, du kannst mich ja am Montag anrufen, wenn du noch eine Frage hast. Ach nein, da bist du Glückspilz ja schon im sonnigen Süden.« Bei dem Gedanken an seinen bevorstehenden Kurzurlaub musste Michael grinsen.

Am Montag regnete es, und Sturmböen peitschten über den Hamburger Flughafen. Der Flug verspätete sich, und die Passagiere wurden vom Ein- und Aussteigen in den Zubringerbus und vom Ersteigen der Gangway zum Flugzeug erst einmal nass. Das schien die Mitpassagiere, fast ausschließlich Griechen, nicht zu stören. Es waren wenige Geschäftsleute und viele Gastarbeiter mit Familien, die schon in den vorgezogenen Weihnachts- oder Winterurlaub gingen. Viele schienen sich zu kennen, Küsschen hier, Küsschen da, ein allgemeines Schnattern.

Das Flugzeug erkämpfte sich rasch seine Höhe über den Wolken mit Sonnenschein und ohne viel Turbulenzen. Man sah unter sich die weiße Wolkensee, während das Frühstück serviert wurde, das nicht schlecht, aber steril war, es bestand aus Putensandwich, Sandkuchen, Streichkäse und Yoghurt. Wer aß so eine Mischung eigentlich im Alltag frühmorgens zu Hause? Ein älteres, griechisches Ehepaar neben ihm suchte Kontakt. Ob er in die Ferien fahren würde? Oder geschäftlich? Sie führen in die Winterpause, erzählte der weißhaarige Mann: »Ich schon 22 Jahre in Hamburg sein, bei Blohm und Voss, sie putzen, Haus in Griechenland, Kinder und Enkel in Deutschland, bald Rente, nicht richtig wissen, wo bleiben.«

Durch sie erfuhr Michael erst, dass das Flugzeug in Thessaloniki zwischenlanden würde. Nun gut, heute hatte er viel

Zeit und musste sowieso in Athen übernachten. Sein Reisebüro hatte für ihn auf dem halben Weg vom Flughafen zum Zentrum im Hotel Poseidon ein Zimmer reserviert.

Der Himmel in Athen war bedeckt, es war windig, aber warm, der Taxifahrer war gesprächig und freundlich, sein Bruder arbeitete »beim Daimler in Sindelfingen«. Das Poseidon war ein ganz neues, gesichtsloses Dreisternehotel, zweckmäßig, kahl, kaltes, flaschengrünes italienisches Design. Michaels Zimmer ging zum zentralen Lichtschacht hin und war somit ruhig, die Klimaanlage konnte man auch auf Warmluftgebläse umstellen. Das Hotel hatte nur eine kleine Bar neben der Rezeption und kein Restaurant. Aber Michael, der das erste Mal in Griechenland war und seine Ortskenntnisse gerade erst im Flugzeug aus dem Polyglottführer bezogen hatte, wollte für den Abend zum Essen in die Altstadt, die Plaka, gehen. Dort sollte es eine Unzahl von guten Restaurants, auch mit Meeresfrüchten geben, auf die Michael sich schon freute. Um 19.00 Uhr in der Altstadt war Michael nahezu allein bis auf ein paar andere, unkundige Touristen. Er lernte, dass viele der Restaurants erst um 20.00 Uhr öffneten, dass die Griechen selbst kaum vor 22.00 Uhr aßen und die richtige »live-music« erst gegen 23.00 Uhr begann. Da Michael nicht in ein typisches Touristenlokal gehen wollte, hatte er sich von seinem Portier ein Restaurant aufschreiben lassen, in dem ein Vetter von diesem arbeitete und wo es »very good and very cheap« sein sollte. Er verbrachte die Zeit damit, in einem Café zu warten, einige Abgehärtete saßen sogar draußen, und beobachtete die langsam ansteigende Zahl der Passanten bei einem Amstel-Bier.

Später beim Essen gönnte er sich Tintenfisch vom Grill und Shrimpspießchen mit grüner Paprika und Knoblauch. Der offene, leichte Rosé passte gut dazu und Michael war zufrieden. Danach schlenderte er durch die Gassen. Es gab zahlreiche Touristenläden, aber auch schönes, hochwertiges Kunsthandwerk. Vor einigen der vielen, kleinen Hotels standen Mädchen, aber Michael traute sich nicht, mit ihnen zu verhandeln: die

Sprachkenntnisse, das fremde Territorium, die hygienischen Verhältnisse und überhaupt. Eines der Mädchen war hochschwanger. Geht das denn noch?, schoss es Michael durch den Kopf, und, wer will denn so etwas, das arme Mädchen.

Die Rückfahrt zum Hotel kostete für die gleiche Strecke exakt das Doppelte der Hinfahrt, da Michael die Runde durch die Stadt, die der Fahrer trotz seines Protestes fuhr, nicht verhindern konnte – der Chauffeur verstand plötzlich kein Englisch mehr.

Der Portier verkaufte ihm ein letztes Bier, welches Michael vor dem Fernseher trank. Die gezeigte griechische Serie, von der er natürlich nichts verstand, schien genauso blöde wie die Seifenopern in Deutschland zu sein.

Der Flug nach Isychos sollte um 9.00 Uhr morgens gehen. Der Olympic-Airport lag auf der anderen Seite des Flugfeldes, man sollte eine Stunde vorher da sein, dazu der morgendliche Berufsverkehr in Athen – es hieß also früh aufstehen. Michael schlief noch fest, als er von der Rezeption geweckt wurde: »Good morning, Sir, six o' clock«.

Bei den Inlandflügen gab es kein internationales Publikum. Es war November, die Griechen waren unter sich und drängten in die verschiedenen Wartebereiche mit den für Michael exotisch anmutenden Zielen. Gut, Kreta und Rhodos waren ihm bekannt, aber Preveza, Araxos und Kefalonia las er zum ersten Mal.

Die Zahl der nach Isychos reisenden Passagiere war klein, und es stellte sich heraus, dass auch das Flugzeug nur eine winzige Turbo-Prop-Maschine war. Die Insassen kannten sich alle. Michael wurde neugierig und freundlich beäugt. Die vordere Sitzreihe war ausgebaut, ein Mann in Rot-Kreuz-Jacke, wohl ein Arzt, saß in der zweiten Reihe, wahrscheinlich sollte auf dem Rückflug ein Kranker nach Athen transportiert werden. Als die Maschine aufs Flugfeld rollte, bekreuzigten sich die meisten Mitreisenden. Michael erfuhr später, dass dies keine Furcht vor der Unfähigkeit des Piloten bedeuten musste, sondern auch beim Besteigen eines Zuges oder Busses durchaus üblich war. Die Maschine flog niedrig. Zwischen den Wolken kam die Sonne heraus und die Ägäis glänzte. Sie flogen über eine Unzahl größerer und kleinerer Inseln, holperten durch einige Luftlöcher, was wieder ein eifriges und allgemeines Bekreuzigen zur Folge hatte und setzten bei Sonnenschein nach einer knappen Stunde auf der kleinen Lande- und Startbahn von Isychos auf. Der Flughafen bestand aus einer betonierten Fläche, einem Tower, der so groß wie ein senkrecht gestellter VW-Bus erschien, und einer Baracke, durch die alle geschleust wurden und vor der schon eine Traube von Menschen stand, die nach Athen wollten oder, und das war die Mehrzahl, die die ankommenden Fluggäste abholen wollten. Michael wurde nicht kontrolliert. Um ihn herum war ein großes Herzen, Küssen, Rufen und Weinen. Aus einem Rot-Kreuz-Wagen wurde eine alte Frau zum Flugzeug getragen, begleitet von Angehörigen, von denen einer eine Infusionsflasche hochhielt.

Die drei Taxen waren im Nu belegt. Der eine Fahrer versprach, er würde sofort zurückkommen, »very quick«. Dieses »very quick« dauerte eine Stunde, in der Michael Zeit hatte, sich umzusehen. Der Flughafen lag außerhalb der Ansiedlung Isychos. Die Insel war felsig, die Berge teilweise schroff und kahl. In den Niederungen hatten die Herbstregen alles grün werden lassen. Man konnte zahlreiche Olivenbäume, einige Zypressen und Eukalyptusbäume sehen. Die Sträucher, die blühten, waren Michael nicht bekannt. Auf der Fahrt roch es durch das offene Fenster würzig nach Kräutern, Pinien und Meer. Eine Ziegenherde graste am Straßenrand, ein alter Mann kam ihnen auf einem Esel entgegen, ebenso ein Priester mit einem wunderlich abgeflachten Hut, weißem Vollbart und langem Gewand. Die Büsche da waren wohl Weinstöcke. Michael fühlte sich wie in einer anderen Welt.

Der Taxifahrer preschte laut mitsingend bei dröhnender Musik aus dem Radio auf der an Schlaglöchern reichen Straße nach Isychos Stadt und setzte Michael, wie gewünscht, am Hafen ab – nicht ohne ihm zuvor mehrmals heftig kopfschüttelnd erklärt zu haben, dass heute kein Fährschiff mehr gehen würde. Auf jeden Fall verstand er nicht, was der seltsame Ausländer, der aus Athen kam, bei der Hafenbehörde wollte – ohne Schiff.

Leider war Michael tatsächlich bei der Hafenbehörde gelandet und musste nach mehrfachem Fragen den guten Kilometer bis zur Coast Guard mit seiner Tasche zurücklaufen.

Leutnant Spiros Mastoras, der zum zweiten Frühstück gerade eine kleine Pizza, einen Kaffee und eine qualmende Zigarette vor sich stehen hatte, blickte unwillig auf den Fremden, der plötzlich lächelnd in seiner offenen Bürotür stand.

Auf Michaels freundliches »Good Morning« gab er nur ein knurrendes Geräusch von sich, das in jeder Sprache alles hätte heißen können. Leider, ja, leider musste Mastoras in diesem Augenblick zu sich sagen, sprach er recht gut Englisch. Er hatte sich darum bemüht, als er noch an eine Karriere in Athen gedacht hatte. Aber inzwischen erwog er ernsthaft, ein Schild aufzustellen, wie man es bei vielen griechischen Behörden findet, auf dem zu lesen ist, dass Ausländer ohne ausreichende Sprachkenntnisse nur im Beisein eines Dolmetschers angehört werden. Die Zwangsversetzung hatte ihn doch ganz schön verändert.

»What do you want?«, brummte er. Michael kam herein, zeigte Spiros eine Kopie des Faxes, das dieser vor Wochen selbst abgeschickt hatte und erklärte ihm, dass er von der Versicherung der Yacht *Helena* sei, welche die Coast Guard im September geborgen hätte.

Spiros, der heute noch nichts, aber auch wirklich rein gar nichts zu tun gehabt hatte, ergriff die Gelegenheit, sich ein wenig wichtig zu machen. Er fand den jungen freundlich lächelnden, so gar nicht überlegen wirkenden Fremden nicht unsympathisch, wuchtete sich von seinem bedrohlich quietschenden Drehstuhl mit dem defekten Polster in der Mitte hoch und reichte Michael die Hand. Er hatte mittlerweile aufgegeben, den Gürtel korrekt zu tragen, der sich jetzt in einer Bauchfalte tief unten verlor, und so waren seine Hosenbeine eben zu lang. Er fragte Michael, ob er schon ein Zimmer hätte und freute sich, als dieser verneinte. Hier konnte er aktiv werden. Doch erst kam die Arbeit.

Die *Helena* machte auf den vier Ölfässern mit dem angetrockneten, jetzt schon braunen Bewuchs, dem intakten Rigg mit angeschlagenen, ebenfalls bewachsenen Segeln einen gespenstischen Eindruck auf Michael. Gerne wäre er auf den Rumpf geklettert, aber ohne Leiter war das nicht möglich. Spiros winkte ab. Erst einmal sollte Michael sein Zimmer beziehen und dann könnten sie bei einem kleinen Mittagessen ja alles besprechen.

Mit seinem betagten Peugeot, der sich nach seinem Einsteigen bedrohlich zur Seite neigte, fuhren sie die kurze Strecke bis zum Zentrum des Hauptortes der Insel. Im Reiseführer hatte Michael gelesen, dass auf ganz Isychos nur etwa 3000 Einwohner, davon 2000 in der auch Isychos genannten Ansiedlung leben würden und dass die Insel früher viel belebter gewesen sei. Mit dem Rückgang der Landwirtschaft und des Fischfangs seien große Teile der Bevölkerung vor allem nach Australien ausgewandert und heute würden dort mehr ehemalige Einwohner von Isychos leben, als auf der Mutterinsel selbst. Das erklärte auch die hier verbreiteten Englischkenntnisse mit dem seltsamen Akzent.

Der Ort mit seinen niedrigen, weißen, teilweise quaderförmigen Häuschen wirkte freundlich und verschlafen. Einige Häuser verfielen, es roch nach Bratfett, Katzen und Fisch. Am Haus von Dionysios stand ein Schild im Fenster: »Zimmer zu vermieten«, war zu lesen, auch auf Englisch und Deutsch. Ein wenig Tourismus gab es also doch auf der Insel. Dionysios war nicht da, aber seine schlanke, schwarzhaarige Frau Georgia nahm Michael freudig in Empfang. Sie ließ es sich nicht nehmen, seine Tasche in das kleine, weiße, blitzsaubere Zimmer zu tragen und brachte es fertig, dauernd lächelnd und schwätzend, kein einziges für Michael verständliches Wort zu sagen. Der Preis war atemberaubend niedrig, sodass Michael zunächst glaubte, sich verhört zu haben.

Spiros, der unten geblieben war, übernahm wieder die Führung, teilte per Mobiltelefon seiner Frau mit, dass er eine wichtige dienstliche Besprechung habe und ging in freudiger Erwartung des Mittagessens mit Michael zwei Häuser weiter.

Die kleine Taverne war leer. Sie gehörte einem Bruder von Dionysios, Christos, der mit fleckiger Schürze und strahlendem Lächeln unter seinem großen, schwarzen Schnurrbart erklärte, was er heute anzubieten hatte. Spiros ging in die Küche, um persönlich den Auberginensalat zu probieren und die Lammkoteletts zu beschnüffeln. Dann dauerte es etwas, bis der Holzkohlengrill in Gang kam.

Der Auberginensalat, der Bauernsalat und der gebratene Käse, die Spiros als Vorspeisen bestellt hatte, waren schon lange verspeist, als das Fleisch auf den Tisch kam. Michael, der vom Schaf eigentlich nur einen Hammel-Bohnen-Eintopf kannte, den er nicht sonderlich mochte, war überrascht, wie zart und unaufdringlich die Lammkoteletts, die vor dem Servieren mit Zitronensaft beträufelt worden waren, schmeckten. Dazu tranken sie einen Wein des Hauses, der leicht und sauer war.

Spiros hatte mittlerweile seine ganze Lebensgeschichte erzählt, begründet, warum er die Amerikaner überhaupt nicht, die Italiener wenig und die Deutschen ganz gut leiden mochte. Er war über das Zypern-Problem zum Intimfeind – den Türken – übergegangen und hatte Michael beigebracht, dass entgegen dessen Schulwissen Alexander der Große kein Mazedonier, sondern ein Grieche gewesen war.

Spiros hatte gut zugelangt, den letzten Olivenöltropfen mit viel nach Sesam duftendem, frischem Brot aus allen Tellern aufgetunkt und sich fröhlich ächzend zurückgelehnt.

So, dachte Michael, sehen also Spiros' Dienstbesprechungen aus. Michael hatte erwartet, dass er die Zeche zahlen und den dicken Leutnant freihalten sollte. Aber da kannte er die Gastfreundschaft der Griechen schlecht. Spiros hatte schon alles bezahlt, als Michael von der abenteuerlichen Toilette zurückkehrend der griechische Kaffee serviert wurde. Spiros musste eine Mittagsruhe halten und empfahl Michael dringend, das Gleiche zu tun. Schließlich verabredeten sie sich um 17.00 Uhr am Rumpf der *Helena*.

Als Michael, er hatte von dem vielen Knoblauch des Mittagessens einen leichten Pelz im Mund, auf der Pier der Coast Guard ankam, hatte Spiros bereits eine stabile Aluminiumleiter an den Bootsrumpf anlehnen lassen und ließ ihn allein.

Michael hatte ein eigenartiges Gefühl, als er das erste Mal an Bord ging. Der Wind klappte das lose Blatt der Windfahnensteuerung hin und her, das Großfall schlug an den Mast, die Fenster waren blind und es roch dumpf. Durch den offenen Niedergang hatten Sonne und Regen das Holz der Kajüte stark in Mitleidenschaft gezogen, die Polster, die teilweise auf dem Boden lagen, waren nass, schimmelig und rochen faul. Michael holte tief Luft, sagte sich, dass das Schiff sicher keine Leiche bergen würde und ging daran, es systematisch zu untersuchen.

Der Rest der Übermalung des Namens war inzwischen abgeplatzt. Das Schiff hieß wieder eindeutig *Helena*.

Nach der Inspektion von außen öffnete Michael die Backskisten und den Kettenkasten. Anker und Kette waren sehr rostig, die Ankerwinsch war festgefressen und sah schlimm aus, ebenso wie die Winschen im Cockpit und am Mast. In den Backskisten stand altes, stinkendes Wasser, in dem Tauwerk, Zeisinge und Werkzeug lagen. Der Kompass war nicht mehr funktionstüchtig, das Ruder war wahrscheinlich durch die Seepocken unbeweglich. Im Vor- und Achterschiff lagen nasse Polster, die Bilge war voll trüber Flüssigkeit. Obwohl draußen die Sonne schien, war die Atmosphäre im Schiff dumpf und bedrückend. Die Seeventile von Pumptoilette und Spüle waren weit geöffnet und nicht mehr drehbar. Der Geber des Speedometers fehlte, durch die Öffnung im Rumpf drang ein kleines Bündel Tageslicht von unten in das Boot. So war die Yacht also versenkt worden. Michael beugte sich zum Motor hinunter. Der 72-PS-Ford sah alles andere als gut aus. Vielleicht hätte man ihn direkt nach der Bergung auseinander nehmen und retten können, jetzt war hier mit Sicherheit nichts mehr zu machen. Er verglich die Zahlen. Die Motornummer wie die Werftnummer in der Plicht waren von den Griechen korrekt weitergegeben worden. Michael öffnete jedes Schapp, schaute in jede Ritze. In der Kajütdecke war ein kleines Loch. Michael blickte weg und wieder hin. Komisch. Mit einem verrosteten Schraubenzieher des Bordwerkzeuges vergrößerte er vorsichtig die Öffnung und brachte ein wenig verformtes Projektil, wahrscheinlich von einem Revolver, ans Tageslicht. In ein Papiertaschentuch vorsichtig eingehüllt steckte er es in seine Hosentasche. Nach Blutspuren zu suchen würde nach der langen Zeit im Wasser sicher nicht mehr erfolgreich sein. Was war hier abgelaufen? Würde er je erfahren, wer da geschossen hatte?

Das ungute Gefühl von Michael beim Aufenthalt in der Kajüte verstärkte sich. Möglichst bald wieder raus hier. Zum Schluss stocherte er noch kurz in der trüben Bilgenbrühe herum. Die Konserven, von der Dosenform her wohl Corned Beef, waren nicht mehr zu identifizieren, das Wasser hatte das Papier der Etiketten aufgelöst. Doch was war das? War das ein Aufblinken gewesen? Michael überwand sich, krempelte den rechten Hemdsärmel hoch und fasste in das schmutzige Wasser. Nichts. Er tastete noch ein bisschen weiter: wieder nichts. Er wollte schon aufhören, als er das kleine Metallkettchen an den Fingerspitzen fühlte. Ein Armband mit Namensschild, graviert, wohl aus Gold, gerissen. Michael legte es vorsichtig zu der Kugel in sein Taschentuch und kletterte an die frische Luft. Vom Rumpf löste er mit dem Taschenmesser Teile des Bewuchses und versorgte die Tangstücke, den Kalk und die Seepocken in einer kleinen, extra dafür vorbereiteten Plastikdose. Dann setzte er sich auf einen der großen Poller der Pier, bedauerte, nicht mehr zu rauchen und holte sein Mobiltelefon heraus. Er schaute auf die Uhr und überlegte. Osteuropäische Zeit, eine Stunde Zeitverschiebung, vielleicht würde er seinen Chef noch erreichen können.

Broll selbst nahm gleich den Hörer ab und klang erfreut: »Na wunderbar, Herr Hander, ist alles gut verlaufen? Schön, dann berichten Sie doch mal.«

Michael gab die Einzelheiten durch: Es handle sich mit Sicherheit um die bei der Nautik versicherte *Helena*, und ebenso sicher sei das Schiff versenkt worden. Der Rumpf sei zwar weitgehend unbeschädigt, dennoch würde sich beim Zustand der Einbauten, der Beschläge, des Riggs und des Motors eine Reparatur nicht lohnen, schon gar nicht mit einem Transport nach Deutschland. Nach kurzem Zögern stimmte Broll ihm zu, zumal ja, wenn man Eigentumsansprüche auf das Wrack anmelden würde, die unbekannten und sicherlich hohen Bergungs- und Lagerkosten durch die griechischen Behörden auf sie zukommen würden.

»Gut Herr Hander, bitte dokumentieren Sie alles ganz genau, auch fotografisch, und kommen, sobald es möglich ist, wieder nach Hamburg. Und gute Reise!«, wünschte er zum Schluss.

Michael verschoss mit seiner kleinen Kamera zwei Sechsunddreißigerfilme, glaubte alle Details erfasst zu haben und kletterte wieder vom Schiff herunter, welches in der beginnenden Dunkelheit still, düster und unwirklich aussah.

Am Abend saß Michael allein in Christos' Taverne. In der folgenden Nacht hatte er vom ungewohnten Essen, wohl besonders vom vielen Öl, Durchfall, konnte aber am Morgen sehr zum Bedauern von Georgia und Dionysios die Maschine nach Athen erreichen. Spiros hatte es sich nicht nehmen lassen, ihn zum Flughafen zu bringen. Als Michael einstieg, blieb der arme, dicke winkende Mann zurück, der nicht mit nach Athen durfte, sondern auf Isychos bleiben musste.

In Athen erreichte Michael die Abendmaschine nach Hamburg über Frankfurt. Sein Magen hatte sich inzwischen so weit beruhigt, dass er das ungewürzte Bordabendessen, Huhn mit Reis, zu sich nehmen konnte. In Hamburg war es dunkel, kalt, regnerisch und stürmisch. Er war nass, als er seinen alten Passat-Kombi auf dem Parkplatz erreichte, ein zwar nicht schickes, aber für einen Segler ungemein praktisches Auto. Mit zwiespältigen Gefühlen fuhr er nach Hause zu seiner Mutter.

Am nächsten Tag im Büro berichtete er Broll noch einmal kurz über seine Reise, blätterte die Akten auf seinem Schreibtisch durch, sichtete die Post und fand Helges Fax über die Vorstrafen des *Helena*-Eigners Bernd Schleusser. Er rief Helge an. Nachdem er freudig über seinen Griechenland-Kurztrip berichtet hatte, kamen sie zum Wesentlichen:

»Du, der Schleusser war wohl in der Vollzugsanstalt so ein richtig polarisierendes Ekel gewesen, er hat wirklich alle und jeden gegen sich aufgebracht. Die haben mit ihm kaum Ruhe in den Block gekriegt, hat mir mein Kumpel aus Santa Fu berichtet. Aber dann hat er sich plötzlich beruhigt, und rate mal, wieso? Da kommst du nie drauf, er hat geheiratet, im Knast! Jemanden von draußen, eine, Moment, warte mal kurz«, es folgte ein heftiges Blätterrascheln sowie ein nur leidlich unterdrücktes Fluchen, was Michael wieder einmal ein Grinsen über seinen Freund entlockte, »ah ja, hier hab ich es, eine Senta Becker aus Husum. Ihre Adresse in Husum war dann auch die Entlassungsadresse von Schleusser, ein Gasthof. Am Kleinen Deich 5. Weiter weiß ich nichts. Am besten wäre wohl, du würdest selbst nach Husum fahren und dich dort direkt nach dem Hintergrund dieser Senta Becker-Schleusser erkundigen. Wo du doch so gerne auf Dienstreise gehst, es muss ja nicht immer gleich Griechenland sein, oder? Der richterliche Beschluss für die Einsicht in das Konto liegt übrigens noch nicht vor.«

Michael bedankte sich bei seinem Freund und berichtete von dem Projektil, dem Goldkettchen aus dem Inneren sowie von dem Bewuchs auf der Außenhaut der *Helena*.

»Meinst du, du kannst da mal eine Untersuchung veranlassen? Das hat uns ja schon oft weitergebracht. Und dass es da nicht mit rechten Dingen zugegangen sein kann, liegt ja wohl auf der Hand, oder? Ich mein, bei den Vorgeschichten von dem Schleusser, und dann gehört ja so ein Projektil auch nicht gerade zur Serienausstattung einer Yacht, oder? Seltsam ist das Ganze schon.«

»Michael, pass auf, wir treffen uns heute Mittag beim ›Kiepenkerl‹, ja? Da lädst du mich zum Essen ein und gibst mir die Proben, okay?«

Lachend stimmte Michael zu. Das war wohl das Mindeste, was er für seinen Freund und dessen Hilfsdienste tun konnte.

Helge saß schon vor einem großen Kaffee, als Michael in den Gastraum trat. Er nahm das Projektil und die Plastikschachtel mit den Bewuchsproben vom Rumpf der *Helena* entgegen. Michael hatte schon auf Isychos den Namen auf dem Armkettchen entziffert, »Anna-Esther« und ein Datum. Helge schaute sich den Schmuck genau an:

»585-er Gold, hier ist der Stempel, die Kette ist zerrissen, der Verschluss ist intakt, das Datum wird nicht der Geburtstag selbst sein, für ein Kleinkind ist die Armkette zu groß. Vielleicht ein späterer Geburtstag oder ein Hochzeitstag oder so etwas Ähnliches. Diese Namenszusammenstellung Anna-Esther ist sicher selten. In dem Boot wurde geschossen, die Kette ist zerrissen, die Yacht wurde versenkt. Wir sollten unbedingt nach dieser Anna-Esther suchen. Zuerst werden wir mal sehen, ob eine solche Namensträgerin, zu der dieses Datum passt, vorbestraft, sonst irgendwie in Erscheinung getreten oder als vermisst gemeldet ist. Das Projektil lasse ich ebenfalls untersuchen. Vielleicht kennen wir ja die Waffe.« Er trank noch einen Schluck. »Das kann allerdings dauern. Die Bewuchspartikel gebe ich an das Institut für Meeresbiologie in Kiel zur Untersuchung. Das Gutachten mit der Rechnung lasse ich gleich an dich in die Firma schicken.«

Michael war sehr zufrieden, auf Helge war Verlass. Danach sprachen sie über seine Reise nach Griechenland und beide fanden, dass es später vielleicht auch einmal schön wäre, dort zu chartern. Das Wetter in der letzten Saison hier im Norden war ja wirklich durchgehend schlecht gewesen. Helge sah nicht gut aus, er hatte wieder angefangen zu rauchen und vermisste seine kleine Tochter sehr.

Im Büro zurück, fragte Frau Messmer Michael falsch, aber dennoch reizend lächelnd, ob es stimme, dass die Griechinnen alle klassische Schönheiten wären. Michael wusste daraufhin nicht viel zu sagen, wurde wieder einmal rot und verzog sich in Brolls Glaskasten.

Herr Broll ließ Michael freie Hand, wie er weiter vorgehen wollte. Er fand die Idee, erst einmal in Husum anzufangen und nach den Schleussers zu suchen, aber ebenfalls sinnvoll.

Für dienstliche Fahrten stand dem Büro ein neuer Golf zur Verfügung, den Michael gerne fuhr. Er hatte beschlossen, die B 431 über Glückstadt und Brunsbüttel zu benutzen und bereute dies sehr schnell. Die Landstraße war voll und nass und hinter Glückstadt war eine große Baustelle mit einspuriger Fahrbahn, Ampelbetrieb und langen Wartezeiten.

Michael kratzte sich am Kinn. Die Messmer, warum musste die auch immer sticheln und ihn necken, die nahm ihn doch überhaupt nicht für voll. Für voll genommen und gut behandelt hatte ihn bisher eigentlich nur ein Mädchen, Christa. Er hatte sie in seiner Marinezeit kennen gelernt und wurde von ihr nie gehänselt. Sie war die Tochter des Pächters vom Unteroffiziersheim in Plön gewesen, wohin er für einige Wochen im Rahmen seiner Ausbildung abkommandiert worden war.

Sie war immer damit beschäftigt gewesen, sich die cleveren, frechen Soldaten in ihrer Umgebung vom Halse zu halten, sodass das schüchterne, ungelenke Auftreten von Michael ihr irgendwie gefallen und vielleicht sogar mehr als ihre Mutterinstinkte in ihr mobilisiert hatte. Aber zu mehr als Händchen halten und Küsschen geben war es damals nicht gekommen.

Und dann wurde er bald abkommandiert und, als er nach Wochen wiederkam, war die ganze Familie nach Hessen verzogen.

Michael musste scharf bremsen, fast wäre er in Gedanken aufgefahren.

Die Bundeswehrzeit, Michael hatte sich nach dem Abitur freiwillig zum verlängerten Grundwehrdienst gemeldet, war eigentlich sehr schön für ihn gewesen. Er hatte sehr nette Crewkameraden gehabt und die Ausbildung war vielseitig gewesen. Er hatte sogar mit dem Gedanken gespielt, ganz bei der Bundesmarine zu bleiben. Aber da man ihm die Zukunft nicht sehr rosig schilderte, hatte er sich anders besonnen. Er war jetzt Leutnant der Reserve, hatte schon einige Wehrübungen gemacht und zumindest seine Mutter fand seine Uniform sehr schick. Leider hatte es mit einer Reise auf der *Gorch Fock* nicht geklappt. Ein Kommando auf diesem schönen Schulschiff war für einen Reserveoffiziersanwärter nicht vorgesehen oder möglich, und als Reservist wäre es die große Ausnahme, einmal auf dem großartigen Windjammer üben zu dürfen. Schade eigentlich.

Jetzt ging es weiter. Michael nahm sich vor, aufmerksamer zu fahren. Dass Christa die Einzige gewesen war, die sich für ihn interessiert hatte, war nicht ganz richtig. Da war ja noch Bea, vielleicht war sie ja noch immer nicht gebunden. Bea war die Tochter von Tante Ines, einer Nenntante, der besten Freundin von Mutter. Schon seit Jahren wollten die beiden sie verkuppeln. Wenn er an den letzten Silvesterabend dachte, brach ihm jedoch selbst jetzt noch der kalte Schweiß aus. Mutter und Tante Ines hatten es so arrangiert, dass er zur Silvesterfeier der Bertrams, so hieß die Familie, eingeladen wurde. Michael hatte Bea, mit der er schon als Kind gespielt hatte, lange nicht mehr gesehen und als blasses, blondes und mageres Mädchen in Erinnerung. Er glaubte, zu einer richtigen Silvesterparty eingeladen worden zu sein mit viel Jungvolk und Musik. Und außerdem hatte er die Silvester vorher mit seiner Mutter am Fernseher verbracht, da konnte es bei Bertrams nur besser werden. Misstrauisch hätte ihn machen sollen, dass seine Mutter so klaglos für diesen Abend auf ihn verzichtet hatte.

Michael fand Bea ziemlich verändert, dicklich und rosig war sie und erinnerte ihn stark an Miss Piggy aus der Muppetshow. Und die Party war keine Party. Er fühlte sich mit seiner Sektflasche unter dem Arm und den Silvesterknallern und

Raketen in der Hand total fehl am Platze. Eine Familienfeier, in der er der einzige Fremde war, war angesagt. Die Kerzen des Weihnachtsbaumes waren noch einmal angezündet worden und Beethovens Neunte tönte von der Schallplatte. Den Karpfen, Michael aß sehr gerne Karpfen, konnte er nicht genießen, das Knie von Bea unter dem Tisch, das diese energisch gegen das seine drängte, rief bei ihm anders als bei anderen Gelegenheiten keinerlei Erregung hervor, sondern störte ihn einfach nur. Das einzig belebende Element des Abends war der weißhaarige, weißbärtige und fast taube Großvater. Er störte die schon zähe Unterhaltung durch seine völlig unpassenden Bemerkungen und Antworten, trompetete Michael an, dass er ein gutes Mädchen, er meinte damit wohl Bea, gefunden habe und nahm drei Portionen von der Roten Grütze, die als Sprenkel gut zu seinem weißen Bart kontrastierte.

Mit lahmem Dank verließ Michael die schweißtreibende Zusammenkunft und blickte neidisch auf die sich küssenden Pärchen in der ungewöhnlich belebten U-Bahn. Er dachte, dann schon lieber gar keine, und dann noch die Familie …

Seine Mutter war vor dem Fernseher eingeschlafen und sehr enttäuscht, dass es ihm nicht gefallen hatte. Am nächsten Morgen verbat er sich ungewohnt heftig weitere Eingriffe in sein Privatleben. Seine Mutter weinte, sie habe es doch nur gut gemeint.

Kurz vor Husum hörte es endlich auf zu regnen. Auf der Informationstafel in der Straßenbucht direkt nach dem Ortseingangsschild war die Straße »Am Kleinen Deich« gut zu finden, sie lag ganz im Zentrum, in der Nähe des Hafens. Michael kannte Husum von vielen Segeltörns und mochte es sehr. Man hatte es seiner Meinung nach in weiten Teilen gut saniert, und das Image der »Grauen Stadt am Meer« fand er nicht passend. Er parkte auf dem Kundenparkplatz der Kreissparkasse, lief die wenigen Meter zum »Kleinen Deich« und fand als Nummer 5 das Restaurant Deichstube.

Die Deichstube war ein kleines, gepflegtes Lokal in einem alten, flachen, hübschen Fachwerkhaus. Vor dem Haus befand sich unter zwei Linden ein kleiner Biergarten. Mittwochs war Ruhetag, das passte schlecht. Trotzdem trat Michael näher und spähte durch die Scheiben in eine leere und dämmrige Gaststube, las auf der Tageskarte von gestern »Heute neun verschiedene Krabbengerichte«, hatte Hunger und bei dem Gedanken an Nummer 4 der Speisenkarte, Krabben in Dillsauce, eine kleine Pfütze auf der Zunge.

Neben den Klingelknöpfen waren zwei Schilder befestigt. Auf dem unteren stand Restaurant, das obere war leer. Michael drückte kräftig auf beide. Nach kurzer Zeit ertönte eine resolute, weibliche Stimme: »Heute ist Ruhetag« aus der Sprechanlage. Michael stellte sich vor, er käme leider nicht zum Besuch des Restaurants, sondern wäre wegen einer Versicherungsangelegenheit hier, die ihre Vorbesitzer, die Familie Schleusser, beträfe. Nach einer längeren Pause sagte die Stimme: »Warten Sie bitte, ich komme herunter.«

Eine attraktive Frau um die 35 Jahre bat ihn herein und musterte ihn genau. Sie machte Licht. Der Gastraum war sauber, roch aber stark nach Bier, kaltem Rauch und Küche.

Michael gab ihr unaufgefordert seinen Personalausweis und seine Geschäftskarte. Nachdem sie beides genau studiert hatte, deutete sie auf einen Tisch, setzte sich und sah ihn fragend an. Wenn sie ihren hübschen Kopf mit den kräftig rot gefärbten Haaren bewegte, klirrten große, silberne Ohrringe. Michael betrachtete interessiert ihre gute, feste Figur in der engen Jeans und dem dünnen, fliederfarbenen Pullover und log sie, in ihre dunklen, ausdrucksvollen Augen blickend, fröhlich an:

»Wir suchen das Ehepaar Schleusser in einer Versicherungsangelegenheit, und zwar sind die Versicherungsnehmer zwei Monate mit der Prämienzahlung für ihre Yacht im Rückstand. Und so ein schönes Objekt wie ihr Schiff unversichert zu lassen, ist doch zu gefährlich. Können Sie mir vielleicht sagen, wo die beiden sich jetzt aufhalten, damit wir sie erreichen können, Frau …?«

Sie schüttelte den Kopf und zündete sich eine Zigarette an.

»Förster«, sagte sie, »entschuldigen Sie bitte, ich hab mich gar nicht vorgestellt, ich heiße Gisela Förster.« Es stellte sich heraus, dass sie eine alte Freundin und ehemalige Mitarbeiterin von Senta gewesen war. Das Restaurant habe Senta von ihren Eltern geerbt und zusammen mit ihr geführt. Sie seufzte, und erzählte dann die Geschichte ihrer Freundin.

Senta hätte immer schon Pech mit Männern gehabt, sie wäre stets ausgenutzt worden. Sie sei katholisch und fromm gewesen. Das sei aber im Zusammenleben mit ihr nicht sehr aufgefallen, weil sie nicht missionierte. Über die Kirche hätte sie diesen Resozialisierungsverein für Haftinsassen kennen gelernt und ehrenamtlich, soweit das ihre Zeit zuließ, für diesen gearbeitet. Sie hätte einen Helfertick entwickelt und durch ihre Tätigkeit in Hamburg den Häftling Bernd Schleusser getroffen, dem sie schnell verfallen sei und der sie ihrer, Gisela Försters Meinung nach, nur ausgenutzt hatte. Als völlig verrückt habe sie den Plan empfunden, Schleusser im Gefängnis zu heiraten. Senta hatte sich aber gegen alle Widerstände durchgesetzt und alle guten Ratschläge in den Wind geschlagen.

Frau Förster nahm einen tiefen Zug von ihrer Zigarette und fuhr fort: »Nach der Entlassung zog Schleusser hierher, aber glauben Sie bloß nicht, dass er etwa gearbeitet hätte. Nee nee, der nicht, nicht in der Küche und auch nicht im Lokal. War sich wohl zu fein dafür. Aber getrunken hat er, und das nicht zu knapp. Außerdem hat er sich neu eingekleidet, spielte den Safari-Großstadthelden. Lächerlich, wenn Sie mich fragen. Und dann kam Senta plötzlich mit dem Plan, mir das Haus mit dem Restaurant zu verkaufen. Erst später rückte sie damit raus, dass sie das Geld für den Kauf einer Segelyacht benutzen wollte. Damit hoffte sie, mit Bernd ins Chartergeschäft einzusteigen. Ich hab noch versucht, ihr das auszureden, aber gegen Bernd kam ich einfach nicht ein. Und Senta konnte verdammt stur sein, oh ja, das konnte sie.

Senta konnte ja schon segeln, aber Bernd musste erst noch die entsprechenden Scheine machen. Aber noch bevor er sie hatte und bevor das Boot überhaupt da war, trat er schon großspurig als der Herr Kapitän auf. Lächerlich. Naja.

Mein Freund hat mich damals und heute sehr unterstützt, er arbeitet hier viel mit und hat auch bei der Bank für mich gebürgt. Er ist Beamter, Lehrer, nicht so ein Spinner wie Bernd.«

Michael hatte freundlich lächelnd und schweigend zugehört, nickte nur gelegentlich. Hier war er richtig, das war klar.

Frau Förster sprach weiter: »Wir haben natürlich noch einen Riesenberg Schulden, aber die Deichstube läuft gut und die Arbeit macht uns Spaß. Zigarette?«, fragte sie plötzlich.

Michael lehnte dankend ab. »Nein, vielen Dank, ich habe vor drei Monaten damit aufgehört und das Schlimmste ist gerade erst vorüber«, lächelte er gequält.

»Warum ich Ihnen das alles erzähle?« Frau Förster inhalierte erneut tief, »ich mache mir Sorgen um Senta, ich habe über ein Jahr nichts von ihr gehört. Wir waren wirklich gute Freundinnen, auch wenn wir nicht immer einer Meinung waren, aber dieser Schleusser hat sie völlig verändert und durcheinander gebracht.«

Als Michael sie fragte, von wo sich Senta das letzte Mal gemeldet habe, überlegte sie nur kurz: »Von den Kanaren, ich bin mir ganz sicher, sie hat von einem Yachthafen auf Gran Canaria aus angerufen. Sie klang etwas bedrückt, das Verchartern schien nicht so viel einzubringen. Sie schien knapp bei Kasse zu sein, aber es kam von ihr natürlich kein Wort der Kritik an Bernd, oh nein! Sie wollten damals über den Atlantik segeln und von drüben wollte sie sich wieder melden. Sie suchten nur noch einen Mitsegler. Der Hafen hieß Puerto Rico oder so ähnlich und sie hat permanent von der Seglerszene dort geschwatzt, dass auch andere Deutsche dort wären und so, und dass sie Sehnsucht nach mir hätte. Ich sollte sie am liebsten gleich besuchen und mit über den Atlantik gehen. Sie würde mich vermissen, hat sie gesagt. So weich und anhänglich hatte ich sie noch nie erlebt.«

Wieder zog sie gierig an ihrer Zigarette und drückte dann den zurückgebliebenen Stummel sorgfältig aus. Nachdenklich blickte sie dem aufsteigenden Rauch hinterher. »Manchmal habe ich das Gefühl, aber bitte, es ist nur ein Gefühl, dass der Schleusser sie umgebracht hat und mit der Yacht auf und davon gegangen ist. Zutrauen würd ich dem das allemal. Und das würde ja auch dazu passen, dass sich Senta bei Ihrer Versicherung nicht mehr gemeldet hat.« Nach einer erneuten kurzen Pause fuhr sie fort: »Brauchen Sie ein Bild von ihr?«

»Gerne!« Michael nickte lächelnd.

Frau Förster verschwand nach oben und kam kurz darauf mit einem Foto wieder, das sie mit Senta Schleusser in einem Garten zeigte. Das Bild sei zwar bestimmt vier Jahre alt, aber Senta sähe seit Jahren immer gleich aus. Frau Förster verneinte, als Michael sie nach irgendwelchen Angehörigen von Senta fragte, stand auf, zog ihren Pullover zurecht, schaute auf die Uhr und sagte: »Jetzt habe ich aber Ihre und meine Zeit verplappert, ich muss noch zum Großhandel.«

Michael bedankte sich herzlich bei ihr und versprach, sie sofort zu benachrichtigen, wenn er Senta finden würde und dass er beim nächsten Anlaufen von Husum mit seiner *Stormvogel* bestimmt die Krabbenkarte einmal herauf- und herunteressen würde.

Auf der Autobahn war kurz vor Hamburg wegen eines Unfalls der Verkehr wieder einmal zusammengebrochen. Es wurde zu spät, um noch ins Büro zu gehen. Helge war an einem Tatort, konnte aber nicht mit ihm sprechen, weil er mit Handschuhen irgendetwas Unappetitliches tat. Seine Kollegin war an sein Mobiltelefon gegangen und er ließ ausrichten, dass Michael morgen nach der Dezernatsbesprechung so gegen 9.00 Uhr in der Dienststelle anrufen solle.

Michaels Mutter war froh, dass er einmal so früh nach Hause kam. Sie klopfte bald an seine Zimmertür, um ihm mitzuteilen, dass es Frikadellen und Kartoffelsalat geben würde, eines der Lieblingsgerichte von Michael.

Ödipus hin, Ödipus her, dachte Michael, ich hab Hunger. Bald nach Weihnachten würde er sich wieder eine kleine Wohnung suchen.

Der französische Film über eine verkorkste Dreierbeziehung im Fernsehen fesselte ihn nicht, das abendlich-düstere Bild der *Helena* auf Isychos ließ ihn nicht los und schob sich zwischen ihn und den Fernseher.

Am nächsten Morgen schien Helge gute Laune zu haben: »Michael? Bingo! Erst einmal die Hauptsache: Seit Dezember 2001 wird eine 20-jährige Anna-Esther Schmitt aus Blockhaven vermisst. Der Geburtstag stimmt mit dem eingravierten Datum auf dem Kettchen überein. Sie hatte zu dieser Zeit zum letzten Mal Kontakt mit ihrer Familie von einem Yachthafen auf Gran Canaria.«

Michael unterbrach ihn: »Von Puerto Rico aus.«

Helge war sehr erstaunt: »Woher weißt du das denn schon wieder?«

Michael erzählte von seinen Nachforschungen in Husum, und Helge freute sich, dass alles so gut zusammenpasste. Er gab Michael die Adresse von Familie Schmitt durch. Auf ein Neues, liebe B 431, dachte Michael seufzend. »Noch was?«, hakte er bei seinem Freund nach.

»Ja, nach seiner Entlassung aus dem Gefängnis war Bernd Schleusser nicht mehr auffällig, im Computer findet sich von ihm und seiner Frau keine Spur. Seit der Wohnungsauflösung in Barmbek haben sich die beiden in Luft aufgelöst.«

Helge hatte den Ausdruck eines aussagekräftigen Fahndungsfotos von Schleusser für Michael in die Post gegeben, morgen würde Michael es haben. Wann die Ergebnisse vom Meeresbiologischen Institut kommen würden, konnte er nicht sagen, der Biologe hatte die Bewuchsproben erhalten und versprochen, sich zu beeilen, besonders als Helge von der fraglichen Klärung eines Gewaltverbrechens gesprochen hatte. Wegen des Projektils habe er beim Landeskriminalamt auch ein wenig gelogen und glaubte, dass die Untersuchung schnell gehen werde. Er schärfte Michael ein: »Du darfst natürlich wie immer niemandem davon erzählen, dass ich dir auf Kosten des Steuerzahlers unter Umgehung des Betrugsdezernates helfe, deinen Versicherungsfall zu lösen, sonst bekomme ich höllischen Ärger. Wie wäre es übrigens heute Abend mit Skat im Clubhaus, Peter hat auch Zeit?«

Peter war ebenfalls ein Freund aus dem Segelverein, der genau wie Helge bei der Polizei, wenn auch bei der Schutzpolizei, beschäftigt war. Michael musste absagen. Er schützte Arbeit vor, war aber in Wirklichkeit mit seiner Mutter verabredet. Wie immer um Totensonntag herum hatte sie vor, mit ihm zum Grab seines Vaters auf den Ohlsdorfer Friedhof zu fahren. Der späte Nachmittag und der Abend verliefen immer gleich: Das Grab wurde besucht, ein Gesteck niedergelegt und ein stilles Gebet gesprochen. Michael zählte dabei immer in Gedanken bis zwanzig.

Sein Vater war schon lange tot, er konnte sich kaum noch an ihn erinnern. Der Erzählung seiner Mutter nach war er der beste Mensch auf der Welt gewesen. Sein großes, verblasstes Bild, das im Wohnzimmer hing, hatte sie die ganzen Jahre ruhig und scheinbar aufmerksam begleitet. Wie wäre das Leben wohl für ihn und seine Mutter verlaufen, wenn sie noch einmal geheiratet hätte?

Im Anschluss an den Friedhofbesuch hatte sich in den letzten Jahren eingebürgert, dass Michael seine Mutter zu einem Abendessen in ein Restaurant einlud. Zum Glück war es ihm gelungen, sie vom so genannten bürgerlichen Essen mit Schnitzel und Pommes Frites oder Hühnerfrikassee im Reisrand abzubringen und sie zu exotischeren Gaumenfreuden zu bewegen. So ging es jetzt meist zum Chinesen oder Italiener, immer hübsch im Wechsel. Der Vorschlag Michaels, sie nach seinem Griechenlandbesuch diesmal in ein griechisches Restaurant auszuführen, wurde aber nicht akzeptiert, da Frau Brockmüller, die von Michaels Mutter verehrte Abteilungsleiterin bei Karstadt, gesagt hatte, dass die Griechen einfach zu fett kochen würden. Und wenn Frau Brockmüller das sagt … Also war heute wieder der Italiener dran.

Vorher musste Michael aber noch zu einem Termin im Yachthafen Wedel. Ein Kunde hatte gestern eine unglaublich hohe Schadensmeldung über den Einbruch in seine Motoryacht gemacht. Michael kannte den Eigner flüchtig. Ein unangenehmer Typ, fand er. Die Schadensbeurteilung würde wahrscheinlich unerfreulich werden.

Am nächsten Morgen saß Michael wieder im Firmen-Golf, diesmal auf dem Weg nach Blockhaven. Er hing seinen Gedanken nach. In der neuen »Yacht« war ein guter, gebrauchter, zu seinem Boot passender Yanmar-Diesel angeboten worden. Er hatte mit dem Besitzer telefoniert. Der Preis schien reell, 3700 Euro. Der Motor lag in Neustadt-Holstein, keine Entfernung, kein Problem, jetzt im Winter wäre auch die richtige Zeit, die Maschine einzubauen. Aber das Geld. Er hatte in den letzten Jahren viel in die *Stormvogel* investiert und einfach nichts angespart. Geld leihen wollte er sich für solche nicht lebensnotwendigen Dinge nicht, auch nicht von seiner Mutter, obwohl sie ihm immer Geld angeboten hatte. Das würde ihn nur noch abhängiger machen. Also noch eine Saison mit dem alten Außenbordmotor.

Der Regen hatte aufgehört. Es war klar und kälter geworden, als er an Glückstadt vorbeifuhr. Hier kannte er jeden Winkel, das Fahrwasser und jede Kneipe. Er war zur Grundausbildung im Wehrdienst in Glückstadt gewesen, wo er mit seinen Crewkameraden manchen Unsinn angestellt hatte. Jonuscheit war der Name ihres Ausbilders gewesen, Obermaat Jonuscheit, poltrig, gutherzig und mit viel unfreiwilligem Humor. Wenn sich die Crew traf, wurde mit Sicherheit Jonuscheit nachgeahmt, wie er sich vor ihnen aufgebaut und vernichtend mit Verachtung in der Stimme gesagt hatte: »Und Sie wollen Abitur sein?«

»Blockhaven 6 km«, gleich hatte er es geschafft.

Broll war heute Morgen nicht so begeistert gewesen, als Michael ihm mitgeteilt hatte, dass es sicher sinnvoll wäre, wenn er in den nächsten Tagen in der *Helena*-Angelegenheit nach Gran Canaria zu weiteren Nachforschungen fliegen würde.

Aber der Chef ließ sich überzeugen, alle Hinweise gingen in Richtung Kanaren. Nach Isychos jetzt auch Gran Canaria, Michael freute sich. Zur Zeit konnte er für die Klärung des Falls hier in Hamburg nicht mehr tun als abwarten.

Zum Glück hatte Broll eine tiefe Abneigung gegen Betrüger im Allgemeinen und eine große Abscheu gegen Betrüger seiner Firma im Besonderen. Schon aus erzieherischen Gründen wünschte er, dass diese bestraft werden müssen und sah deshalb das Problem der Spesen für deren Überführung nicht so eng.

Michael hatte sich telefonisch bei den Eltern von Anna angemeldet, es waren genauer gesagt Mutter und Stiefvater, und deshalb hießen sie nicht Schmitt, sondern Täger. Er hatte verständlicherweise mit seinem Anruf bei Frau Täger große Bestürzung und Hoffnung ausgelöst. Die Hoffnung hatte er gleich dämpfen müssen: »Nein, Frau Täger, wir haben sie nicht gefunden, wir verfolgen nur eine Spur, die aber nicht heiß, sondern schon älter ist.«

Er hatte sich die Zufahrt zu den Tägers in Blockhaven beschreiben lassen und stand bald vor dem großen und gepflegten Reiheneckhaus der Familie.

Zwei Türklingeln. Täger und darunter Blockhavener Fischermädchen e.V.

Frau Täger hatte ihn schon vor dem Haus parken gesehen und bat ihn herein. Ihr Mann hatte sich freigenommen und sie hatte Kaffee vorbereitet. Das Haus war groß, sehr aufgeräumt und nicht ungemütlich eingerichtet, es dominierten allerdings die Devotionalien des Volksmusikgeschäftes: ein gerahmtes Poster der Blockhavener Fischermädchen über dem Sofa, zahlreiche Bilder von Auftritten, Urkunden, und, wie eine Ikone auf dem Fernseher, ein handsigniertes Foto von Karl Moik vom Musikantenstadl mit längerer Widmung.

Frau Täger trug ein hochgeschlossenes, blaues Kostüm, sah noch sehr gut aus und hatte vor kurzem geweint. Herr Täger, der Stiefvater, wirkte irgendwie feierlich auf Michael oder gab sich zumindest so. Mit seinem lockigen grauen Toupet erinnerte er an Gotthilf Fischer von den Fischerchören, das passte ja auch irgendwie.

Michael hatte sich vorgestellt und über den Fund des Armbandes berichtet. Nein, in dem Boot in Griechenland gäbe es keinerlei Hinweise für den Tod der Tochter, alles wäre noch offen, völlig aufgeben bräuchte man die Hoffnung nicht, sie noch lebend wiederzufinden.

Als Frau Täger, die neben ihrem Mann auf dem Sofa saß, das Armband in die Hand nahm, fing sie erneut an zu weinen:

»Ja, das gehört Anna, sie hat es von ihrem Großvater zum 14. Geburtstag bekommen und immer getragen. Oh, Gott, ich habe mich viel zu wenig um sie gekümmert. Aber sie war auch zu verschlossen. Wir haben ihr alles geboten, aber sie hat immer nur segeln wollen. Wir haben nur eine untergeordnete Rolle gespielt.«

Sie weinte erneut und putzte sich ihre Nase. Herr Täger tätschelte ihre im Schoß liegenden Hände und sagte begütigend:

»Nein, meine Frau muss sich gar keine Vorwürfe machen. Anna wusste genau, was sie wollte, sie war mündig, als sie zu ihrer Atlantiküberquerung aufbrach. Sie hätte sich durch nichts und niemanden davon abhalten lassen. Wir hatten nie Streit, auch ich als Stiefvater nicht, sie ging eben ihre eigenen Wege.«

Die beiden Eltern hatten ihren letzten Kontakt mit Anna, als diese von Gran Canaria aus anrief. Sie hätte entschlossen und bestimmt und gar nicht ängstlich oder sentimental geklungen. Frau Täger fiel ein:

»Die Letzte übrigens, die mit ihr telefoniert hat, war ihre Freundin Birte, aber das hat ja damals die Polizei schon alles bei der Vermisstenanzeige aufgenommen. Birte ist damals auch vernommen worden.

Was wird denn jetzt? Bei unserer letzten Anfrage vor drei Monaten hat uns die Polizei gesagt, dass Anna in der ganzen Welt als Vermisste im Fahndungscomputer ist, aber sonst ein aktives Vorgehen der Polizei zur Zeit nicht möglich oder sinnvoll sei.«

Annas Mutter blickte auf Michaels Geschäftskarte: »Das Schlimmste, Herr Hander, ist die Ungewissheit. Wenn sie noch lebt, was sie da vielleicht alles durchmachen muss. Über das Internet habe ich auch Kontakt mit einer Selbsthilfegruppe aufgenommen, die aus Angehörigen von vermissten Jugendlichen besteht. Was es da für Schicksale gibt, ein Mädchen war sogar nach Algerien in ein Bordell verkauft worden.«

Sie schwieg, Michael räusperte sich und bat um die Adresse der Freundin Birte. Herr Täger schlug vor, da diese gleich um die Ecke wohne, kurz anzurufen und ihn anzumelden. Birte Holzmann war zu Hause und erwartete ihn.

Michael bedankte sich bei den Tägers, fand keine wirklich tröstenden Worte und versprach fest, sich sofort zu melden, wenn er in Gran Canaria oder anderswo eine Spur von Anna finden würde. »Ach so, ein Bild von Anna?«, bat er.

»Natürlich.« Frau Täger verschwand kurz und reichte Michael ein Foto in Postkartengröße von einem jungen Mädchen in der Plicht eines Segelbootes, das mit vom Wind zerzausten Haaren energisch und mit einem kleinen Lächeln in die Kamera blickte.

Als Michael ging, stieß er im Flur fast mit einem bildhübschen, dunkeläugigen Teenager zusammen, wohl die jüngere Halbschwester von Anna.

Vor dem kleinen, netten Bungalow der Holzmanns lag trotz der Novemberwitterung noch eine Menge Plastikspielzeug für den Sandkasten herum, dazu ein rostiges Dreirad und ein hölzerner Bollerwagen mit drei Rädern. Neben der Klingel am Eingang hingen vier handgetöpferte Kacheln die zeigten, wer hier wohnte: Birte, Heinz, Yvonne, Corinna.

Birte Holzmann war eine hübsche Frau mit strahlenden, blauen Augen, leider war sie viel zu dick. Neben ihr in der Tür stand ein kleiner Blondschopf, ein zweiter ritt auf ihrer linken Hüfte. Alle drei waren mit Jeans und grauen, selbst gestrickten, formlosen Pullovern bekleidet.

»Tägers haben angerufen, das ist ja alles ganz schrecklich«, empfing sie Michael mit einer einladenden Bewegung. Das Haus war an und für sich sehr schön. So ein Haus, dachte Michael, würde mir auch gefallen. Der flache Dachstuhl war nicht ausgebaut, Balken und Holz war offen zu sehen, alles weiß gestrichen, Klinkerboden, der große Kaminbereich zwei Stufen tiefer, helle Holzmöbel. Die großen, naturfarbenen Leinenkissen der Sitzmöbel sahen allerdings schlimm aus, in Kinderhandhöhe waren die Wände des Wohnzimmers und des Flurs mit Buntstiften verkrakelt. Kinderspielzeug, Kleidungsstücke und eine auf den Boden geleerte Keksschachtel lagen herum. Frau Holzmann schien die lieben Kleinen nicht so richtig im Griff zu haben.

Sie hob entschuldigend die Schultern, als sie sagte: »Ich kann Ihnen leider nichts anbieten. Aber Sie wissen ja, die Kinder.«

Michael wusste nicht, nickte aber dennoch höflich. Frau Holzmann begann, ohne auf seine Fragen zu warten. Sie und Anna seien früher unzertrennlich gewesen. Im Verein hätte man sie eine Zeit lang die siamesischen Zwillinge genannt, aber nach ihrer Hochzeit wären die Interessen natürlich nicht mehr die gleichen gewesen, der Kontakt aber nach wie vor eng. Nachdem Anna ihren Freund verloren hatte, sei bei ihr nur noch die Rede vom Langzeitsegeln, vom Auszeitnehmen, sogar vom völligen Aussteigen gewesen.

»Wo ist eine Spur von ihr gefunden worden, in Griechenland?«, fragte sie. Birte schüttelte nachdenklich den Kopf. »Das glaube ich nicht so richtig. Sie war in der letzten Zeit in Gedanken ganz auf Atlantik, Karibik, Sueskanal und Pazifik fixiert. Passatwinde, Kokospalmen, das Kreuz des Südens waren ihre Träume. Dazu passt auch eher, dass sie bei ihrem letzten Anruf bei mir stolz und glücklich davon erzählt hat, dass sie zwei sehr nette Typen für die Atlantiküberquerung gefunden hätte, dass sie zwar ein paar harte Wochen hinter sich habe, dass aber jetzt ihre Träume in Erfüllung gehen würden.«

Namen? Bootsnamen? Abfahrts- und Ankunftsort? Nein, die hat Anna nicht genannt.

»Ihre Eltern und ich haben erst nach fünf bis sechs Wochen angefangen, uns Sorgen zu machen, als wir von der anderen Seite des Atlantiks nichts von ihr gehört haben. Länger dauert ja normalerweise so eine Überquerung um diese Zeit auf dieser Route nicht. Nein, und seitdem habe ich nie wieder etwas von ihr gehört.«

Frau Holzmann war häufig unterbrochen worden, die Kleine hatte mit finsterem Gesicht unentwegt an den Haaren und am Pullover der Mutter gerissen und abwechselnd getreten und gebrüllt. Die Ältere, Corinna, hatte zur Unterhaltung beigetragen, indem sie mit freundlichem Lächeln immer »Scheiße« sagte. Als ihre Mutter sie bat, das hässliche Wort aus dem Kindergarten nicht mehr zu benutzen, – »Wir haben es doch besprochen, und du bekommst auch ein Eis, wenn du dich daran hältst« – änderte sie ihren Konversationsbeitrag in ein singendes »Kacke, Kacke, Kacke« und blickte dabei ihre Mutter unverwandt an. Zusätzlich hatte sie in der Nase gebohrt und das, was sie dabei zu Tage gefördert hatte, an ein Kissen geschmiert. Zuletzt hatte sie mit ihren schmutzigen Händchen Michael auf die Knie seiner neuen, schwarzen Jeans gefasst.

»Mama, was will der blöde Mann hier?«, fragte sie.

Michael tat so, als hätte er nichts gehört und nichts bemerkt und bedankte sich bei Frau Holzmann für ihre Auskünfte und dafür, dass sie sich Zeit genommen hätte. Im Hinausgehen sah er interessiert auf das Foto eines gut aussehenden Marineoffiziers vor einem großen Schiff.

»Das ist mein Mann«, erklärte Frau Holzmann stolz, »er ist 1. Offizier auf der *Prince Georg*, da können Sie sich ja vorstellen, wie wenig er zu Hause sein kann.«

Und Michael dachte, dass die christliche Seefahrt für den Ehemann mit den langen Trennungen von seiner Familie vielleicht doch auch ihre guten Seiten hatte.

Michael war hungrig. Vor dem Alten Forsthaus in Wewelsfleth parkten einige Autos. Der Gastraum war gut besetzt und es roch appetitlich nach Essen. Tipp des Tages auf der Speisekarte war »Matjes Hausfrauenart mit Salzkartoffeln«. Es schmeckte köstlich, und Michael gönnte sich ausnahmsweise mal ein Glas Bier.

Er holte das Bild von Anna aus der Brieftasche, vielleicht erinnert sich in Gran Canaria ja jemand an die *Helena* und ihre Crew, vielleicht auch an ihre Pläne. Aber die Insel Isychos und Griechenland? Das passte überhaupt nicht zusammen.

Satt und einigermaßen zufrieden fuhr er zurück. Die gestrige Begegnung im Yachthafen Wedel war, wie erwartet, unangenehm gewesen. Der eklige Kunde hatte sich sicher bei Broll über ihn beschwert, sollte er. Michael war gestern zum Glück ruhig geblieben, als der Besitzer der wunderschönen Grand Banks 42, einer seetüchtigen, klassischen, qualitätsvollen Motoryacht, die Nautik-Versicherung einen Laden von Betrügern und Halsabschneidern genannt hatte. Michael hatte ihn zunächst freundlich, dann aber sehr bestimmt darauf hingewiesen, dass der Eigner für die Dinge, die er jetzt nach dem Einbruch ersetzt haben wollte, Fernglas, Signalpistole, Bargeld, Schmuck der Ehefrau, tragbares GPS und vieles mehr, nicht ausreichend versichert gewesen sei. Außerdem hatte der Kunde bei Vertragsabschluss einen großen Selbstbehalt gewünscht. Und so hatte er jetzt grob gerechnet nicht Anspruch auf 23 000 Euro, wie gefordert, sondern lediglich auf 2000 Euro.

»Ihr Versicherungsfritzen seid doch alle gleich«, hatte der Kunde losgepoltert, »beim Prämienkassieren seid ihr da und im Ernstfall lasst ihr einen dann im Regen stehen. Ich glaube Ihnen kein Wort, was die Berechnung der Summe angeht, wie alt sind Sie eigentlich? Wie heißt Ihr oberster Chef? Broll? Ich glaube, ich kenne ihn aus dem Golfclub, ich werde mich bei ihm beschweren.«

Dazu hatte Michael nichts gesagt. Er wusste, dass Broll nicht Golf spielte. Er hatte auf dem Plöner See einen schönen Drachen liegen, mit dem er mit zwei Freunden, er nannte sie immer seine Altherrencrew, ebenso regelmäßig wie erfolgreich an Regatten teilnahm.

Obwohl Michael sonst keine Neidkomplexe hatte und sozialistischen Ideen der allgemeinen Umverteilung durchaus ablehnend gegenüberstand, meinte er, dass dieser Kunde, so unangenehm und reich wie er war, gar nicht solch ein schönes Boot besitzen dürfte. Eine Eignungsprüfung für Eigner?

In Hamburg war sehr starker Verkehr, sodass er erst nach Dienstschluss ins Büro kam. Frau Messmer war ihm im Eingang des Gebäudes mit einem roten Lederminirock und dazu passenden, hochhackigen Lackstiefeln entgegengeklappert und hatte ihn angegrinst. Broll war schon weg. Helge hatte keinen Dienst, war nicht in seiner Dienststelle, nicht in seiner Wohnung und ging nicht an sein Handy.

Auf seinem Schreibtisch lag eine neue Akte von Broll: »bitte morgen Rücksprache, Gutachten zur Schadensschätzung«. Michael blätterte die Papiere durch, das würde er nicht allein machen können: Eine Yacht war im Winterlager in Hamburg-Rothenburgsort nicht ausreichend fest aufgebockt gewesen und hatte, wie ein Dominostein, zwei weitere Boote von ihren Böcken gerissen. Hier würde ein amtlicher Gutachter befragt werden, der unparteiisch die Schäden bei beiden fremden, geschädigten Yachten feststellen müsste. Morgen.

Da er noch keine Lust hatte, nach Hause zu gehen, fuhr Michael noch im Clubhaus vorbei. Und richtig, Helge und Peter spielten mit Sonja, der etwa 60-jährigen Eignerin einer Holz-Yawl, bekleidet wie immer mit einem farbbekleckten Overall, im sonst leeren und recht kalten Clublokal Skat. Sonja war froh, abgelöst zu werden, sie musste nach Hause und überließ Michael ihren Platz. Außerdem war sie gerade am Verlieren, wie sie Michael augenzwinkernd mitteilte.

Helge war ebenfalls noch nicht zu Hause gewesen und trug noch Schlips und Lederjacke. Peter sah wie immer lässig und verwegen aus mit seinen Jeans, Seestiefeln und dem dicken Norwegerpullover. Seine dunklen Augen blitzten wie stets unternehmungslustig unter dichten Augenbrauen hervor.

Michael war immer ein bisschen neidisch auf Peter – so gutaussehend und locker wäre er auch gerne. Peter fanden nicht nur die Mädchen cool, er war es wirklich. In diesem Zusammenhang erinnerte sich Michael an einen Frühjahrstörn vor einigen Jahren, auf welchem Peter ihm sehr imponiert hatte. Wie so oft ergingen sich die Freunde in der Erzählung der alten Geschichte.

Damals hatten Peter und Michael gemeinsam mit Freund Jörg geplant, mit Michaels erster *Stormvogel* im Mai eine Woche elbabwärts zu segeln. Die Wettervorhersage war nicht eben rosig gewesen und wurde von der Realität sogar noch übertroffen, was Wind und Regen anging: Der Wind wurde zu einem veritablen Sturm, die Temperatur sank beständig und die Schauerböen trieben die Regenmassen waagerecht vor sich her.

Am dritten Tag der Reise hatte der Wind auf West gedreht und auf 7 bis 8 Beaufort aufgefrischt. Später wurde es sogar noch mehr, doch keiner der drei hatte zu diesem Zeitpunkt noch für solche Kinkerlitzchen wie das Halten des Handanemometers eine Hand frei.

Der kleine Kielschwerter tat sich schwer. Auf der eigentlich gar nicht so großen Wasserfläche hatte sich durch das zusätzlich ungünstig wirkende Einsetzen der Ebbe eine unangenehme, kurze Welle aufgebaut. Auf jedem Wellenberg legte sich die *Stormvogel* trotz der kleinen Sturmfock flach und richtete sich erst im windärmeren Wellental wieder auf. Dazu arbeitete und rumpelte das Schwert laut in seinem Kasten. Stade oder einen anderen Platz an der Westseite der Elbe anzulaufen war nicht möglich.

Jörg war wegen Seekrankheit komplett ausgefallen, und auch Michael und Peter war inzwischen flau zu Mute. Lange würden sie das nicht mehr aushalten können, sie und das Boot, das war Michael klar. Doch zum Glück kannte er das Revier und steuerte das Boot in die Pagensander Nebenelbe, auf deren flaches Ostufer sie beängstigend schnell zutrieben.

Peter hatte hier bei schönem Wetter früher einmal mit einer Freundin auf seiner Jolle in einem verschilften Nebenarm übernachtet und versuchte jetzt, das alte Liebesnest wiederzufinden.

Nach wie vor pfiff ihnen der kalte Wind um die Ohren. Der Lärm war unbeschreiblich, das Schlagen der kleinen Fock klang wie Gewehrschüsse. Die Einfahrt war schmal und das Waser schien darin zu kochen. Kurz darauf saßen sie mit dem Schwert auf. Wasser stieg von hinten in die Plicht ein. Michael warf die Fock los und Peter holte das Schwert. Sofort kam das Boot frei und der Wind trieb es ins Schilf hinein. Mit jedem Meter wurde es ruhiger, bis es bei nur mäßig bewegtem Wasser in den Binsen zum Stillstand kam. Die Windgeräusche waren zwar keineswegs leiser geworden, dennoch empfanden alle drei den erreichten Zustand als beglückende Stille.

Der Regen peitschte unverändert. Mit dem Bootshaken hatte Michael das Schiff so abgestoßen und in die Halmbündel des Schilfs geschoben, dass der Niedergang nach Lee gerichtet war. Jörg hatte sich schon etwas erholt, aber alle drei waren wie betäubt durch die Bewegungen des Bootes, übersät mit Prellungen und hatten die Hände vom Tauwerk aufgerissen.

Nach der ersten Tasse Tee mit Rum kehrten die Lebensgeister zurück und die Stimmung wurde besser. Zum Glück waren immerhin die Kleiderbeutel und die Schlafsäcke im Vorschiff weitgehend trocken geblieben. Die drei gingen früh in die Kojen. Das Boot schaukelte nur noch sanft und an das Heulen des Windes hatten sie sich gewöhnt.

Nachts und auch am nächsten Tag stand der Wind fast unverändert durch. Trotz Bier, Spiegeleiern und Dauerskat wurde Michael und seinen beiden Mitseglern der Tag lang. Eines machte ihnen große Sorgen: Sie hatten mit ihren Familien vereinbart, sich täglich zu melden. Aber Jörgs Handy war ihm aus der Tasche gerutscht und außenbords gegangen, als er Neptun gerade besonders heftig geopfert hatte. Auch Michaels Mobiltelefon tat keinen Piepser mehr, nachdem er bei einem besonders starken Überholen des Schiffes das Gleichgewicht verloren hatte und mit dem am Gürtel befindlichen Gerät auf das Süll gestürzt war. Und Peter dieser Sonnyboy hatte gar kein Handy mitgenommen. Kein Telefon, kein Funkgerät, kein Beiboot.

Sicher waren ihre Familien schon in großer Sorge – Michael konnte sich nur zu gut vorstellen, wie seine Mutter die Wasserschutzpolizei inzwischen genervt haben würde, um baldmöglichst eine völlig unnötige Suchaktion zu starten.

»Okay, motoren wir zum nächsten Hafen«, hatte Jörg vorgeschlagen. Doch schon allein der Gedanke, gegen den starken Wind mit Hilfe des schwachen und störanfälligen Außenborders aus dem engen und verschilften Wasser herauszukommen, war absurd.

»Also gut Jungs, ich hab ja schon lange nicht mehr gebadet«, scherzte Peter, »dann werde ich mal zur nächsten Telefonzelle schwimmen.«

»Das ist doch wohl nicht dein Ernst!«, erwiderte Michael empört, aber auch mit einem Funken Hoffnung in der Stimme. – Es war sein Ernst. Trotz Sturm, trotz Wassertemperaturen um die 8 Grad, trotz beginnender Dämmerung, unbekannter Wassertiefe und Schlamm und ohne Neoprenanzug machte sich Peter auf den Weg.

Mit sehr zwiespältigen Gefühlen sahen Michael und Jörg zu, wie sich ihr Freund in Badehose und T-Shirt ins kalte Wasser ließ, das ihm in der Nähe des Bootes bis unter die Achseln reichte. Sie sahen noch, wie er sich in Richtung Ufer durch das Schilf kämpfte, das ihn alsbald ihren Blicken entzog. Seine Kleidung und Schuhe hatte Peter sich in einer Plastiktüte auf den Rücken gebunden.

Wie auch sonst immer, erzählte Peter jetzt wieder genüsslich, wie seine Finger und Zehen schon ganz taub waren, als er endlich den Deich erreichte. Dort hatte er sich seine Kleider angezogen und war die drei Kilometer bis Seestermühe und zur nächsten Telefonzelle gerannt. »Noch nicht einmal einen Schnupfen habe ich bekommen«, grinste er Michael an, der damals, nachdem sie wieder heil nach Hause gekommen waren, eine Woche mit Grippe im Bett verbracht hatte.

Helge, Michael und Peter lachten. Ja, es war wirklich eine tolle Erinnerung.

Der Abend wurde länger als geplant. Hatte er nach den vier Bier noch fahren dürfen? Oder waren es fünf gewesen?

Seine Mutter wurde wach. Mit verlegenen Haaren und eingewickelt in ihren alten rosa Bademantel fing sie ihn vor seiner Zimmertür ab: »Junge, es ist schon spät, und du musst doch morgen wieder früh heraus. Hast du anständig gegessen?«

Seufzend ertrug Michael diesen besonders heftigen Anfall von Bemutterung, bevor er endlich ins Bett fiel. Beim Einschlafen dachte Michael an Frau Messmer und fand lächelnd, dass sie in diesem roten Ledermini wirklich einen tollen Hintern gehabt hatte.

Am nächsten Morgen freute sich Kapitän Heller, ein pensionierter Elblotse, der jetzt als Sachverständiger für Versicherungen und den Gebrauchtboothandel arbeitete, über den Auftrag in Rothenburgsort. Michael hatte vorher das Einverständnis der beiden Geschädigten eingeholt. Er verabredete sich mit Heller für 14.00 Uhr.

Herr Broll kam selber auf das *Helena*-Problem zu sprechen. Er sei selbst neugierig, ob in Gran Canaria zu dem Fall noch etwas herauszubekommen sei und gab Michael grünes Licht für den Flug zu den Kanaren. Glück gehabt, dachte Michael. »Haben Sie noch Termine? Nur heute Nachmittag? Gut, meinetwegen buchen Sie schon für morgen.« Nein, dachte Michael, nicht nur Glück, unglaubliches Glück gehabt.

Der Herr vom Lufthansa-Citycenter vermittelte Michael das Gefühl, dass er sich sehr darüber freue, ihn wieder bedienen zu können: »Natürlich, wie beim letzten Mal, Rechnung an Ihre Firma, ich habe hier Nautik-Versicherung, richtig? Einen Augenblick, ich schaue nur in den Computer. Morgen Abend 19.30 Uhr, wäre das in Ordnung?« Und nach einer Pause: »Und wie lange Sie bleiben werden, wissen Sie noch nicht? Gut, da müssen Sie sich dann vor Ort bitte um einen Termin bemühen, wir lassen den Rückflug offen. Aber ich kann Ihnen jetzt schon sagen, dass in der Vorweihnachtszeit die Maschinen nach Deutschland fast leer zurückfliegen. Also morgen bitte um 18.30 Uhr in der Abflughalle am Iberiaschalter, das Ticket ist dann dort für Sie hinterlegt. Ein Hotel? Das Astoria, vier Sterne, Winterpreise, zentral gelegen, kein Strand, aber den werden Sie ja auch nicht brauchen. Ich war selbst schon auf einer Tagung dort, sehr empfehlenswert. Und ein Mietwagen, ich notiere, Hertz, kleinste Kategorie, direkt vom Flughafen aus. Darf ich wissen, mit welcher Kreditkarte Sie bezahlen werden? Eurocard, wunderbar, Herr Hander, ich wünsche Ihnen einen guten Flug und geschäftlich viel Erfolg!«

Michael hatte sich die Flugnummer in seinen kleinen Kalender geschrieben und dachte, zuvorkommend ist er ja, dieser Reisebüromann, und kompetent, aber er lässt einen kaum zu Wort kommen.

Die Kommentare zu einem weiteren Flug ins sonnige Ausland in so kurzer Zeit, weg vom regnerischen Hamburg, bezahlt durch die Firma, waren unterschiedlich.

Herr Broll, sachlich: »Ich hoffe, der Aufwand lohnt sich, bitte melden Sie sich schon von Gran Canaria aus.«

Frau Messmer, mit einem langen Blick: »Sie haben mittlerweile ja eine ganz schöne Sonderstellung bei uns.«

Helge, neidisch: »Überall sollte man arbeiten, nur nicht bei der Polizei.«

Und schließlich seine Mutter, besorgt: »So weit wieder weg, hoffentlich passiert nichts, man liest doch so viel von Flugzeugunglücken, ob die Spanier ihre Maschinen auch gut warten?«

Der Abend des Fluges war sternenklar, Michael hatte einen Fensterplatz und sah das nächtliche, glitzernde Hamburg unter sich: Alster, Hafen, Elbe, sogar den Hauptbahnhof und die Autobahn.

Von dem guten, spanischen Rotwein des Bordservice trank er nur ein Minifläschchen, da er ja noch selbst vom Flughafen in die Hauptstadt der Insel, Las Palmas, fahren wollte.

Der Mann von der Autovermietung wartete schon auf ihn, offensichtlich war er der letzte angemeldete Kunde des Tages.

Die Übernahme des fast neuen Fiat Punto, der noch stark nach Plastik roch, war eine Sache von Minuten. Die Luft war lau, Michael konnte beim Fahren das Autofenster offen lassen. Er hatte gute Laune, freute sich auf die nächsten Tage und war gespannt, ob sich hier noch jemand an die *Helena* erinnern würde. Echt gut, eine Mischung aus Ferien, Abenteuer und ein bisschen Arbeit, dachte er.

Das Hotel war vornehm, der Boy an der Auffahrt nahm ihm die Autoschlüssel ab, um den Wagen zu parken, wahrscheinlich hatte er sonst größere Karossen zu bewegen. Der Mann in der Rezeption bestand darauf, dass ihm ein weiterer Junge die Tasche trug und das Zimmer zeigte, ein elegant ausgestatteter Raum im achten Stock mit Balkon, Blick über die große Stadt mit den vielen funkelnden Lichtern und einem riesigen Bad. Auf dem Fernseher war auf einem Schild vermerkt, dass hier auch deutsches Satellitenfernsehen möglich sei. Aber Michael hatte vom Empfang aus unten gesehen, dass in der Bar noch Betrieb gewesen war und hatte seine Tasche schnell ausgepackt. In Ermangelung von spanischem Kleingeld hatte der Junge eine Zwei-Euro-Münze bekommen und mit einem freudigen »muchas gracias, señor« quittiert.

In der Bar schenkte man Warsteiner vom Fass aus, in Originalgläsern – nicht übel, dachte Michael. Amüsiert beobachtete er von seinem Barhocker aus eine kleine Reisegruppe neben sich, der Sprache nach aus dem Rheinland, die wohl schon einige Warsteiner Vorsprung vor ihm hatten und kurz davor waren, als Kulturimport nach Spanien ein wenig Kölner Karneval zu veranstalten.

Zum zweiten Pils gab es unaufgefordert eine Schale frisch gerösteter Pistazien. Ein Blick auf die Uhr zeigt ihm, dass es leider kein drittes Bier geben würde.

Michael ließ die Balkontür weit geöffnet, um die laue Luft ins Zimmer strömen zu lassen. Der Lärm der Stadt war gleichmäßig und entfernt. Glücklich streckte er sich in dem pompösen Magnumbett aus und schlief sofort ein.

Die Fahrt nach Puerto Rico empfand Michael als schön und

exotisch, er hatte zunächst die Autobahn genommen und fuhr dann von Pasito Blanco aus die gewundene Küstenstraße.

Die Fahrt ging durch teilweise wüstenartige Gebiete, dann wieder herrschte üppiges Grün vor mit fremden, blühenden Sträuchern und Büschen und zahlreichen Palmen in allen Größen. Die Temperatur lag um die 22 Grad, der Wind schätzungsweise bei 4 bis 5 Beaufort, und auf dem Wasser war einiges an Booten zu sehen, obwohl es November war. Längere Zeit war er parallel zu einem klassischen, kleinen Schoner unter Vollzeug gefahren. Michael bekam fast Bauchweh vor Begeisterung über das schöne Bild und meinte wie schon auf Isychos, Elbe und Ostsee schön und gut, aber hier mit dem richtigen Boot und den richtigen Leuten zu segeln, wäre vielleicht auch nicht schlecht.

Er parkte recht weit außerhalb auf einer ausgewiesenen Fläche, musste lange laufen, bis er ans Wasser kam, um dort festzustellen, dass alle Welt ihr Auto bis hierhin mitgenommen hatte. Es dauerte einige Zeit, bis er jemanden fand, der passabel Englisch sprach. Ein großer, hellbärtiger, junger Mann mit einer Kiste Obst und Gemüse auf einem kleinen Klapprad stieg ab. Es stellte sich heraus, dass er ein Holländer war, der sehr gut Deutsch konnte, das er, wie er sagte, schon als Kind im deutschen Fernsehen gelernt hatte. Michael begleitete ihn zu seinem Boot. Es war ein für hiesige Verhältnisse kleines 9-Meter-Stahlschiff, einfach, funktionell, sauber, mit besandetem Stahldeck, Handankerwinsch und Holzmast. Seine Partnerin hatte ihn schon erwartet, eine hübsche, weißblonde, braun gebrannte, breithüftige junge Frau. Marijke und Piet, so hießen sie. Ob er etwas Obst mit ihnen essen wolle? Dankbar nahm Michael an und setzte sich ins Cockpit. Kurz darauf reichten die kräftigen und glatten Arme von Marijke ein Tablett mit Apfelspalten und den kleinen, reifen, duftenden Kanarenbananen aus dem Niedergang hoch. Die beiden wollten in den nächsten Tagen über den Atlantik. Sie hatten gespart, die Bootsschale selbst ausgebaut und ausgerüstet und hatten sich drei bis vier Jahre Segelzeit gegeben. Auf Chartereinnahmen unterwegs machten sie sich keine großen Hoffnungen, einfaches Leben war angesagt. Sie sahen so aus, als ob sie ihre Pläne verwirklichen könnten.

Sie merkten bald, dass Michael etwas von Booten und vom Segeln verstand und stellten fest, dass sie in Norwegen und Dänemark fast zur gleichen Zeit in den gleichen Häfen gelegen hatten. Auf Michaels Bitte hin zeigten Piet und Marijke ihm stolz das Boot auch unter Deck. Alles war hell, weißlackiertes Sperrholz, weinrote, selbst genähte Polster, ein zweiflammiger Petroleumherd, ein großer Navigationsplatz mit einem Funkgerät. Piet war, wie auch Michael, begeisterter Amateurfunker, und so tauschten sie die Rufzeichen ihrer Seefunkstellen aus.

Michael hätte stundenlang mit den beiden reden und Erfahrungen austauschen können, aber er hatte ja auch noch eine andere Aufgabe.

Beide sagten sofort: »Die Bar vom Roten Pedro«, als er nach dem Treffpunkt der Fahrtensegler und der Mitsegelbörse fragte. Die Wirtin hieße Olga, wüsste alles und würde jeden kennen.

Piet beschrieb den Weg zur Bar, machte aber darauf aufmerksam, dass erst nach 20.00 Uhr der Betrieb dort losgehen würde, sie kämen auch auf ein Bier vorbei. Michael lud sie zum anschließenden Abendessen ein. Zum Schluss zeigte ihnen Michael die Bilder von Anna, Senta und Schleusser. Sie hatten alle drei noch nie gesehen. Als Marijke sich vorbeugte, gab sie in ihrem T-Shirt den Blick in einen sehr schönen und großen Busen frei. Michael schluckte trocken, atmete tief ein und verabschiedete sich schnell, nachdem sie sich um 20.00 Uhr verabredet hatten. Piet war zu beneiden.

Das terrassenförmige Café mit Blick auf den Hafen hatte auf der Veranda Seitenwände aus dickem Glas, sodass man draußen in der Sonne sitzen konnte, ohne weggeweht zu werden. Michael aß einen großen Teller Tapas, kleine, leckere Häppchen, die aus marinierten Oliven, gebratenen Paprikaschoten, Tortillas, Sardinen und Tintenfischen bestanden, und trank dazu ein einheimisches Bier. Nein, mir geht es wahrhaftig nicht schlecht, dachte er.

Beim Kaffee lehnte er sich zurück und streckte, nicht sehr vornehm, die Füße weit von sich. Mit den Gedanken war er in Hamburg, dann beim Langzeitsegeln, zum Beispiel mit einer so verständnisvollen und attraktiven Frau wie Marijke. Wie würde Ilona Messmer eigentlich in Ölzeug und mit Thermohose aussehen? Ob sie überhaupt Segeln konnte oder wollte? Sie hatte einmal erzählt, dass ihr Vater ein Boot habe, aber da hatte es eher so geklungen, als ob ihr das Segeln mit ihren alten Herrschaften auf die Nerven gegangen wäre. Vielleicht würde ihr Segeln ohne ihre Eltern ja gefallen? Nein, die Messmer kann ich vergessen, dachte Michael. Vor wenigen Tagen, als er mit Helge in der neuen, schicken Pilsbar in der Nähe des Büros gewesen war, Henny's Bar hieß sie, elegant, nur Messing und Mahagoni, wie ein englischer Edelpub eingerichtet, mit sechs Sorten Bier vom Fass, hatte er Ilona getroffen. Hochmütig-strahlend hatte sie ihm zugewunken, damit er nur nicht ihren neuesten Freund übersehen sollte. Der Mann war so ein schwarzlockiger, olivenhäutiger, weißzähniger Schönling vom Typ »Latin Lover« gewesen. Nein, an Ilona brauchte er nicht zu denken.

Den Rest des Nachmittags verbrachte Michael damit, im Yachthafen herumzubummeln. Er war zum Auto zurückgegangen und hatte seine Jacke mit einem Pullover und seine Leder- mit Turnschuhen vertauscht, um gegenüber den Seglern hier nicht allzu sehr wie ein Fremdkörper zu wirken.

Der Hafen war nicht voll, die Saison der Atlantiküberquerer war fast zu Ende. Dennoch gab es viel zu entdecken, unter anderem einige herrliche Holzschiffe. Der kleine Schoner, den er schon von der Straße aus gesehen hatte, war mittlerweile hereingekommen. Wie die festmachten! Michael nickte anerkennend. Kleine Besatzung, kein lautes Kommando, gute Seemannschaft. Das Schiff unter englischer Flagge sah mit seiner altertümlichen Takelung und den nach hinten gebogenen Masten wie auf einem Stich aus dem 19. Jahrhundert aus.

Sonst dominierten praktische Kunststoffschiffe und Stahl. Die meisten sahen befahren aus, manche waren sehr ungepflegt, einige waren offensichtlich schon länger verlassen und kurz vor dem Sinken. Das Ende eines Traumes von der großen Fahrt und der großen Freiheit? Wenn Boote Geschichten erzählen könnten …

Die Sonne ging wunderbar rot und kitschig hinter der Backbordhafenmole unter. Michael fröstelte und begab sich zum Roten Pedro, wo er noch fast allein in dem hohen, ungemütlichen Lokal saß. Auf dem Weg zur Toilette hatte er ein großes Schwarzes Brett gefunden, dessen Zettelchen er irgendwie rührend fand. Neben handfesten Angeboten – »6 PS Mercury Outborder, 3 Jahre alt, Topzustand, Festpreis 350 Dollar« und »Hand gegen Koje vom 26.10.02 ab Puerto Rico, Zielhafen St. Lucia, keine Unkostenbeteiligung, Frau, die gut kochen kann, bevorzugt« – gab es auch zahlreiche Werbung, die zeigte, dass man auch im Paradies Geld brauchte: Anleitung zum Marmeladekochen gegen geringe Gebühr, Gitarrenunterricht, Mithilfe bei der Überholung der Maschine (Volvo, Perkins, Yanmar) und so weiter.

Auf der Toilette sah Michael im schadhaften Spiegel sein Gesicht an und fand trotz schlechter Beleuchtung zwei Pickel, einer nur rot, der andere mit einem Eiterkopf. Wollte das denn nie aufhören? Aus der Pubertät war er doch, weiß Gott, heraus. Als Junge hatte seine Mutter ihm gesagt, die Pickel kämen vom Schokoladeessen, sein Sportlehrer meinte, sie kämen vom Onanieren. Das Ausdrücken des Eiterpickels tat weh und mit dem jetzt umgebenden Bluterguss war er auffälliger als vorher.

Zurück an seinem Platz sah er, dass sich das Lokal in der Zwischenzeit gefüllt hatte. Hinter der Theke hantierte eine Frau, polierte Gläser und sah mit ihrer nichtspanischen Nase und den auffällig gefärbten Haaren exakt so aus, wie Marijke Olga beschrieben hatte.

Auch Olga hatte Michael schon entdeckt und lachte ihn an: »Sie sehen so richtig niedlich nach Deutschland aus, was haben Sie denn auf dem Herzen, oder sind Sie nur wegen meiner Kochkünste gekommen?«

Wegen des niedlich, wie hätte es auch anders sein können, wurde Michael rot.

Natürlich sei er auch wegen ihrer berühmten Fischplatte gekommen, von der Piet und Marijke ihm vorgeschwärmt hatten, und er wolle gleich für etwas später drei Portionen bestellen. Aber der Hauptgrund für seine Anwesenheit hier sei seine Arbeit. Er würde für eine Versicherung arbeiten und nach einer verschwundenen Yacht suchen. Ob sie sich an eine *Helena* erinnern könne, die wahrscheinlich vor zwei Jahren um diese Zeit hier gewesen sei?

Olga schüttelte den Kopf: »Das kann ich Ihnen gleich sagen, im Hafen bin ich nie, und die vielen Fantasienamen der Boote will ich mir gar nicht merken. Die Leute, wenn sie länger hier sind, kenne ich meist. Viele schicken mir noch nach Jahren aus der ganzen Welt Ansichtskarten.« Sie zeigte hinter sich an die Wand, die mit bunten Postkarten aus aller Herren Länder bedeckt war.

Als Michael ihr die drei Bilder von Anna, Senta und Schleusser zeigte, schüttelte sie abermals den Kopf: »Ohne Lesebrille geht da leider nichts mehr, kommen Sie doch hier gleich mit durch in die Küche, da habe ich sie und da ist auch besseres Licht.«

Die Küche war groß, sauber und durch lange Neonleuchten sehr hell. Es roch nach Fisch und Meer, aber nicht unangenehm. Zwei junge, dunkelhäutige Mädchen mit weißen Kitteln und Kopftüchern, sie sahen aus wie Nordafrikanerinnen, blickten nicht von ihrer Arbeit auf, dem Schuppen einer ganzen Wanne voller frischer, glitschiger, unterschiedlich großer und verschieden gefärbter Fische.

Olga setzte ihre Brille auf, wischte ihre Hände an ihrer Schürze ab und nahm die Bilder in die Hand. Mit Annas Foto wedelte sie gleich durch die Luft: »Pünktchen, ich habe die Kleine immer Pünktchen genannt, wie die Zeichnung von Pünktchen in ›Pünktchen und Anton‹ hat sie ausgesehen. Aber so etwas haben Sie ja wahrscheinlich nicht mehr gelesen.«

Michael schüttelte den Kopf, er habe das Buch von Erich Kästner als Junge sehr wohl gelesen.

Olga legte den Finger an die Nase: »Vor zwei Jahren, die meisten Boote, die hinüber wollten, waren schon weg – es war so um die gleiche Zeit wie jetzt –, da kam sie allein her und suchte dringend noch eine Überfahrt. Es war damals für sie schwierig gewesen, etwas zu finden, da sie sehr jung und nicht sehr seeerfahren aussah. Dann erinnere ich mich noch dunkel an eine Geschichte mit zwei Jungen, die sie voll Hasch gepumpt und ihr dann wohl übel mitgespielt hatten. Sie hat damals sehr geweint und wollte aufgeben. Da kam aber noch der Cowboy mit seiner Frau.«

Sie wedelte mit den anderen Bildern und fuhr fort: »Mein Mann hat ihn den Cowboy genannt, weil er eher wie ein Reiter oder Jäger als wie ein Segler angezogen war. Er hatte eine große Klappe, war aber, meine ich, ganz in Ordnung. Die Frau hier«, sie deutete auf Senta, »hat nie etwas gesagt. Mit den beiden ist Pünktchen dann weggesegelt, hat fast geweint, als ich sie zum Abschied in den Arm genommen habe. Bei ihr hätte ich geglaubt, dass sie mal schreibt, aber ich habe nie wieder etwas von ihr gehört. Um was geht es denn hier überhaupt?«

Olga war nachdenklich geworden und blickte Michael fragend an. Michael erzählte wieder seine Geschichte, dass er auch nichts Genaues weiß, dass alle drei vermisst seien und seine Versicherung das Ehepaar Schleusser suche. Olga schaute die drei Bilder nochmals an: »Seit zwei Jahren habe ich nichts mehr von denen hier gehört oder gesehen. Tut mir Leid, dass ich Ihnen nicht weiterhelfen konnte.« Sie nahm die Brille ab.

»Olga!«, der ehemals rote und jetzt grauhaarige Ehemann Pedro steckte seinen Kopf durch die Schwingtür zur Küche. »Wo bleibst du denn, hier draußen ist schon der Teufel los.«

Olga beeilte sich nicht sonderlich und lächelte: »Mein Mann Peter, ich habe ihn, als ich in Hamburg im Service war, kennen gelernt. Er war bei der Müllabfuhr und hat gut verdient. Ich habe meinen Leuten immer erzählt, er sei beim Umweltschutz, hahaha, gut, nicht wahr, Umweltschutz. Und als er hier die Bar von seinem Vater geerbt hatte, haben wir geheiratet und sind hierher gezogen. Ich will mich nicht beklagen, eine Tochter ist in Hamburg, die andere ist hier. Man weiß nur nicht so richtig, wohin man gehört.«

Sie hielt Michael die Tür zum Gastraum auf und versprach: »Um die Fische kümmere ich mich gleich persönlich, in einer Stunde etwa?« Sie wartete seine Antwort nicht ab und stürzte sich ins Geschäft.

Michael blickte sich um, Piet und Marijke war noch nicht da, also setzte er sich auf einen freien Barhocker und bestellte bei Pedro einen Kaffee. Lange rührte er in der Tasse, nahm einen kleinen Schluck und verbrannte sich die Zunge. Okay, dachte Michael, die Verbindung von Anna zu den Schleussers ist sicher. Mit ganz hoher Wahrscheinlichkeit waren die drei zusammen über den Atlantik gegangen. Wo sind sie angekommen? Wo ist Anna? Was ist passiert? Warum haben die Schleussers die *Helena* nicht in der Karibik versenkt, sondern in Griechenland? Wohin ging das Geld, die Versicherungssumme? Keine Antwort auf diese Fragen. Eines war Michael klar, hier würde er nach zwei Jahren nicht mehr Information bekommen, als er eben von Olga erhalten hatte. Es sah so aus, als ob die Suche in der Karibik weitergehen sollte, Broll würde sich freuen. Gut, ohne Ergebnis kam er ja nicht zurück, vielleicht hatte Helge in seiner Abwesenheit ja etwas erreicht und die Bank würde ihm mitteilen können, wohin die Summe geflossen war. Hoffentlich nicht nach Luxemburg oder nach Liechtenstein, mit Barabhebung dort, dann könnten sie gleich einpacken und den Fall abschließen.

Piet und Marijke waren zu ihm getreten. Marijke hatte sich umgezogen, helles Sweatshirt und langer Batikrock in Türkis. In dem düsteren Lokal wirkte sie noch brauner, ihre Zähne noch weißer und ihr Haar noch heller: Sie sah einfach umwerfend aus, fand Michael. Und, dachte er, sie ist, was das Segeln angeht, bestimmt belastbar. Sie suchten sich einen Tisch, den die drei großen Fischteller fast bedeckten. »Zarcuela de Mariscos« hieß das Gericht. Es waren verschiedene Fische und Meeresfrüchte in Öl gebraten, in einer Sauce aus Zwiebeln, Knoblauch, Lorbeer, Wein und Tomaten, mit Reis serviert.

Obwohl alle drei gute Esser waren, taten sie sich schwer, nichts übrig zu lassen. Ein spanischer Cognac hinterher war unbedingt erforderlich, fand Michael, und seine beiden Gäste schlossen sich an. Die Unterhaltung beim Essen war rege und einseitig gewesen, es war ausschließlich über Segeln, also über Boote, Routen, Beschläge, Selbststeueranlagen, Beiboote und Funkgeräte gesprochen worden. Michael brach schließlich ungern das Zusammensein ab, er wollte noch zurück in sein Hotel in Las Palmas. Marijke gab ihm zwei warme, weiche Wangenküsse zum Abschied, sie versprachen sich, gegenseitig Funkkontakt zu halten und Olga bat ihn, die Heimat zu grüßen. Er bedankte sich für ihre Auskünfte und fuhr langsam und vorsichtig nach Las Palmas zurück. Über ihm funkelten die Sterne. Der Geruch des Atlantik drang durch sein offenes Fenster. Fernweh legte sich auf Michaels Gemüt.

Er überlegte. So eine Atlantiküberquerung dauert etwa drei Wochen, selbst mit Anreise und Rückflug war das in einem Jahresurlaub zu schaffen, aber dann wäre kaum Zeit in diesem Jahr für die *Stormvogel*, die Ostsee und den Club. Er hatte früher einmal gelesen und damals darüber den Kopf geschüttelt, Besitz, besonders der von Häusern und Booten, mache unfrei. Da war wohl doch etwas dran.

Weit nach Mitternacht erst war Michael im Astoria und trank dort in der Bar mit dem Rest einer Condorcrew ein letztes Warsteiner. Leider ist hier für mich nichts mehr zu tun, überlegte er im Bett, ich muss zurück.

Am nächsten Morgen konnte die Dame von der Fluggesellschaft mit ihrer klangvollen Stimme erst einen Flug für den frühen Abend buchen. Herr Broll hörte sich seinen Bericht am Telefon an und sagte: »Gut, dann sind Sie morgen ja schon wieder hier und wir können die Einzelheiten besprechen. Machen Sie sich übrigens auf einigen Ärger gefasst. Ihr Freund von der Polizei steckt in Schwierigkeiten wegen der Nachforschungen, die er für Sie durchgeführt hat. Aber kommen Sie erst einmal zurück, dann sehen wir weiter.«

»Eigentlich«, sagte Michael etwa zaghaft, »hat er ja die Recherchen nicht für mich, sondern für uns, für die Nautik gemacht.«

Von solchen Haarspaltereien wollte Herr Broll nichts hören und wünschte nur noch: »Guten Flug!«

Michael machte sich Sorgen. Die Freundschaft zwischen ihm und Helge war groß, das Engagement von Helge für ihn war stark und überschritt sicher häufig dessen Kompetenzen und die seiner Dienststelle, wenn er für Michael den Fahndungscomputer anzapfte, Auskünfte einholte und Akten einsehen ließ.

Die engere Vertrautheit zwischen ihnen bestand erst seit etwa vier Jahren, genau genommen seit dem Zeitpunkt, als Michael ihm das Leben gerettet hatte.

Michael hatte damals vorgehabt, in Ermangelung eines Mitseglers oder einer netten Mitseglerin mit seiner alten *Stormvogel*, einem nur etwa sieben Meter langen Kielschwerter, durch den Nord-Ostsee-Kanal in die Dänische Südsee zu segeln. Es war Juni, noch vor den Schulferien. Er hatte keine feste Route und drei Wochen Zeit. Alles war klar so weit. Ziemlich unerwartet wurde er dann von Helge im Club angesprochen, ob er nicht für seinen Törn eine zweite Hand an Bord gebrauchen könne.

Helge hatte noch einige Wochen Urlaub vom Vorjahr zu nehmen, und außerdem kriselte es in seiner Ehe, sodass er und seine Frau beschlossen hatten, dass ihrer Beziehung eine kleine Trennung gut tun würde.

Michael war hoch erfreut gewesen. Jetzt, wo sie zu zweit waren, konnte er ganz andere Pläne machen. Also nichts mit Kiel-Kanal und Fünen, jetzt war rund Skagen möglich, bei gutem Wind die schwedischen Schären.

Über mangelnden Wind konnten sich die beiden zunächst

nicht beklagen. Ein starker Westwind fegte sie in kurzer Zeit bis zur Nordspitze Jütlands und dann unter Schauern und Kälte weiter, erst nach Osten und Süden und dann nach Norden. In den östlichen Schären passierte es dann. Bei Nieselregen und schlechter Sicht hatten sie an einer kleinen, einsamen Felseninsel schären-typisch festgemacht: Heckanker und Vorleine, wobei letztere einfach um einen Stein geschlungen wurde.

Als Helge nachts vom Bugkorb aus noch halb im Schlaf urinierte, rutschte er auf dem Plastikdeck aus, schlug sich den Kopf an und glitt zwischen Boot und Fels. Das Meer war sehr kalt gewesen, Helge hatte viel Wasser geschluckt und beim Eintauchen wohl auch etwas in die Lunge bekommen. Er war nicht in der Lage, den glitschigen Fels hochzuklettern oder sich an Bord zu ziehen. Das Einzige, was ihm noch blieb, war, immer schwächer werdend, mit den Fingerknöcheln an den Bootsrumpf zu pochen.

Zum Glück hatte Michael für sein Boot, ähnlich wie eine Mutter für ihr kleines Kind, ein selektives Hörvermögen und wurde durch das Klopfen wach. Der Niedergang war offen, Helge fehlte, und als er ihn draußen fand, war es fast schon zu spät gewesen. Das Freibord der kleinen *Stormvogel* war zum Glück nicht hoch. Michael zog Helge an einem Arm haltend nach hinten und brachte ihn über das Heck in die Plicht, wo dieser sich erst einmal übergab und liegen blieb. Unter Deck zog Michael Helge die nassen Sachen aus, rieb ihn, so gut es ging, mit einem Handtuch trocken, packte ihn mit einer dicken Wollmütze in den Schlafsack und traktierte ihn mit heißem Tee. Anfangs erholte sich Helge etwas, am nächsten Tag aber bekam er Fieber, Schüttelfrost und immer neue Hustenanfälle. Michael legte ab, tastete sich meist unter Großsegel und mit dem Außenbordmotor durch die verwirrende Schärenlandschaft, bediente Pinne, Motor, Großschot, hielt die Seekarte in der Plastikhülle zwischen den Knien und die Stablampe zwischen den Zähnen. Trotz der misslichen Verhältnisse fand er auf Anhieb den kleinen Hafen Västervik und ging unter Segeln längsseits an die Mole, wo ein Krankenwagen, den Michael auf Kanal 16 UKW herbeigerufen hatte, bereits auf sie wartete. Helge kam bewusstlos im Krankenhaus an, sein Zustand war kritisch, die Lungenentzündung schwer. Zum Glück sprach er auf das Antibiotikum an und war 14 Tage später mit dem Flugzeug wieder zurück in Hamburg.

In der Zwischenzeit hatte Michael bei durchgehend schlechtem Wetter das Boot einhand an die Elbe zurückgebracht.

Wenn Helge später dramatisch sein wollte, pflegte er zu sagen: »Michael hat mir das Leben gerettet.«

Diese Freundschaft zwischen dem großen, etwas ungelenken und zu dicken Michael und dem umtriebigen, schlanken, schlagfertigen Helge, der im Gegensatz zu Michael ein ausgesprochener Frauentyp war, war im Verein oder in den Familien der beiden für alle eine feste Größe.

Michael hoffte, dass Helge in seiner Dienststelle keine zu großen Unannehmlichkeiten bekam. Jetzt ging Helge nicht an sein Handy, so lange Michael es auch klingeln ließ. Morgen würde Michael mehr wissen.

Dass sein Flugzeug erst gegen Abend abflog, war Michael sehr recht. So konnte er sich noch etwas von der Insel ansehen. Der Chef in der Rezeption empfahl ihm eine kleine Rundfahrt durch das Landesinnere zu machen und schlug ihm die Strecke über Vega de San Mateo und Teror vor, dem religiösen Zentrum Gran Canarias, Sitz der Schutzheiligen »Jungfrau zur Pinie«.

Blauer Himmel, kleine, weiße Wolken: der Norden Gran Canarias war grüner als der Süden. Die Fahrt durch die bewaldeten Berge und Täler mit malerischen Ortschaften und weiten, traumhaften Ausblicken gefiel Michael sehr. Drachenbäume, Lorbeerwälder, Palmen, Riesenkiefern, Felder von Michael unbekannten Blumen und Gewächsen wechselten sich ab. Mittags empfahl man ihm eine kanarische Spezialität, »Carajaca«, Leber in Öl, Knoblauch und Rotwein. Leider musste er weiter, er hatte noch viel zu fahren.

Auf dem Flughafen kaufte er seiner Mutter noch einen Strauß Strelizien und ärgerte sich gleich darauf über sich selbst, dass er das gemacht hatte, über die Tatsache an sich und darüber, dass im Flugzeug das sperrige Zeug schlecht unterzubringen war. Alle Touristen, die von den Kanaren kamen, brachten Strelizien mit.

Der Flug war ereignislos. Michael, er hatte bei der Bundeswehr gelernt, überall, jederzeit und auch auf Vorrat schlafen zu können, verschlief die meiste Zeit. Hamburg empfing ihn mit typischem Novemberwetter.

Was mochte mit Helge los sein? Er ging noch immer nicht ans Telefon. Die Strelizien waren bei seiner Mutter ein ganz großer Erfolg: »Dass du an so etwas gedacht hast!«, freute sie sich, strich ihm über den Kopf und murmelte »guter Junge«.

Am nächsten Morgen hörte sich sein Chef den Bericht über Gran Canaria freundlich an, bremste ihn aber lächelnd, als Michael vorsichtig die Schlussfolgerung aus seinen Worten zog, jetzt noch in die Karibik fahren zu müssen: »Wir warten jetzt erst einmal ab, was mit der Polizei los ist, die wollten Sie unbedingt persönlich sprechen. Als ich ihnen mitgeteilt hatte, dass Sie heute früh wieder zurück sind, hat der Chef des Morddezernates, was haben Sie eigentlich mit Mord zu tun?, hat also dieser …«, Herr Broll blickte auf einen vor ihm liegenden Zettel, »erste Kriminalhauptkommissar gesagt, dass Sie heute«, Broll blickte auf seine Uhr, »um 10.00 Uhr in Zimmer 108 im Präsidium sein sollen. Dieser Herr war recht kühl und hat das eher angeordnet als vorgeschlagen. Am besten fahren Sie gleich los. Sehen Sie zu, dass Sie die Firma heraushalten können, wenn nicht, rufen Sie an und wir verständigen Herrn Dr. Junker.« Dr. Junker und Partner waren die Hausanwälte der Nautik-Versicherung.

Michael war schon häufig im Polizeipräsidium gewesen. Das Gebäude war weitläufig, die Atmosphäre bedrückend und die Wände hätten einen Anstrich nötig gehabt. An der Tür stand ein Schild: Polizeidirektor Dr. Weng, Vertreter des

Polizeipräsidenten, Anmeldung Zimmer 107. Im Zimmer 107 war niemand, die Verbindungstür zu 108 war angelehnt, Michael klopfte.

Ein kleiner, korrekt gekleideter Fünfziger, wann habe ich zum letzten Mal eigentlich jemanden mit Weste gesehen?, schoss es Michael durch den Kopf, öffnete die Tür vollends und bat Michael herein.

»Bitte nehmen Sie Platz, Herr Hander«, sagte er, ohne Michael die Hand zu geben. Er griff zum Telefon: »Weng hier, dieser Herr Hander, richtig, der Freund von Brarup ist jetzt bei mir. Wenn Sie, Herr Saitmann, ja, bringen Sie Brarup gleich mit.«

Herr Dr. Weng machte keine Konversation, sondern zeichnete Briefe in seiner Unterschriftenmappe ab, bis nach wenigen Minuten ein betreten wirkender Helge hinter einem dynamisch ausschreitenden, hageren Mann um die Vierzig hereinkam.

Herr Weng platzierte seine drei Besucher um sich herum an den kleinen, ovalen Besprechungstisch.

»Herr Hander«, begann er, »Sie haben uns und besonders Ihren Freund in eine sehr unangenehme Lage gebracht. Er hat für Sie im Namen der Polizei recherchiert, er hat Ihnen Einsicht in vertraulich zu behandelnde Polizeiakten gegeben und er hat für Sie Untersuchungen im Landeskriminalamt veranlasst. Er hat diese Dinge ganz gezielt vor seinen Vorgesetzten verschwiegen, er hat den Steuerzahler damit geschädigt und vieles mehr getan, was mit der Stellung eines Polizeibeamten nicht vereinbar ist. Er wird nur deshalb nicht sofort beurlaubt, weil er im Augenblick in seinem Dezernat dringend gebraucht wird. Ein Disziplinarverfahren ist eingeleitet, dessen Ausgang durchaus ungewiss ist. Gleich, Herr Saitmann«, wandte er sich an Herrn Saitmann, der die Hand gehoben hatte.

»Zu Ihnen, Herr Hander: Was haben Sie sich eigentlich dabei gedacht, der Polizei so ins Handwerk zu pfuschen? Sie sind Versicherungsvertreter, haben eine Schmalspurausbildung von ein paar Monaten als Privatdetektiv hinter sich und glauben, Sherlock Holmes spielen zu können. Der Vermisstenfall Anna Schmitt hat durch die Untersuchungsergebnisse des in dem Boot gefundenen Projektils eine ganz andere Dimension, ich wiederhole, eine ganz andere Dimension bekommen. Mordverdacht! Das Projektil gehört zu einer Waffe, mit der von Schleusser bei einem Banküberfall«, er schaute in seine Unterlagen, »am 3.3.91 auf die Landsparkasse in Gifhorn ein Wachmann angeschossen wurde. Die Waffe wurde bei der späteren Festnahme von Schleusser nicht gefunden. Er gab damals an, sie in einen Müllcontainer geworfen zu haben. Warum, Herr Hander, haben Sie eigentlich in diesem Vermisstenfall nicht mit der zuständigen Polizei zusammengearbeitet?«

Er betonte dabei besonders das Wort zuständig. Helge blickte auf den Boden. Herr Saitmann versuchte erneut, zu Wort zu kommen, doch Herr Weng ließ das nicht zu und fuhr fort:

»Gedulden Sie sich noch, Herr Saitmann«, und wieder an Michael gewendet: »Warum arbeitet Ihre Firma nicht wie andere Versicherungen mit dem Betrugsdezernat zusammen? Glauben Sie, alles allein machen zu können? Haben Sie etwas zu verbergen? Ist Ihnen der strafbare Tatbestand ›Nichtanzeige eines Verbrechens‹ ein Begriff? Er kann mit Gefängnis geahndet werden.«

Michael hatte Dr. Weng während der letzten Minuten mit unbewegtem Gesicht angeblickt, zugehört und dann mit leiser aber fester Stimme darauf hingewiesen, dass er Versicherungskaufmann und nicht Versicherungsvertreter sei und dass seine Ausbildung in München nicht wenige Wochen, sondern zwei Jahre gedauert habe. Er bedauerte, die Polizei so spät in die Einzelheiten seiner Ermittlungen einbezogen zu haben:

»Eine solche Entwicklung des Falles war doch anfangs gar nicht vorauszusehen. Wenn wir sicher in einem Vorgang sind, geben wir die Betrugsfälle immer an die Polizei bzw. die Staatsanwaltschaft zur Strafverfolgung weiter. Und die Vermisstenangelegenheit von Anna Schmitt hängt bis heute noch nicht sicher mit der Versenkung des Schiffes *Helena* zusammen. Wie viele junge Leute verschwinden, um aus dem Alltag auszusteigen und lassen ihre Eltern in Ungewissheit zurück? Schauen Sie doch bitte, wenn wir als Versicherung nicht rein zufällig auf die Spur von Fräulein Schmitt gestoßen wären, würde der Fall doch weiter ruhen und von Ihnen nicht verfolgt werden. Wir haben doch eher etwas Positives bewirkt.«

Er räusperte sich. »Was würde Ihr Betrugsdezernat sagen, wenn wir ihm alle bloßen Verdachtsfälle vor die Tür karren würden! Die würden sich schön bei uns bedanken. Unsere Verfahrensweise ist es, erst etwas in der Hand zu haben und dann den Staat einzuschalten, und wir meinen, dass diese Art des Vorgehens richtig und angemessen ist.«

Herr Weng hatte mehrfach versucht, etwas zu sagen, aber Michael war unbeirrt fortgefahren, seine Position darzulegen.

Helge zu verteidigen war schon schwieriger und seine Ausführungen, dass Helge ihm nur selten und sehr verantwortungsbewusst mit Informationen geholfen habe, machte keinen Eindruck. Die Begründung gar, er habe sich Michael gegenüber verpflichtet gefühlt, weil er ihm das Leben gerettet habe, wurde erst recht nicht akzeptiert.

Endlich kam auch Herr Saitmann einmal zu Wort: »Wo sind wir denn hier? Was ist das denn? Blutsbrüderromantik? Sie haben wohl zu viel Karl May gelesen. Hier liegen eindeutig dienstliche Verfehlungen vor, und wir müssen über diese mit Ihnen gar nicht diskutieren.«

Er blickte Weng an, der seine Fingerspitzen zusammendrückte und nickte.

Helge nahm das Wort: »Mir ist klar, dass ich große Fehler gemacht habe, und ich werde dafür geradestehen. Herrn Hander kann man dafür aber nun wirklich nicht verantwortlich machen. Er hat Recht, er hat die Polizei im Fall Anna Schmitt weitergebracht.«

Michael hob die Hand. Ob er einen Vorschlag machen dürfe? Mit hoher Wahrscheinlichkeit würde er in den nächsten Tagen in der Karibik seine Suche nach den Schleussers und dem Geld fortsetzen, er werde die hiesige Polizei von allen seinen Schritten und Ergebnissen unterrichten. Ob jetzt ein Haftbefehl gegen Schleusser bestehen würde, wollte Michael wissen, ob Interpol nach ihm fahnden würde. Dazu konnten Saitmann und Weng nichts sagen, das würde noch geprüft und Michael hätte keinen Anspruch auf eine dahingehende Information.

Auch Helge meldete sich noch einmal zu Wort, obwohl ihn Saitmann giftig ansah, und gab zu bedenken, dass in absehbarer Zeit sicher kein deutscher Polizist in der Karibik nach Schleusser fahnden oder suchen dürfe und man Herrn Hander doch in eigenem Interesse das Ergebnis der Bankauskunft über Schleussers Konto geben könne. Saitmann war dagegen, Michael könnte Spuren zerstören und den Tatverdächtigen warnen. Weng hielt das für weniger wahrscheinlich und nach kurzem Zögern durfte Helge Michael mitteilen, dass von den 186 500 DM, die an die Schleussers gezahlt worden waren, 160 000 DM auf ein Konto bei der »Barclays Bank« in Bridgetown, Barbados überwiesen worden waren und der Rest bis auf eine Mark – also 56 Cent inzwischen – in bar abgehoben worden war.

Michael bedankte sich sehr bei Dr. Weng, warf Helge einen aufmunternden Blick zu und durfte gehen.

Bridgetown auf Barbados, Michael nahm sich vor, gleich heute Abend zu Hause nachzusehen, wo genau das liegen würde.

Herr Broll war wie die meisten aus dem Büro schon zum Mittagessen gegangen, lediglich Frau Messmer saß vor einem unberührten Apfel und einem halbleeren Magerjoghurt und schaute an die Wand. Sie sah ganz anders aus als sonst, ungeschminkt, etwas verquollen, gar nicht das sprühende, aufreizende Weibchen, das sie sonst spielte, eher wie ein kleines Mädchen, das aus irgendeinem schlimmen Grund geweint hat. Richtig, sie weinte immer noch und schniefte. Ihr Papierkorb war voller Taschentücher, die ihr wohl inzwischen ausgegangen waren. Michael gab ihr schweigend ein Papiertuch.

Geräuschvoll putzte sie sich die Nase und sagte leise: »Danke, lassen Sie nur, es ist schon gut.« Es war aber gar nicht gut.

Michael schlug ihr vor, da das mit dem halben Joghurt ja wirklich trostlos aussehen würde, mit ihm in der Nähe ein paar Nudeln essen zu gehen, wie er das sowieso vorgehabt hätte. Sie überlegte nur kurz, nickte, holte ihren Lippenstift aus der Tasche und verschwand auf der Toilette. Als sie kurze Zeit darauf wiederkam, bildeten die roten Lippen einen starken Kontrast zu ihrem weißen Gesicht. »Ich sehe ja schrecklich aus«, schniefte sie bedrückt.

Der Italiener war mehr ein Imbiss als ein Restaurant. Man saß auf hohen Stühlen an Bistrotischen, die Speisen der kleinen Karte waren gut und preiswert, und es ging sehr schnell. Frau Messmer erholte sich sichtlich und schien mit einigem Appetit ihre Spaghetti zu essen. Sie schaute auf und sagte plötzlich: »Du kannst ruhig auch wieder Ilona zu mir sagen.«

Erst langsam und stockend, dann schneller und flüssiger schüttete sie Michael ihr Herz aus. Die Verbindung mit dem tollen Mann, mit dem Michael sie in Henny's Bar gesehen hatte, war schon wieder beendet. Es hatte sich herausgestellt, dass Roman, so hieß er, nicht Vertriebsleiter einer großen Firma war, sondern der arbeitslose Hausfreund der Besitzerin. Der Porsche hatte nicht ihm, sondern dieser Dame gehört, und außerdem hatte er mindestens noch eine andere Freundin nebenher. Als Ilona sagte, »vom Heiraten hat er gesprochen, dass ich etwas ganz Besonderes sei, von der großen Liebe«, musste sie schon wieder weinen. Michael hatte noch einige Taschentücher und konnte wenig zu allem sagen. Schweigend gingen sie wieder ins Büro. Im Treppenhaus bedankte sich Ilona: »Du, das war jetzt sehr nett, dass du dir das alles so lieb angehört hast. Hoffentlich kriegen die anderen«, sie deutete nach oben, »es nicht gleich mit, dass ich so reingefallen bin. Dummerweise habe ich mit dem Porsche ganz schön angegeben.«

Die anderen hatten sich aber durch Ilonas Verhalten und

ihr Aussehen die Geschichte schon zusammengereimt und blickten sie in den nächsten Tagen mit einer Mischung aus Schadenfreude, Mitgefühl und Neugierde an.

Herr Broll hatte den Bericht der Meeresbiologen vor sich auf dem Schreibtisch, als Michael eintrat: »Da sehen Sie einmal«, sagte er über seine Halbbrille hinwegblickend.

Das Gutachten über die eingesandten organischen Partikel vom Rumpf der *Helena* besagte, dass der Bewuchs sehr uneinheitlich war. Vor allem Tang, Muscheln und Seepocken aus dem Mittelmeer ließen sich nachweisen, weiterhin Tang, wie er im Atlantik bei den Azoren und den Kanarischen Inseln vorkommt, und eine Spezies Seepocken, die nur in Mittelamerika und der Karibik beheimatet ist, es folgte ein lateinischer Name. Der gesamte Bewuchs von allen drei Stationen sei nicht älter als etwa drei Jahre. Eine genaue, chronologische Festsetzung der Folge der Besiedlung auf der Außenfläche des Bootes sei durch das Abtragen vom Rumpf und die gemeinsame Lagerung in einer Verpackung leider nicht möglich gewesen, hätte aber unter Umständen auch am Bewuchsobjekt selbst sehr schwierig sein können. Sie hofften mit ihren Angaben gedient zu haben und so weiter.

Damit war klar, dass das Schiff nach dem Aufenthalt in Gran Canaria tatsächlich in der Karibik gewesen und erst später wieder ins Mittelmeer zurückgebracht worden war.

»Tja«, Herr Broll kratzte sich am Kinn, »es sieht ganz so aus, als ob Sie jetzt doch noch in die Karibik müssen, oder soll ich besser sagen dürfen, wenn ich Ihr Grinsen richtig deute?« Und nach einer Pause: »Dass Sie hier sind, zeigt mir, dass man Sie nicht verhaftet hat. Erzählen Sie.«

Michael berichtete von seinem Besuch im Polizeipräsidium. Broll nickte zwischendurch und war mit der Vorgehensweise seines Angestellten einverstanden, hielt aber den Anna-Schmitt-Fall für nicht unbedingt im Zusammenhang mit dem Versicherungsbetrug stehend.

Er fuhr fort: »Warten wir aber noch ein paar Tage ab, Herr Hander, die Polizei wird über Schleusser vielleicht noch etwas

Neues herausbringen. Und bis dahin habe ich hier noch eine andere Angelegenheit für Sie: Der Eigner der *Albatros II* im Gemeindehafen Kiel-Laboe gibt hier in unserem Schadensformular an, dass ihm am 19.10.02 durch starken Schwell der Kreuzpoller auf dem Vorschiff herausgerissen worden ist, das Vorschiff sei unter den Steg geraten, dabei sei das Vorstag gebrochen und der Mast von oben gekommen. Weiterhin Deformierung des Bugkorbs, Verlust der Buglichter und so weiter. Bitte schauen Sie sich das Boot an, es liegt unrepariert im Winterlager, Schlüssel für das Tor beim Hafenmeister.«

Er streckte Michael eine Akte hin und sprach weiter: »Und vielleicht stellen Sie fest, ob an den Nachbarbooten am Steg auch Schäden sind und wie das Wetter an diesem Tag war.«

Michael hatte zwar zugehört, aber gleichzeitig durch die Glaswand auf die rührend schmal wirkenden Schultern von Ilona Messmer geblickt.

Die Angelegenheit in Laboe gab in der Tat einige Rätsel auf, da in den Tagen des vermeintlichen Unfalls ein flaches Hochdruckgebiet über der Ostsee und dem Baltikum mit schwachen Winden aus wechselnden Richtungen geherrscht hatte und die Stegnachbarn laut Hafenmeister keinerlei Beschädigungen ihrer Boote gemeldet hatten. Der Eigner der *Albatros* hatte den Schaden dem Hafenmeister erst am Tag nach dem Ereignis angezeigt, und es gab niemanden, der den Hergang gesehen und den sicher damit einhergehenden Lärm gehört hatte.

Michael fand am beschädigten Bug des Bootes rote Farbstreifen. Farbe, die sonst an Bord oder am Steg nicht verwendet worden war. War der Eigner vielleicht alkoholisiert auf eine rote Fahrwassertonne gebrackert? Hatte er eine Kollision mit einem anderen Fahrzeug gehabt? Michael kratzte die Farbe zum Teil ab und gab sie zur Untersuchung. Außerdem veranlasste er, die weitere Bearbeitung des Schadensfalls auszusetzen.

Dann rief Helge ihn an. Er klang schon wieder ganz munter, weil er glaubte, dass man ihn nicht herauswerfen werde. Wann das Disziplinarverfahren gegen ihn stattfinden würde, stand noch nicht fest, er arbeitete zur Zeit normal in seinem Dezernat. Für weitere Informationen im *Helena*- bzw. Anna-Schmitt-Fall sollte Michael aber strikt den Dienstweg einhalten und sich mit Saitmann besprechen, der wäre zwar entsetzlich eitel und empfindlich, aber sicher ein guter Kriminalist.

Als Michael bei Saitmann anrief, gab er sich reuig, höflich und bittend, und prompt ließ dieser mit sich reden. Die Fahndung nach Schleusser hatte nichts ergeben, es gab keinen Eintrag bei Interpol, keine Einreise nach Barbados, keine Straftat, rein gar nichts. Seit Gran Canaria fehlte von Bernd Schleusser jede Spur. Frau Schleusser war mit einem Rückflugticket als Touristin wenige Tage nach der Abbuchung vom Hamburger Konto korrekt nach Barbados eingereist, aber nicht wieder auf offiziellem Wege ausgereist. Die Behörden glaubten nicht, dass sie sich noch auf der Insel aufhalten würde. Eine allein stehende, weiße deutsche Frau in den übersichtlichen, geordneten, kleinstädtischen Strukturen dieses Inselstaats würde sehr wahrscheinlich aufgefallen sein. Möglich sei, besonders wenn Frau Schleusser der Yachtszene angehören würde, dass sie illegal mit einem Boot ausgereist sei, dann könnte sie sich jetzt überall befinden. Eine Bankauskunft von Barclays hätte man nicht erhalten. Es bestehe mit Barbados auch kein Vertrag, mit dem sich eine solche erzwingen ließ. Man versuche, über Kontakte zur Polizei im Mutterland der ehemaligen Kolonie, in England, etwas zu erreichen. Das könne aber sehr lange dauern und sei ungewiss. Der langen Rede kurzer Sinn war, die Schleussers sind wie Anna Schmitt verschwunden, es wird nach ihnen gefahndet bzw. nach ihnen gesucht.

Saitmann klang zum Schluss sogar etwas freundlich als er sagte: »Wenn Sie mich fragen, Herr Hander, ich gebe das auch nicht an Ihren Chef weiter, damit Sie Ihren Karibikurlaub bekommen, wir glauben, dass der Fall oder die Fälle ungelöst bleiben werden. Selbst wenn wir die Bankauskunft aus

Barbados bekommen, würden wir, da bin ich sicher, lediglich erfahren, dass das Geld abgehoben ist. Und die Schleussers lassen es sich in irgendeinem obskuren Inselstaat im Pazifik gut gehen.«

Michael bedankte sich sehr und fand, dass vieles für Saitmanns Meinung sprach. Aber das musste er Broll ja nicht unbedingt auf die Nase binden.

Frau Messmer hatte sich schon wieder ganz nett erholt, sie zwinkerte ihm freundlich zu, als er in das Glasbüro von Broll gerufen wurde. Michael gab ihm eine leicht geschönte Fassung des Gespräches mit Saitmann wieder.

»Setzen Sie sich, Herr Hander.« Broll wedelte mit seiner Hand, in der er seine Brille trug. »Wir beide wissen, dass es nicht sehr sicher ist, dass Sie in Barbados etwas ausrichten. Vielleicht können Sie ja vor Ort aus den Bankleuten etwas herausbekommen, was offiziell nicht so leicht geht. Wir haben jetzt so viel Geld und Arbeit in die *Helena*-Geschichte investiert, dass es mir einfach widerstrebt, aufzuhören. Sie kennen ja meine Meinung.«

Michael nickte, was jetzt kam, hatte er schon häufig gehört: »Man darf bei diesen Betrugsfällen, auch wenn nicht mehr viel Geld zu holen ist, schon aus erzieherischen Gründen nicht nachlassen oder aufgeben.«

Michael freute sich. Im Geiste ging er die Liste der noch zu erledigenden Dinge durch: die Sommersachen müsste er schnell heraussuchen, vielleicht noch etwas einkaufen, bügeln, mit etwas Glück könnte er den Feiertagen hier entgehen und Weihnachten schon unterwegs sein.

Der Herr vom Lufthansa-Citycenter musste seine Euphorie leider dämpfen. Die Weihnachtszeit sei Hochsaison, der früheste Termin sei der Tag nach Weihnachten und Buchungen seien in dieser Zeit nur im Wochen- oder Vierzehntagerhythmus mit Hin- und Rückflug möglich und sinnvoll, wenn Michael unsinnig teure und umständliche Linienflüge über London vermeiden wolle. Länger als 14 Tage würde Herr

Hander ja wohl nicht in der Karibik bleiben wollen, hatte der Herr gelächelt. Michael überlegte nur kurz und buchte dann ein Pauschalarrangement, Hin- und Rückflug, Hotel, 14 Tage Aufenthalt, Termin am 27. Dezember.

Dann bot er Herrn Broll an, wenn die Angelegenheit, so oder so, in wenigen Tagen erledigt sei, die zweite Woche auf seinen Jahresurlaub anrechnen zu lassen. Damit war Herr Broll einverstanden.

Michaels Mutter freute sich: »Das finde ich aber schön, dass du wenigstens die Feiertage noch hier bist.« Michael hatte ein etwas schlechtes Gewissen, als er daran dachte, dass er versucht hatte, schon vorher auszubüchsen. Obwohl, andererseits …

Die Weihnachtstage zu Hause waren in der Regel trostlos. Heiligabend mit Bescheren unter dem Tannenbaum für zwei Personen empfand Michael schon seit vielen Jahren als grotesk, Karpfen mit Salzkartoffeln und Meerrettichsahne war nicht der schlechteste Programmpunkt, dann Weihnachtsgottesdienst und anschließend Fernsehen. Vor dem ersten Feiertag graute es aber Michael noch mehr. Traditionsgemäß kam Mutters älterer Bruder, Onkel Alfred mit seiner Frau Maria zum Weihnachtsgansessen. Der Tag wurde schon allein deshalb immer hektisch, weil Mutter Hander wellenförmig in Panik geriet bei dem Gedanken, die Gans könnte nichts »werden«, die Füllung könnte zu fettig sein. Überhaupt waren auch ihrer Meinung nach die polnischen Hafermastgänse nicht mehr das, was sie früher einmal waren.

Onkel Alfred war Prokurist in einer Speditionsfirma und redete stundenlang über die Probleme des mittelständischen Unternehmertums im Allgemeinen und die des Güterfernverkehrs im Besonderen, die Verrohung der Sitten, die Kosten der Wiedervereinigung und über die unsinnigen Forderungen der Gewerkschaften.

Mochte er in vielen Punkten sogar Recht haben, war seine selbstgerechte, besserwisserische, keinen Widerspruch duldende Art unerträglich. Michaels Mutter hing an den Lippen ihres Bruders und sagte dann auch noch so törichte Dinge wie: »Na, da hast du es ja, Gott sei Dank, in deiner Versicherung viel leichter, nicht wahr, mein Junge.«

Michael hatte schon lange aufgegeben, hier über eigene Probleme zu reden.

Tante Maria hatte noch ein anderes, unerschöpfliches Thema: Ihr einziges Kind, eine Tochter, die Michael schon lange nicht mehr gesehen hatte. Diesem guten und klugen Mädchen war es gelungen, man stelle sich vor, sich von einem Halbgott in Weiß, einem Arzt, heiraten zu lassen. Und was diese entzückende Doktorsfamilie, die bei Karlsruhe wohnte, so alles erlebte und besaß und wie goldig die Enkelkinder waren, das war ihr Thema Nummer 1. Warum diese Familie aber in all den Jahren nicht ein einziges Mal zum Weihnachtsfest nach Hamburg gekommen war oder gar die lieben Großeltern nach Karlsruhe eingeladen hatte, die stattdessen mit tödlicher Sicherheit jeden ersten Weihnachtsfeiertag vor Handers Tür standen, das wurde von Tante Maria nicht berichtet.

Auf den zweiten Feiertag hingegen freute sich Michael, da war Frühschoppen im Clubhaus. Er rechnete fest mit Helge, und seine Vermutung erwies sich als richtig. Aus dem Frühschoppen wurde dann für den harten Kern der Clubmitglieder, der zum Glück mit vernünftigen Frauen und fröhlichen Kindern, die sich auf dem Clubgelände nur zu gerne selbst beschäftigten, gesegnet war, ein ausgedehnter Dämmerschoppen.

Michael, der vorausschauend schon vorher seine Sachen für die Reise vorbereitet und gepackt hatte, gehörte mit Helge wie auch sonst immer dazu.

Sehr früh am nächsten Morgen saß er ein wenig verkatert und unausgeschlafen mit lauter freudig erregten Karibiktouristen im Charterflug nach Barbados und ließ sich nach einem ausgiebigen Schlaf etwa auf der Höhe der Azoren zu seinem ersten karibischen Cocktail von der Stewardess überreden.

Michael war noch nie in den Subtropen oder Tropen gewesen. Im Sinkflug über Barbados hatte man einen guten Überblick über die Insel mit den von den Brechern weißen Riffen der Atlantikseite und den blau-grün-weißen Stränden der östlichen Karibikseite. Die Insel war nur teilweise tropisch bewaldet. Die großen Flächen waren wohl die Zuckerrohrfelder, über die er in seinem Reiseführer gelesen hatte. Dort hatte aber auch gestanden, dass jetzt die mit Abstand größte Einnahmequelle des kleinen Staates der Tourismus war. Überall standen Gruppen von Kokospalmen, die man bei der Landung fast zu streifen glaubte.

Steif vom Sitzen in dem schmalen Sitz der Touristenklasse streckte Michael sich und seine langen Beine. Sobald er das Flugzeug verließ, glaubte er, im warmen Gebläse der Flugzeugmotoren zu stehen. Aber der warme Wind kam nicht aus den Motoren oder einem Riesenföhn, sondern war, weich und voller tropischer Gerüche, der Passatwind, in dessen Zone die Insel ja lag. »Grantley Adams International Airport« stand am Flughafengebäude.

Fasziniert stolperte Michael die Gangway hinunter. Er sah fast nur schwarze Gesichter, und als er und seine Mitpassagiere vor der Abfertigungshalle ankamen, spielte eine etwa zwölf Mann starke Steeldrumband ein fantastisches Empfangsständchen für sie. Michael kannte Steelbandmusik kaum, aber was er hier zu hören bekam, begeisterte ihn sofort. Diese klingenden, schwingenden, an- und abschwellenden Tonfolgen, der schnelle, aber nicht hektische Rhythmus, gespielt von einer Gruppe hellblau gekleideter, verschieden dunkler Schwarzer, deren Lächeln nicht professionell aussah, die wirklich Spaß bei der Sache zu haben schienen und den Zuhörern und Zuschauern ihre weißen Zahnreihen präsentierten, rissen Michael mit.

Sein Reisebüro hatte kein Luxushotel gebucht. Es befand sich in einiger Entfernung nördlich von Bridgetown und lag an einem ungepflegten Strand. Ein wenig Farbe, ein paar neue Liegestühle und die ordnende Hand eines Gärtners hätten der Anlage gut getan. So hatte sie, positiv beschrieben, etwas

Verwunschenes – realistisch betrachtet könnte man es auch heruntergekommen nennen. Dies alles aber wurde fast ausgeglichen durch Miss Wellington, die Geschäftsführerin, eine außerordentlich zuvorkommende, dünne, bebrillte, ältere Engländerin, und durch eine Schar von ungemein freundlichen Helferinnen und Helfern.

Die Küche war, wie sich am Abend herausstellte, ausgezeichnet. Es war eine geglückte Mischung aus englischer und einheimischer Küche, der kreolischen Küche, besonders positiv beeinflusst von den nicht weit entfernt gelegenen französischen Antillen mit viel frischem Gemüse, Salaten, Kokosnuss in allen Zubereitungsarten, tropischen Früchten und vor allem aber Meeresfrüchten und Fisch.

Man könne die Salate unbesorgt essen, hatte Miss Wellington gleich erklärt, man sei hier nicht in Indien, das sie auch gut kennen würde. Lediglich trinken sollte man das Leitungswasser nicht, und die Eiswürfel für die Drinks würden aus Mineralwasser aus Frankreich hergestellt.

Es dämmerte schon, als Michael das erste Mal ins Wasser ging und bezaubert war von der Atmosphäre, die er erlebte. Die angenehme Wärme des Wassers und der starke Salzgehalt – er brauchte kaum zu schwimmen. Der Wind rauschte über ihm in den Palmen, deren harte, lange Blätter klirrten und flirrten wie große Mobiles. Aus dem Haupthaus klang Steelbandmusik, es duftete schwer nach tropischen Blüten und es roch verheißungsvoll nach gebratenem Fisch.

Als Michael nach dem frühen Abendessen auf der überdachten Terrasse im Rauschen der Palmen, im Plätschern der geringen Brandung, beim Zirpen der Zikaden und dem Geräusch der Baumfrösche den Kaffee nahm und seine langen Beine wieder einmal gerade unter den Tisch streckte, hatte er einen Kokosmilchcocktail mit Rum, eine bizarre Salatkomposition mit Shrimps und Mango, einen mit roher Zwiebel, Zitronenstückchen und Kräutern gefüllten Fisch, ähnlich einer Brasse, ein umwerfend süßes Dessert aus Eis, Früchten mit viel Kaffeelikör und eine Flasche Rosé hinter sich. Durch die

Zeitumstellung war der Tag lang gewesen. Michael war überwältigt von seiner neuen Umgebung, aber auch sehr müde.

Morgen musste er aber etwas für sein Geld tun. Bei Miss Wellington hatte er bereits einen Mietwagen bestellt. Er stellte die laute und asthmatisch klingende Klimaanlage in seinem Zimmer ab, öffnete die Balkontür weit und schlief tief, fest und lange.

Am Morgen stellte er allerdings fest, dass das mit der offenen Balkontür nicht besonders schlau gewesen war, die Mücken hatten ihn ziemlich zerstochen. Einige seiner Körperteile sahen so aus wie das Gesicht eines Kindes, das die Windpocken hat. Sicherheitshalber las er daraufhin noch einmal in seinem Reiseführer nach, zum Glück war Barbados kein Malariagebiet.

Auf der Straße galt Linksverkehr wie in England. Man sah englische Busse, Briefkästen, Polizisten, nur dass die Bobbies hier schwarz waren.

Bridgetown war eine hübsche, englische Kleinstadt aus dem vorigen Jahrhundert, natürlich jetzt auch mit Hochhäusern und Einkaufszentren für die Touristen, vor allem auch für die von den großen Kreuzfahrtschiffen.

Barclays Bank ist überall dort, wo einmal das Britische Empire bestand, eine Institution. Ob für 50 Leute auf den Falklandinseln oder eine Million Menschen in Kalkutta, Barclays zeigt Flagge. Das Bürogebäude in Bridgetown war neu und bestand von außen vorwiegend aus dunkelgrünem, undurchsichtigem Glas. Beim Eintreten in das Gebäude, die Klimaanlage produzierte die Luft eines Eiskellers, bekam Michael fast einen Schock, so groß war der Unterschied zwischen drinnen und draußen.

Allein den Wunsch nach einer Auskunft zu äußern, gestaltete sich als schwierig. Ganz und gar unmöglich schien es, die Auskunft selbst zu bekommen.

»No, Sir, we are very sorry, wir haben keine Möglichkeit, Sie verstehen, das Bankgeheimnis, Sie sind nicht autorisiert«, waren die höflichen, aber bestimmten Aussagen. Michael blieb unaufgeregt, aber hartnäckig. Er blieb einfach im Büro seines letzten Gesprächspartners sitzen. Ob denn nicht der Geschäftsführer in seinem speziellen Fall eine Ausnahme machen könnte, fragte er harmlos und hartnäckig.

Mit gespielter Verzweiflung und mehreren Blicken gen Himmel brachte man ihn schließlich zu einer streng aussehenden, älteren, sehr dunklen Schwarzen in weißer Bluse und grauem Rock. Auf ihrem Schreibtisch, der hinter einer niedrigen Balustrade mit Schwingtür wie im Saloon eines Western stand, wohl um ihr die Laufkundschaft vom Halse zu halten, befand sich ein Computer. Weiterhin stand auf der Tischfläche eine ganze Reihe von Bildern von Männern, Frauen und krausköpfigen Kindern in Silberrahmen sowie ein Schild, dass man es hier mit Chiefmanagerassistent Vanessa Blacksmith zu tun hatte.

Sie deutete mit einem Kugelschreiber auf einen Stuhl, blickte Michael fest mit ihren durch eine starke Minusbrille sehr kleinen Augen an und er durfte berichten. Er erzählte seine Geschichte, gab sich glaubhaft unglücklich, ja verzweifelt und vermittelte den Eindruck, dass es ihm schon lange nicht mehr so sehr um seine Firma, als um das Schicksal von Anna ginge, deren Angehörige seit zwei Jahren in dieser schrecklichen Ungewissheit leben mussten. Seine ungebändigten, blonden Haare, seine Mückenstiche, sein offenes, so gar nicht clever wirkendes Auftreten gefielen Mrs. Blacksmith. Sie unterdrückte ein Lächeln, holte sich das Schleusserkonto auf ihren Bildschirm, schaute Michael an und drehte seine Visitenkarte in der Hand hin und her.

»Mr. Hander«, sagte sie nach einer Weile, »ich darf Ihnen wirklich keinerlei Auskunft geben, weder ob hier überhaupt ein Konto besteht, bestanden hat, noch ob, wenn ein Schleusserkonto hier auf meinem Bildschirm stehen sollte, Kontobewegungen stattgefunden haben. Wir können das gleich noch einmal in Ruhe besprechen, ich werde mir aber zuerst einen Kaffee holen, das wird etwa fünf Minuten dauern. Bitte entschuldigen Sie mich so lange.«

Michael blickte ihr verdutzt nach, dann hatte er verstanden. Mit zwei Schritten war er hinter der Schwingtür und schaute auf den Monitor. Privatkonto Senta Schleusser, German, Überweisung 62 000 US-Dollar auf Zweigstelle St. Georg, State St. Andrew. Die Symbole auf dem Monitor waren Michael vertraut, Windows, Word, Excel, die gleiche Software wie zu Hause. Er blickte zur Tür. Der Drucker war eingeschaltet, zweimal ein Mausklick, und der Drucker warf ein farbiges Blatt Papier aus, die Senta-Schleusser-Seite. Schnell faltete er den Papierbogen mehrfach, damit er unauffällig in seine Tasche passte. Trotz der im Raum herrschenden Grabeskälte war er schweißgebadet. Nur Sekunden nachdem er sich wieder hingesetzt und seine Stirn abgewischt hatte, betrat Vanessa Blacksmith mit einem Pappbecher und einem Lächeln ihr Arbeitszimmer und wunderte sich nicht darüber, dass die Schwingtür noch leise zitterte. Michael lächelte ebenfalls. An und für sich hätte er keine Fragen mehr, er wolle sie nicht weiter belästigen. Eines möchte er aber noch sagen, dass er die Menschen hier auf Barbados alle als ganz besonders liebenswürdig und hilfsbereit erlebt hätte. Das Lächeln von Frau Blacksmith wurde breiter, sie gab ihm die Hand und wünschte ihm viel Erfolg bei seiner Arbeit: »Hoffentlich finden Sie das Kind. So eine schrecjliche Ungewissheit für die Eltern! Wenn man selber Kinder und Enkelkinder hat, kann man nachempfinden, wie sehr diese gelitten haben.« Sie deutete auf ihre Bildergalerie.

Fast euphorisch verließ Michael den kalten, grünen Glaspalast. Er konnte es kaum abwarten zu lesen, was genau auf dem Computerausdruck stand.

In einer kleinen Parkanlage im Schatten eines ihm unbekannten, blau blühenden Baumes studierte er das Papier. Wie er schon wusste, kam das Geld aus Hamburg, es war ein US-Dollar-Konto, und es war bis auf 120 Dollar leer. Wenige Tage nach Ankunft der Schleussers hatten sie eine geringe Summe bar abgehoben und den Hauptteil nach St. Georg überweisen lassen.

Michael nahm seinen Reiseführer zur Hand und begann suchend darin zu blättern. St. Georg, eine kleine Insel, bildete zusammen mit einigen anderen Inseln und der Hauptinsel St. Andrew den gleichnamigen Staat, der wie Barbados eine ehemals britische Kolonie war. Hatte sich Schleusser dort die ganze Zeit aufgehalten, weil er sonst nirgendwo mehr in Erscheinung getreten war? Wie ist Frau Schleusser, die ja offiziell nicht aus Barbados ausgereist war, nach St. Georg gekommen?

Michael beschloss erst einmal eine Kleinigkeit zu essen und sich dann zu erkundigen, wo der Yachthafen war und wo man die Langzeitsegler auf Barbados bevorzugt antreffen würde.

Mehrere Einheimische, der Kleidung nach Büroangestellte, gingen in den »Herzog von Wellington«, der von außen wie ein Landgasthaus in Südengland aussah und dessen Wirtshausschild eine Schlachtenszene zeigte, wohl ein Gefecht gegen Napoleons Truppen. Das Innere war eine Mischung aus Imbissstube, Pub und Restaurant. Man konnte im Stehen etwas Essen und Trinken, es gab aber weiter hinten im Lokal auch Tische mit Stühlen. Michael schaute, wie es die anderen Gäste machten, die gerade vor ihm hineingegangen waren und stellte sich mit an der Theke an, also Selbstbedienung. Er hatte von der Küche der Insel gelesen, dass der Nationalfisch von Barbados der fliegende Fisch war und war neugierig, wie dieser wohl schmecken würde. Einer der blitzsauber in Weiß gekleideten Köche auf der anderen Seite der Theke war ausschließlich damit beschäftigt, aus einer Wanne die vorbereiteten und gewürzten Fische auf den Grill zu legen. Es roch gut, und Michael nahm wie der Gast vor ihm nur Brot und Salat zum Fisch. Am Ende der Theke konnte man sich selbst ein Bier oder einen Kaffee zapfen. Michael entschloss sich in Anbetracht der frühen Stunde und der Hitze draußen für einen Kaffee.

Den ersten Tisch, den er mit seinem Tablett in der Hand ansteuerte, verließ er binnen Sekunden wieder, weil die kalten Fallwinde der Klimaanlage dort besonders heftig waren. Zwei formell angezogene, junge Herren, so gekleidet wie früher die Bankangestellten in Deutschland, luden ihn mit einer Handbewegung ein, sich zu ihnen zu setzen.

Michael bedankte sich und stellte erleichtert sein Tablett ab. Der Fisch war etwas größer als ein Hering und hatte seine charakteristischen Flugflossen. Er war zart und frisch und ohne großen Eigengeschmack, seine pikante Schärfe hatte er durch eine Gewürzpanade erhalten. Die beiden am Tisch hatten ihn freundlich beobachtet. Der eine mit der roten Clubkrawatte fragte ihn, ob es ihm geschmeckt habe, ob er das erste Mal auf Barbados sei, ob es ihm gefallen würde und ob er Ferien machen würde oder geschäftlich hier sei. Die ersten drei der Fragen konnte Michael bejahen, bei der letzten war er froh, einen Anknüpfungspunkt zu haben, um nach der Yachtszene zu fragen. Beide wussten gut Bescheid, Segelboote lägen an mehreren Stellen der Insel, im Hafen, in einigen Buchten, die meisten aber auf Reede nördlich von Bridgetown, weil es da nichts kosten würde und dieser Platz außer in der Hurrikanzeit sehr sicher sei. In der Bucht wäre auch ein kleines Restaurant. Die Besitzer, ein Engländer mit einer Frau von der Insel, würden sich auch, wenn gewünscht, um die Besatzungen der Boote kümmern und Dienstleistungen vermitteln. Auf seiner Touristenkarte zeigten sie ihm die Stelle. Michael beneidete die beiden nicht, als sie sich von ihm verabschiedeten und mit Schlips und Kragen in die heiße Luft nach draußen gingen. Er blickte auf seine Straßenkarte. Zu der Yachtreede war es nicht weit. Als er gedankenverloren mit dem Wagen ausparkte, löste er ein großes Hupkonzert aus, da er den hier herrschenden Linksverkehr völlig vergessen hatte. Plötzlich fuhr er also auf der falschen Straßenseite, bremste scharf und hielt alle auf.

Bald hatte er die Bucht gefunden, auch hier weißer Strand und Kokospalmen. Das Restaurant war ein flaches Gebäude mit großer Terrasse zur See hin, gedeckt mit Palmenwedeln. Momentan war praktisch kein Betrieb. Michael trank ein einheimisches Bier und blickte sehnsüchtig zu den sanft in der flachen Dünung schaukelnden Yachten.

Der junge Kellner, das Haar in zahllose, kleine Zöpfchen geflochten, konnte ihm keine Auskunft geben. Er sei aus Dominika, dort gebe es im Gegensatz zu Barbados viel weniger Arbeit, er wäre erst zwei Monate hier, würde noch kaum Leute kennen, sein Chef sei krank und in London und die Chefin käme erst gegen Abend. An der Bar wäre aber ein Brett mit Adressen und mit Nachrichten für die Boote. Als Michael die Zettel studierte, fiel ihm gleich das Emblem von TO auf. Trans Ocean ist ein Verein, der sich um die Belange der Hochseefahrtensegler kümmert und seinen Sitz in Cuxhaven hat. Er bringt in seiner Vereinszeitschrift nicht nur allgemein interessierende Artikel, Tests, Reiseberichte und Annoncen, sondern hat auch eine große Sparte, aus der der augenblickliche Aufenthalt der Langzeitsegler zu ersehen ist. So konnte man erfahren, dass die *Westwind II* in Auckland liegt und die Bordfrau dort ein Baby bekommen hat, der *Schwarze Bär* auf der Osterinsel und die *Stadt Lüdenscheid* auf Tahiti sind. Die Vereinsmitglieder und ihre Angehörigen, die von diesen Nachrichten und Hilfen profitieren, sind meist deutschsprachig. Eine ganz besonders gute Einrichtung von TO ist aber sein Netz von weltweit in der Regel ehrenamtlich arbeitenden Stützpunkten mit einer deutschen oder deutschsprachigen Leiterin oder einem Leiter, die für die Yachten Post entgegennehmen und weiterleiten, bei Behördengängen helfen, Handwerker und Werften empfehlen und vieles mehr. Oft stellen sie auch bei sich zu Hause ihre Duschen und Waschmaschinen zur Verfügung, um das süßwasserentwöhnte, etwas verlotterte Bootsvolk wieder landfein zu machen. Und so einen Stützpunkt gab es zum Glück auch auf Barbados.

Michael holte sein Notizbuch hervor und schrieb: Mrs. Hedwig Bayer-Thompson, Bridgetown, Wellington Road (schon wieder etwas mit Wellington!) und die Telefonnummer.

Der junge Zöpfchenträger hatte in der Zwischenzeit zu lauter Rapmusik einige Tanzschritte geübt, unterbrach seine Übung selbst dann nicht, als Michael nach dem Telefon fragte, sondern deutete weiter tänzelnd auf das Ende der Theke.

Nach längerem Läuten meldete sich eine harte, männliche Stimme laut mit Thompson. Michael bat, Frau Thompson sprechen zu dürfen. Sein Partner am anderen Ende der Leitung hatte seinen Akzent richtig gedeutet und fiel in ein recht flüssiges Deutsch mit starkem englischen und schwachem rheinischen Tonfall. Ob es um Trans Ocean ginge? Leider sei seine Frau heute erst spät gegen Abend zu erreichen, sie mache ein Picknick mit den Enkeln, wo sie jetzt genau wäre und wann sie zurückkommen würde, sei ungewiss. Morgen hätte sie gegen 10.00 Uhr so eine Art Sprechstunde für die Segler im Restaurant Cocoshut, ob er wüsste wo das wäre. Als Michael ihm sagte, genau von dort rufe er an, ließ sich Mr. Thompson Michaels Namen und sein Hotel geben und wünschte ihm einen schönen Abend.

Michael hatte jetzt Zeit und fuhr ein Stück durch die Insel nach Süden. Zuckerrohrfelder, Bananenplantagen, einzelne schöne, alte Herrenhäuser, verfallene Zuckermühlen, Rumdestillationen und immer wieder Gruppen von hohen, schlanken, sich im Winde wiegenden Kokospalmen wechselten sich ab. Zahllose gepflegte Hotels, Restaurants und Nachtclubs folgten auf kleine und größere weiße Strände. Spontan hielt Michael an einem Strand an, um ebenfalls zu baden. Ein buntes Volk von weißen und rosigen, alten und jungen Touristen und Farbigen aller Schattierungen und Körperformen, von der gemütlichen, dicken Negermami bis zum langbeinigen, hochbrüstigen Mischlingsmodel, gab sich hier ein Stelldichein. Michael schämte sich ein wenig wegen seines weißen Bauches, genoss aber dann doch das umschmeichelnde, warme, saubere Wasser.

Es war schon dunkel, als er in sein Hotel zurückkam. Die lauwarme Dusche tat gut und die Klimaanlage rumpelte.

Beim Abendessen gefiel Michael im Laufe der Speisenfolge besonders ein Eintopf, »Pepperpot« genannt, aus mehreren Sorten Fleisch, Gemüse, Pfefferschoten und dem Saft der Cassavewurzel, sehr scharf, aber dadurch bei der Hitze sehr angenehm.

Mit dem Trinken hielt sich Michael zurück, er wollte an diesem Abend noch einmal zurück nach Bridgetown, und zwar ins Hilton-Hotel. Er hatte am Vormittag in der Stadt für heute die Ankündigung eines großen Folkloreabends mit Steelband, Limbo und Überraschungen gelesen. Die Veranstaltung würde im Freien stattfinden, es wäre reichlich Platz und auch Nichthotelgäste wären willkommen.

Der Garten um die Tanzfläche, die die Bühne darstellen sollte, war schon gut besetzt, sodass Michael nur noch einen kleinen, freien Tisch in der Nähe der Lautsprecher direkt am Rande des Geschehens fand. Das hätte er nicht tun sollen.

Die Show gefiel ihm zunächst sehr gut, wunderbar gewachsene Mädchen und junge Männer sangen, tanzten, zeigten Bodenakrobatik, Pos und Brüste flogen, Muskeln glänzten und zuckten, dazu die mitreißenden Rhythmen des Steelbandorchesters. Beim Limbo unter einer brennenden Stange hindurch stockte den Zuschauern fast der Atem und beim folgenden Striptease zweier besonders hübscher Insulanerinnen wurde zumindest den männlichen Zuschauern die Luft knapp. Bis auf einen sehr kleinen Tanga wurde sich ausgezogen, kleine Schweißperlchen glänzten auf der makellosen Haut, die in Wellen durch den immer härter werdenden Rhythmus der Musik erschüttert wurde. Michael war fasziniert und erregt.

Was Michael jedoch unbekannt war, ist die amerikanische Sitte, und um vorwiegend nordamerikanische Touristen handelt es sich auf Barbados, bei Folkloreveranstaltungen auf der ganzen Welt selbst gerne mitzumachen. Er wusste nicht, dass sich nach nur geringem Zieren und Zögern die mehr oder weniger, meist weniger schönen Touristen und Touristinnen am Tanz beteiligten und sich auf Tonga, Taiwan, Tahiti oder in Tansania ungelenk nach den Trommelwirbeln der Eingeborenen bewegten. Die Einheimischen bemühen sich dabei zusätzlich, zur allgemeinen Belustigung sehr übergewichtige oder sonst auffällige oder groteske Erscheinungen für ihr Spielchen auf die Tanzfläche zu bringen.

Hier war allen außer Michael selbst klar, dass der junge,

linkische, blonde, allein stehende Struwelpeter, der sich zudem noch so exponiert an die Tanzfläche gesetzt hatte, Ziel und Opfer der Tanzmädchen werden würde. Obwohl er sich wehrte, wurde er von den beiden nackten Schönheiten auf die Bühne gezogen und zum Klang der Musik teilweise entkleidet. Von Erregung war bei Michael keine Spur mehr. Scham, ja Panik ergriffen von ihm Besitz. Unter dem Grölen der Touristen und dem Lachen der Mädchen konnte er schließlich entfliehen, sein Hemd in der Hand und im Stehen zahlend. Seine dunkelrote Gesichtsfarbe wurde nur langsam wieder blasser. Auf dem Parkplatz saß er im geöffnetem Auto und konnte nach einiger Zeit dann auch über die Situation und sich selbst lachen. Was sollte es? Niemand kannte ihn hier, und die Mädchen waren wirklich sehr hübsch gewesen. Aus dem Garten klang mit voller, wohltönender Stimme Harry Belafontes »This is my island in the sun …«

Michael beschloss, auf diesen Schreck in der Stadt noch ein kaltes Bier zu trinken, bevor er zu Miss Wellington zurückkehren wollte.

Die Stadt wirkte um diese Zeit verlassen. Erst nach längerem Suchen fand Michael ein Lokal, das geöffnet war. An der Tür war ein dauerndes Kommen und Gehen. Er stieg einige Treppenstufen hinunter. Laute Musik klang aus dem großen Kellerraum herauf. Der Türsteher schaute ihn eher überrascht und unfreundlich an, ließ ihn aber ohne ein Wort der Begrüßung passieren. Die Musik produzierte ein Discjockey, in den weitläufigen Kellerräumen standen auf allen Tischchen leere Rumflaschen mit brennenden Kerzen. Jetzt erkannte Michael, warum ihn der Portier so komisch angesehen hatte. Er war hier absolut fehl am Platze, denn das Publikum bestand fast ausnahmslos aus jungen, gut gebauten, teilweise sehr elegant gekleideten Schwarzen und auf der anderen Seite aus weißen Frauen jeden Alters, jeder Gewichtskategorie und jeder Schönheitsklasse. Die ungleichen Paare stampften entweder wie bei einem indianischen Kriegstanz umeinander herum oder krochen, eng umschlungen, fast ineinander hinein.

Einer der Barkeeper sagte Michael lachend, dass das alles Kanadierinnen wären. Ganze Flugzeugladungen würden hier auf Barbados zu einem Kurzurlaub abgeladen und die kräftigen und schönen schwarzen Jungen seien bei den Nordamerikanerinnen sehr beliebt. Er wüsste doch, Schwarze hätten ganz besondere Qualitäten. Michael fand sein breites Lachen nicht sympathisch und trank sein Bier aus.

Der Mond war aufgegangen, der warme Wind blies unverändert, die Straßen waren leer und der alte Mann an der Rezeption seines Hotels war froh, nach der Ankunft des letzten Hausgastes ins Bett gehen zu dürfen.

Das Frühstück auf der morgendlichen Terrasse war durch die Anwesenheit von mehreren amselgroßen, schwarz-gelben Vögeln kurzweilig. »Zuckerdiebe« nannte der Kellner sie, der ihm zur Hintergrundmusik tänzelnd, zwei Schritte vor, einen zurück, die Eier mit Speck servierte. Die Vögel beteiligten sich possierlich und frech am Frühstück und zogen gekonnt die Briefchen mit dem braunen Rohrzucker aus der Zuckerdose, um diese dann mit heftigem Kopfschütteln zu zerfetzen, um an den Zucker selbst herankommen zu können. Dass sie dabei auf dem Tischtuch aber auch Kleckse hinterließen, fand Michael weniger appetitlich.

Hedwig Bayer-Thompson vom TO war schon im Cocoshut und verabschiedete sich gerade von einem jungen, wettergebräunten Mädchen in ausgefransten Jeansshorts: »Also morgen um 10.00 Uhr hier, ich fahre euch zur Fordwerkstatt, nein, die Taxe könnt ihr euch sparen, ich muss sowieso in diese Richtung.«

Frau Thompson war zierlich, etwa 60 Jahre alt und Michael fand, dass sie mit ihren kurzen, grauen Haaren und in ihrem unscheinbaren, ärmellosen, blauen Leinenkleid weniger nach Kompetenz für Trans Ocean als nach dem Singkreis einer freikirchlichen, evangelischen Gemeinde oder einer Selbsterfahrungsgruppe aussah. Aber der äußere Schein trog.

Ihre Stimme klang ruhig und bestimmt, als sie das Gespräch begann: »Sie sind sicher Herr Hander, herzlich willkommen auf Barbados. Mein Mann hat mir von Ihrem Anruf erzählt.«

Sie setzten sich und bestellten einen Kaffee. Michael konnte nicht widerstehen, mehrere Stücke des gepressten, leckeren, braunen Würfelzuckers aus der Dose zu essen und begann, über sein Problem, seine ersten Ergebnisse und seine Fragen zu sprechen. Dabei hütete er sich aber natürlich davor, Frau Blacksmith von der Barclays Bank bloßzustellen. Frau Thompson hörte aufmerksam zu, betrachtete mit ihrer Brille eingehend die Fotos von Anna und den Schleussers. Sie schob sie zusammen, reichte sie Michael wieder zurück und schüttelte den Kopf:

»Nein, die drei habe ich bestimmt noch nie gesehen. Ich bekomme hier natürlich nicht alle Yachties zu Gesicht, aber in den letzten zwei Jahren, drei Deutsche, ein Schiff unter deutscher Flagge, das kann ich fast ausschließen. Ein illegaler Transport auf einer Yacht ist natürlich immer möglich und dafür machen die Beteiligten verständlicherweise auch keine Reklame. Wenn man erwischt wird, können die Inselstaaten sehr kleinlich sein, sie nehmen ihre Rechte sehr wichtig, weil sie ja sonst nicht so recht wichtig sind. Sie werden als selbstständige Staaten gerne für voll genommen, und es ist ja auch berechtigt, verhindern zu wollen, dass abgebrannte Hippies hier der Bevölkerung zur Last fallen.«

Michael war enttäuscht. Ein wenig hatte er doch gehofft, hier eine Spur zu finden. Frau Thompson fragte, wie lange Michael auf der Insel bleiben wolle, sie würde ihn gerne heute Abend zu sich nach Hause zum Essen einladen. Ihr Mann wäre sicher froh, einmal wieder einen Deutschen zu sprechen, der nicht nur am Segeln und an billigen Einkaufsmöglichkeiten auf Barbados interessiert sei. Michael nahm die Einladung gerne an, gab aber zu bedenken, dass auch er ein begeisterter Segler wäre, ein Boot auf der Elbe habe und nur deshalb nicht in verwaschenen Jeans herumlaufen würde, weil er sozusagen bei der Arbeit wäre.

Frau Thompson lachte, einen weiteren Segler würde ihr

Mann auch noch verkraften. Sie erklärte, wo sie wohnte und fragte ihn, ob er Salat und Auflauf von Lammfleisch mögen würde. Das Fleisch sei zwar aus Neuseeland, das Rezept aber von der Insel und auch ihr Mann würde es gerne essen. Michael fand Frau Thompson überaus sympathisch und freute sich schon auf den Abend.

Für den nächsten Tag einen Flug nach St. Andrew zu bekommen, war leichter als Michael erwartet hatte. Eine kleine Maschine der allgegenwärtigen Fluggesellschaft »Liat« sollte ihn über Union Island nach St. Andrew bringen.

Miss Wellington war traurig, als sich Michael vom Abendessen abmeldete und noch trauriger, als er sagte, dass er für ein bis zwei Tage nach St. Andrew fliegen müsse. Sein Hotel wollte er natürlich behalten, schließlich war es für 14 Tage bezahlt, er wolle telefonisch mit ihr in Kontakt bleiben. Dass er Barbados nicht nach ein bis zwei Tagen, sondern überhaupt nicht wiedersehen sollte, damit konnte er zu diesem Zeitpunkt nicht rechnen.

Dann rief Michael endlich mal wieder seinen Chef an. In Deutschland war Vormittag, Herr Broll hatte bereits auf Michaels Anruf gewartet. Die Verbindung war gut wie bei einem Ortsgespräch. Er hörte interessiert zu, was Michael zu berichten hatte, der den Abend im Hilton natürlich verschwieg – ein wenig schämte er sich immer noch. Herr Broll freute sich darüber, dass Michael den wahrscheinlichen Aufenthaltsort der Schleussers herausgefunden hatte und dass vielleicht vom Geld der Versicherungssumme noch etwas vorhanden sein würde. Er bat Michael, vorsichtig zu sein und teilte ihm noch mit, dass sich die Hamburger Polizei bei ihm nicht mehr gemeldet habe.

Dass Herr Broll gegen die weitere Suche Michaels keinerlei Einwände hatte, war diesem sehr recht. Das ist die beste Dienstreise, vielleicht die beste Reise, die ich je gemacht habe, dachte Michael bei sich. Er freute sich auf das Abenteuer St. Andrew und überlegte, was er Frau Thompson heute

Abend als Gastgeschenk mitbringen könnte. Miss Wellington schlug Parfum vor, die Läden hätten bis 22.00 Uhr geöffnet, und Michael fiel auch nach langem Nachdenken absolut nichts Besseres ein.

Das Haus der Thompsons war ein kleiner, schlichter, zurückliegender Bungalow mit einem gepflegten, tropischen Garten, der so aussah, als ob er schon vor einigen Jahren angelegt worden war. Michael erkannte Oleander, Bougainvillea und Weihnachtssterne, die anderen Blüten waren ihm unbekannt. Sie alle verströmten mit denen der angrenzenden Grundstücke in der einsetzenden Dämmerung einen betörenden, sinnlichen Geruch.

Beim Öffnen der Tür erlebte Michael eine Überraschung, Herr Thompson war ein Farbiger. Wie seine Frau um die 60 Jahre alt, schlank, aufrecht, kahl, hatte er ein ansteckendes Lachen und bat Michael herein. Sein Deutsch sei früher besser gewesen, als er einige Jahre, zum Schluss als Sergeant, bei der Britischen Rheinarmee bei Mönchengladbach stationiert gewesen war, daher auch sein rheinischer Akzent. Seine Frau wäre aus Krefeld, und es hätte ihn viel Überredungskunst gekostet, sie am Ende seiner 12-jährigen Dienstzeit mit auf seine Heimatinsel Barbados zu bekommen. Frau Thompson trat unter dem Abbinden einer weißen Schürze aus der Küche, brachte eine Wolke von köstlichem Essensgeruch mit heraus und nahm anscheinend erfreut Michaels Parfum entgegen. Sie erzählte, dass ihr Sohn in London in einer großen Anwaltskanzlei arbeite und dort auch bleiben wolle, ihre Tochter lebe hier auf der Insel und sei mit einem Regierungsbeamten verheiratet. Sie zeigte auf den Sims des künstlich flackernden Kamins, auf dem eine Reihe von süßen, kleinen, café-au-lait-farbenen Enkelkindern den Betrachter anlächelten. Herr Thompson übernahm wieder das Gespräch, eigentlich hätten sie lieber in England oder Deutschland auch wegen der besseren Berufschancen für die Kinder bleiben wollen, er hätte aber für Barbados ein ganz besonders gutes Stellenangebot bekommen, zu dem er nicht hatte nein sagen können.

Der Staat Barbados versuche seit einiger Zeit recht erfolgreich, durch Vorteile wie Steuererleichterungen, Hilfe bei der Immobilienanmietung und vor allem mit dem Angebot von sehr preiswerter Arbeitskraft bei fast britischer Ordnung sowie einer für die Region hervorragenden Infrastruktur ausländische Investoren auch aus Deutschland ins Land zu locken. Die ausländischen Niederlassungen müssten lediglich einen Einheimischen als örtlichen Geschäftsführer einstellen. Und so einer hatte er werden können. Die mittelständische Firma, für die er arbeite, würde im Schwarzwald liegen und sei unter anderem auch als Zulieferer für die amerikanische Autoindustrie tätig. Zusätzlich sei diese Auslagerung der Produktion sinnvoll, da Barbados im Dollarraum liege und somit keine Kursschwankungen wie mit den europäischen Währungen bestehen würden. Die Bedingungen für die einheimischen Arbeitnehmerinnen seien gemessen am örtlichen Standard sehr günstig und so säßen dann die eifrigen Mädchen und Frauen aus Barbados in ihren weißen Kitteln an den Arbeitstischen und stellten Federn für Ford und General Motors in Detroit für ein junges, tüchtiges, schwäbisches Unternehmerbrüderpaar her.

»Was trinken Sie?« Herr Thompson kam zur Sache. »Wahrscheinlich haben Sie selbst in der kurzen Zeit, in der Sie hier sind, diese süßen, karibischen Cocktails satt. Ich bevorzuge einen schottischen Whisky.«

Michael stimmte höflich zu, obwohl ihm die Kokos-Fruchtsaft-Rumcocktails bisher alle sehr gut geschmeckt hatten.

Ein rheinisch sprechender Schwarzer vor einem künstlichen, britischen Kamin, der Duft von neuseeländischem Lammfleisch aus der Küche, schottischer Whisky in der Hand und über ihm die rauschenden Kokospalmen – es war ein durchweg besonderer Abend.

Der Lammauflauf mit kleinen, fast süßen Kartoffeln war besonders durch die Kräuter und Gewürze, die Frau Thompson benutzt hatte, delikat. Zum Nachtisch gab es gebratene Minibananen, reif und mit schwarzem Rum flambiert, der natürlich aus Barbados stammte. Michael hatte bald gelernt, dass die Kenntnisse über Rum in Deutschland sehr gering waren und es hier, vergleichbar mit den verschiedenen Weinsorten in Europa, eine ganze Palette von unterschiedlich aussehenden und schmeckenden Rumspezialitäten gab. Und er war sich so wie ein Einwohner Frieslands oder Vorpommerns vorgekommen, der Baden oder Burgund besucht und bisher bei der Unterscheidung von Wein lediglich an Rot- oder Weißwein gedacht hatte.

Herr Thompson redete viel und am liebsten von der deutschen Fußballbundesliga. Er war ein Fan von Borussia Mönchengladbach und verfolgte die Siege und Niederlagen der Gladbacher trotz meist später Information immer noch mit Interesse. Michaels HSV ließ er erst gar nicht gelten.

Frau Thompson erklärte, wie sie zu ihrem Engagement für Trans Ocean gekommen sei. Als junges Mädchen hatte sie zu einer Gruppe von Seglerinnen und Seglern gehört, die viel Zeit in holländischen Gewässern und der Nordsee, aber vor allem auf dem Ijsselmeer ihre Ferien und Wochenenden verbracht hatten. Dabei gebrauchte sie augenzwinkernd für das Ijsselmeer den in rheinisch-westfälischen Seglerkreisen gebräuchlichen Namen, die Deutsche Bucht, eine Bezeichnung, die damals wie heute von den Holländern nicht gerade mit Begeisterung aufgenommen wurde und wird.

Der Abend war schnell zu Ende. Der Abschied war herzlich, Michael hatte das Gefühl, das reizende Paar schon viel länger zu kennen als einen Abend.

Der Flug nach Union Island am nächsten Morgen war ein Abenteuer. Das Flugzeug am Rande der Piste war eine kleine Cessna mit sechs Sitzen. Die Passagiere hatten von der Abfertigungshalle zu Fuß zum Flugzeug laufen müssen. Sie waren fünf, drei amerikanische Touristen, ein Einheimischer, der mit seinem Aktenkoffer wie ein Geschäftsmann oder Vertreter aussah und Michael. Die kurzberockte Flughafenangestellte führte sie zur Maschine, wo sie Zeugen einer Auseinandersetzung zwischen den in Overalls gekleideten Männern, die das Flugzeug gewartet hatten, und dem amerikanisch sprechenden Piloten wurden. Dieser, im kurzärmeligen Hemd mit ausgeblichenen Goldlitzen auf den Schultern und mit Bürstenhaarschnitt, beschimpfte lautstark und kopfschüttelnd die beiden Mechaniker. Sie hätten die Hälfte ihrer Arbeit vergessen und den Rest falsch gemacht.

Diese Episode baute bei den Reisenden kein besonders großes Vertrauen in ihr Transportmittel auf, aber dennoch stiegen schließlich alle ein. Im Flugzeug vergaß Michael rasch seine anfänglichen Bedenken, da der niedrige Flug über dem tiefblauen Meer so beeindruckend war. Damit man eine besonders schöne Brandung an einem Korallenriff oder einen gleißend weißen Strand mit hellgrünem Wasser besser sehen oder fotografieren konnte, legte der Pilot die Maschine auch schon mal auf die Seite oder flog eine Kurve oder einen Kreis.

Michael erkannte die vier Tobago Cays, kleine, unbewohnte Inseln, grün-tropisch bewachsen, umgeben von hellem Korallensand in blauem Wasser. Sie sahen wie Edelsteine aus, Smaragde mit Weißgoldfassung in einem Meer von Saphiren. In Lee der Inselchen ankerten einige Yachten, die Besatzungen waren an Bord, mit dem Beiboot an Land oder im Wasser. Der Pilot flog sehr niedrig, und die Segler winkten. Eines der Schiffe war eine riesige Slup mit einem sicher 20 Meter langen Mast. Sehnsuchtsvoll blickte Michael hinunter und zählte sechs Salinge – am liebsten wäre er ausgestiegen.

Der Flughafen von Union Island war eine kleine Piste, die Bude war Tower und Abfertigungsterminal in einem. Der Pilot kündigte den Weiterflug nach St. Andrew in zwei Stunden an, der Geschäftsmann verließ sie. Den anderen empfahl der Pilot, inzwischen bei dem »verrückten Franzmann« einen Drink zu nehmen.

Union Island hatte einen sehr sicheren, ausgedehnten Naturhafen mit festem, weißem, fast steinfreiem Sand als Ankergrund. Das Betrachten der Boote, der Flaggen, das Beobachten der Segler fesselte Michael. Er spürte diesen besonderen dumpfen Druck in der Brust: Fernweh.

Schweden, Neuseeland, USA, Deutschland, Frankreich, Norwegen, Holland, der ganze Kosmos der Langzeitsegler gab sich hier ein Stelldichein. Mit dem »verrückten Franzosen« hatte der Pilot den exzentrischen Besitzer einer Hotelanlage gemeint, die malerisch in einem tropischen Garten lag. Die Zimmer vermietete er im Augenblick allerdings nicht, sondern betrieb eine weitläufige und hübsche Bar. Das Besondere an der Anlage war ein großes Becken. Kein Schwimmbecken, wie Michael gleich bemerkte, sondern ein hell gestrichenes Fischbecken, in dem sich zahlreiche Haie, auch Menschenhaie, tummelten. Mit dem Glas in der Hand konnte man nahe, sehr nahe, in die kleinen, kalten Augen und in die mit mehreren spitzen Zahnreihen bewehrten Mäuler schauen, wobei die Flossen klatschten und das Wasser spritzte. Die amerikanischen Mitflieger von Michael fanden das natürlich »very exciting« und verbrauchten eine Menge Film- und Videomaterial. Aber auch Michael hätte gerne Aufnahmen gemacht und ärgerte sich, seinen Fotoapparat im Gepäck im Flugzeug gelassen zu haben.

Beim Abflug zog der Pilot noch eine Steilkurve über der kleinen Insel und ihrem Hafen. Die Boote wurden rasch kleiner. Auf Wiedersehen, Union Island, dachte Michael.

Nach kurzer Zeit war St. Andrew in Sicht. Es sah von oben schon etwas anders aus als die Inseln, die Michael bis jetzt gesehen hatte. Die Strände erschienen, da die Insel jüngeren, vulkanischen Ursprungs ist, dunkel, fast schwarz. Der Pilot lachte und sagte fern jeder »political correctness«: »Ja, auf St. Andrew sind selbst die Schweine schwarz.«

Michael wurde erst später erklärt, was er damit gemeint hatte: den dunklen Strand und die dunkle Erde, dann, das sah man erst, wenn man auf der Insel über Land fuhr, die zahlreichen Hausschweine, die hier nicht rosa, sondern ebenfalls schwarz waren, und zum dritten, stellte Michael fest, gab es nur ganz wenig weiße Einwohner oder helle Mischlinge, fast alle waren dunkle Afrikaner.

Die puritanischen Engländer, sie hatten im Gegensatz zu den meisten anderen Inseln der Karibik, deren Besitzer häufig gewechselt hatten, St. Andrew annähernd konstant in ihrer Verwaltung gehabt, waren gegen eine Vermischung der Rassen gewesen, während man auf den anderen, besonders den französischen Inseln, ein ganzes Kaleidoskop von hellbraun bis tiefschwarz im Hautkolorit feststellen konnte.

Die Klimaanlage im Flughafen von St. Andrew funktionierte zur Zeit nicht, und Personal und Passagiere schwitzten gleichermaßen stark. Michael füllte die Einreisekarte aus und bezeichnete auf ihr den Zweck seiner Reise als Ferien. Er versuchte gleich, den Beamten der Flughafenpolizei, der ihn kontrollierte, nach den Schleussers zu fragen. Der sah sich die Fotos gar nicht an und sagte nur, dass das Immigration-Office nur vormittags für Besucher geöffnet sei und dass er bezweifle, dass man Michael dort Auskünfte über seine Freunde geben würde.

Draußen war die Luft besser. Der Taxifahrer, der ihm versprochen hatte, ihm ein gutes und preiswertes Zimmer zu vermitteln, war jung, fröhlich und zeigte bei seinem häufigen, gewinnenden Lachen schöne und, so schien es Michael, extrem weiße Zähne. Sein Wortschatz war ein bisschen einseitig. Genau genommen gab es anscheinend nur Dinge, die er entweder stark bejahte oder vehement ablehnte. Differenziertes hatte dazwischen keinen Platz. So waren die positiven Dinge alle »great«, »fantastic« oder zumindest »super« und die negativen »bloody« oder »fucking«.

Michael schaute aus dem Fenster. Direkt nach der gleichnamigen kleinen Hauptstadt St. Andrew begann der Dschungel. Die Luft erschien schwer und war fast unbewegt. Die Straße war schlecht, große und tiefe Schlaglöcher, die teilweise noch mit Wasser gefüllt waren, schüttelten den alten Ford mit seinen ausgeleierten Stoßdämpfern und damit auch seine Passagiere kräftig durch.

»Bloody fucking road«, grummelte Tom, der Fahrer, und grinste nur Sekunden später Michael fröhlich an. Undurchdringliches Grün folgte auf schroffe Felsen, Wasserfälle auf dunkle Strände. Michael sah einen Schwarm von blauen Papageien. Ihr Kreischen mischte sich in das Windgeräusch der Wipfel und in das der zeitweise nahen Brandung. Strahlend wies Tom auf die lauten bunten Vögel: »The greatest parrots of the whole Caribbean!« Einen Baumriesen erklärte ihm der Taxifahrer als Brotfruchtbaum, die großen, bunten Blumen auf den Bäumen seien Orchideen.

Tom brachte ihn nicht zu einem Hotel, sondern in ein Dorf zu einem größeren, flachen, gelben Haus in einem verwilderten Garten, auf dessen Dach ein Schild stand. »Rooms to rent«, las Michael. Wie sich jetzt herausstellte, gehörte es dem Taxifahrer selbst.Hier lebte er mit seiner Familie und vermietete zwei der Zimmer. Beide Räume waren frei, sauber und spartanisch eingerichtet. Die Klimaanlage war intakt, und der Mietpreis war niedrig. Bathseba, die Frau des Besitzers, eine breite, gewinnend lächelnde Madam, barfuß in einer rosafarbenen Kittelschürze, sei »the most fantastic cook of the island«, meinte Tom. Michael könne, wenn er wolle, auch gern hier bei ihm gut und preiswert zu Abend essen. Er holte einen Sechserpack Budweiser Bier aus dem Kühlschrank, riss sich und Michael je eine Dose auf und verabschiedete sich wieder, nachdem er sein Bier in zwei Zügen ausgetrunken hatte und Michael nicht gleich wieder mit zurück in die Stadt wollte. Michael setzte sich auf einen Schaukelstuhl auf die Veranda des Hauses und lauschte dem Geräusch der Palmblätter über sich und dem der Steelbandmusik, das von der Terrasse des Nachbarhauses herüberklang. Er trank langsam sein Bier aus und versuchte, mit dem kleinen Sohn des Hauses, einem strammen aber schüchternem Kind, der sich hinter einer Holzsäule versteckte, Kontakt aufzunehmen. Er war plötzlich sehr müde, die aufregenden Tage, die er hinter sich hatte, der Flug, die Hitze, das Bier, alles zusammen forderte seinen Tribut. Nachdem er die Klimaanlage gedrosselt hatte, legte er sich nur in Unterhose auf sein Bett und schlief ein.

Als er aufwachte war es schon dunkel und er wusste erst einmal nicht, wo er sich befand. Dann hatte er Hunger und Durst. Die Familie hatte mit dem Essen auf ihn gewartet. Bathseba hatte anscheinend etwas gekocht, dass es nicht alle Tage zu essen gab, und die Augen der Kinder waren groß, als sie auf die Teller schauten. Neben dem kleinen Sohn gab es noch eine hübsche 12-jährige Tochter, deren Bild in Schuluniform Michael am Nachmittag schon im Hause gesehen hatte.

Das Essen war wirklich gut, aber es passte nicht ganz zu den Temperaturen: Als ersten Gang gab es eine Fleischpastete in Teig mit sehr sauren Mixed Pickles, dann einen vorzüglichen, zarten Schweinebraten mit knuspriger Fettkruste und einer dicken, süß-scharfen Pflaumensauce mit Reis. Brotfrucht als Beilage an Stelle des Reis zu kochen, hatte sich Bathseba nicht getraut, weil sie nicht gewusst habe, ob Michael so etwas möge. Schade, dachte er, das hätte ich gerne ausprobiert.

Die beiden Männer tranken Bier, der Rest der Familie Wasser. Tom ging langsam aus sich heraus. Seine Frau räumte auf und verschwand in der Küche, die Kinder legten sich auf der anderen Seite der Terrasse vor den Fernseher, in dem eine alte, amerikanische Serie flimmerte, die Michael aus seiner Kindheit noch gut kannte, »Unsere kleine Farm«.

Tom klagte, dass sich die Insel in der Nachkolonialzeit nur langsam entwickelt habe. Die Schuld gab er »the bloody British and the fucking government«, worüber Michael inzwischen nur noch schnumzeln konnte. Doch die Fakten waren leider ernst: Es gäbe kaum Industrie und nur wenig Tourismus, die Arbeitslosigkeit sei sehr hoch, es würden viele Drogen genommen und natürlich spiele die Korruption eine verhängnisvolle Rolle. Michael tröstete ihn damit, dass es Korruption sehr wohl auch in Deutschland geben würde. Das konnte Tom kaum glauben, sein Deutschlandbild war zwar durch das amerikanische Fernsehen geprägt, in dem die Deutschen als bornierte Militaristen und Nazis, aber eben auch als korrekt und fleißig dargestellt werden.

Tom hatte nach dem Grund für Michaels Besuch auf

St. Andrew gefragt, und Michael hatte ihm wie bei der Behörde am Flughafen geantwortet, dass er zwar auch Freunde suche, die hierher gesegelt seien und deren Angehörige sich zu Hause Sorgen machten, weil sie lange nichts mehr von ihnen gehört hätten, der Hauptgrund seiner Reise wäre aber, Urlaub zu machen und die Karibik kennen zu lernen.

Tom drückte seine vielleicht zehnte Marlboro aus und überlegte. Wenn die drei Segler oder einer von ihnen jetzt auf St. Andrew oder St. Georg leben würden, könnte er das schon herausbekommen.

»Nein«, sagte er, »nicht durch Bestechung, aber die Tochter der Schwester meiner Mutter arbeitet in der Inselverwaltung … morgen früh könnte ich sie bitten, ihren Computer nach den drei Vermissten zu befragen. – A wonderful nice little present from you would be great for her.« Dazu rieb er grinsend Daumen und Zeigefinger aneinander – die internationale Geste für Geld.

Am Morgen klopfte Tom an Michaels Tür. Im Hause roch es anregend nach Kaffee, Speck und Spiegeleiern, und Michael blinzelte in guter Stimmung in die Morgensonne. Jenny, die kleine Tochter, zeigte ihm stolz ihr weißes Kaninchen. Die beiden Stupsnasen von Tier und Kind, schwarz und weiß, waren ein niedlicher Kontrast.

Tom drängte zum Aufbruch, er wollte zum Flughafen. Er hielt es nicht für klug, Mary, so hieß seine Cousine, vor den neugierigen Augen und Ohren ihrer Kolleginnen zu befragen und wollte sie lieber in die Caféteria des Verwaltungsgebäudes einladen.

Michael gab Tom die Bilder, auf deren Rückseite er inzwischen die Namen, Geburtstage und die letzten Adressen geschrieben hatte und fragte nach der Höhe des erwarteten Geschenkes. Tom dachte an zwanzig Dollar, Michael war mehr als einverstanden und nahm sich vor, nach Abschluss seines Aufenthaltes hier auch Tom mit einer Geldsumme zu bedenken. Es dauerte eine halbe Stunde bis Tom in Begleitung einer großen, langbeinigen Frau mit hohen Wangenknochen wiederkam. Mary trug eine modische hellblaue Brille und straff an den Kopf fixierte Haare mit einem kleinen Pferdeschwanz. Sie begrüßte Michael mit festem Handschlag. Sie hatte unglaublich lange und schlanke Finger, setzte sich und entschuldigte sich, dass es so lange gedauert habe. Aber ihre Zimmerkollegin wäre neugierig gewesen und erst nach längerer Zeit einmal verschwunden. So hatte sie mit dem Befragen des Computers warten müssen.

Sie gab die Bilder von Anna und Bernd Schleusser zurück und sagte: »Die beiden sind hier nie offiziell eingereist und die, sie zeigte auf Senta Schleusser, lebt hier, zumindest tat sie das noch vor fünf Wochen, als wir ihre befristete Aufenthaltserlaubnis um weitere sechs Monate verlängert haben.«

Mary strich sich ihre glatten Haare noch glatter, dabei klingelten an ihrem Arm zahlreiche, modische Armreifen. Sie fuhr fort: »Genauer gesagt, Frau Schleusser wohnt auf St. Georg, unserer kleinen Nachbarinsel. Sie ist legal von Dominica eingereist, konnte nachweisen, dass sie ausreichend Geld in ihrem Besitz hatte, sodass sie der Regierung hier nicht zur Last fallen würde und dass sie gesund sei. Außerdem hatte sie angekündigt, dass sie durch den Betrieb einer Cafébar Geld in St. Andrew investieren und Arbeitsplätze schaffen würde. Und so hat sie es auch gemacht. Die Bar in St. Georg läuft gut, den Namen kenne ich nicht, aber es wird auf der kleinen Insel sicher leicht sein, ihn herauszufinden. Sie hat sich hier nichts zu Schulden kommen lassen, soweit uns bekannt ist. Steckt sie in Schwierigkeiten?«

Michael beeilte sich zu versichern, dass er hier nur im Urlaub sei. Flüchtige Bekannte von ihm hätten ihn darum gebeten, sich einmal nach Senta zu erkundigen. Mary blickte ihn nachdenklich und freundlich an und glaubte ihm kein Wort.

Tom wurde unruhig, in wenigen Minuten kam die British Airways von Miami, und er wollte in der Ankunftshalle sein, um einen Fahrgast zu bekommen. Michael schaute ihn an, überlegte kurz und sagte, dass er ihn in den nächsten Stunden bezahlen wolle, er solle ihm zur Verfügung stehen und sich bitte wieder setzen. Michael schob Mary diskret eine Fünfzigdollarnote zu. Sie schaute sich kurz um, faltete den Geldschein zusammen und schob ihn in ihre kleine Gürteltasche. Wenn er später noch Fragen hätte, sollte er sich an Tom wenden, sie müsse sich jetzt wieder im Büro sehen lassen. Sie stand auf, winkte den beiden zu und stöckelte auf ihren hohen Schuhen mit ihren langen Beinen aus dem Raum. Wie eine Giraffe, dachte Michael.

Er bestellte noch ein Bier für Tom, einen Kaffee für sich und fragte: »Tom, wie komme ich jetzt auf dem schnellsten Wege nach St. Georg?«

Tom trank, überlegte nicht lange und erklärte Michael, dass das einfach sei. Alle zwei Tage, auch heute gegen 14.00 Uhr, ginge eine Inselfähre, »the old, fucking ferry-boat«, so Tom, von St. Andrew nach St. Georg, die könnten sie noch gut erreichen, auch wenn sie vorher noch bei ihm vorbeifahren und Michaels Sachen holen würden.

Die Fahrt ging wieder durch den dschungelartigen Wald, an den kleinen, schwarzen, verwunschen zwischen den Felsen liegenden Stränden vorbei und Tom erzählte von St. Georg.

St. Georg wäre klein, hätte nur etwa 5000 Einwohner, die meisten Leute dort wären arbeitslos, es gäbe ein wenig Landwirtschaft, Fischfang, viele arbeiteten im Ausland, die meisten davon in England. Touristen würden sich nur wenige nach St. Georg verirren, da die Insel nur einen richtigen Strand hätte, den allerdings auch nur mit dunklem Sand. St. Georg habe einen sehr guten Naturhafen, der seine beste Zeit gehabt hatte, als er der Unterschlupf von Piraten und der Umschlagplatz für ihre Beute gewesen war. Das sei aber lange her, inzwischen sei die Insel verschlafen und jeder kenne jeden. Sein Onkel Ezechiel und seine Tante Esther hätten ein kleines Hotel am einzigen Strand. Es wäre nicht luxuriös, aber sauber, und Tante Esther würde gut kochen. Das Hotel hieße »Goats Head View«, weil man von ihm aus das vorgelagerte, unbewohnte Inselchen Goats Head sehen würde. »Looks really like a fucking goat's head, man«, lachte Tom. Erst verstand

Michael nicht, was Tom damit meinte, aber dann fiel ihm ein, dass ›goat‹ Ziege bedeutet. Erleichtert stimmte er ein bewusst meckerndes Lachen an, in das Tom herzlich mit einfiel.

Bathseba war traurig, dass Michael nur eine Nacht bleiben konnte. Michael versprach wiederzukommen und rundete die ihm gering erscheinende Summe für Taxi, Zimmer und die Mahlzeiten großzügig auf.

Auf der Fahrt zum Hafen passierten sie ein sehr armes Viertel, in dem die Einwohner in teilweise auf Stelzen gebauten Bretterhütten hausten und unter denen die fast nackten, kleinen Kinder mit den schwarzen Schweinen spielten – der arrogante Pilot hatte also Recht gehabt. Bunte Wäsche flatterte im Wind, überall wucherten Blumen und Bananenstauden, sodass die freundliche Atmosphäre die Armut fast verdeckte.

Sie hatten den Hafen erreicht. An der Pier herrschte ein großes Durcheinander. Die *Victoria*, das Fährschiff, lag zwar schon da, aber nach einem baldigen Auslaufen sah es nicht aus.

Die *Victoria* war ein alter, rostiger Trampfrachter, auf dessen vordere Hälfte man zwei offene Passagierdecks geschweißt hatte, was seine Seetüchtigkeit durch die Verlegung des Schwerpunktes nach oben und durch die schlechtere Sicht von der Brücke aus nach vorn sicher nicht verbessert hatte. Die kreischenden Ladebäume luden Paletten mit Bier, Coca Cola, Zement, Dachziegeln und Gemüsekisten ein. Die Pier stand voll von Menschen, Lastwagen, Taxen, Motorrädern und kleinen Haufen von Frachtgut. Die Passagiere hatten viel Gepäck, viele Kinder und einige auch etliche lebende Hühner bei sich. Die Luft war erfüllt von Rufen, Schreien, Lachen, Schimpfen und Gackern. Michael ging an Bord, nachdem er eine spottbillige Fahrkarte an der Gangway erstanden hatte. Er suchte sich einen Platz im Schatten auf dem ersten Deck, stützte seine Unterarme auf die Reling, winkte dem davonbrausenden Tom zu und genoss das laute, bunte, exotische Treiben.

Er wusste nicht, warum er plötzlich an Ilona denken musste. Zu zweit eine solche Reise zu machen müsste doch noch viel schöner sein als allein, wo man niemanden auf etwas besonders Schönes, Interessantes oder Bizarres hinweisen konnte, dachte Michael.

Er hatte an der Pier versucht seinen Chef zu erreichen, aber in der Firma ging noch niemand an den Apparat. Nur der Anrufbeantworter, besprochen von Frau Gütig, der Vertreterin des Chefs, erklärte die Bürozeiten. Ihre etwas blecherne Stimme in dieser farbigen, lauten und heißen Umgebung zu hören, kam Michael außerordentlich seltsam, beinahe unpassend vor.

Dicke, ausgefranste Trossen wurden losgeworfen. Der Schornstein stieß eine kräftige Wolke von nicht ganz verbranntem Treibstoff in Form von Rußflocken aus, das Schiffshorn tutete einmal »lang« und die *Victoria* legte ab.

Sobald sie aus der Abdeckung der Insel heraus und den 5 bis 6 Windstärken des Passats und seinen Wellen ausgesetzt war, stampfte und überholte das kleine Fährschiff tüchtig, sodass die allgemeine Stimmung unter den Passagieren schnell kleinlauter wurde und Michael trotz der lediglich zwei Stunden dauernden Reise feststellen konnte, dass auch schwarze Haut blass und grün werden kann.

Der Hafen von St. Georg lag gut geschützt gegen die vorherrschenden Ostwinde hinter einer Landzunge. Bis auf kleinere Fischerboote war er leer, keine Yacht war zu sehen. Das Ausschiffen verlief zwar völlig ungeordnet, ging aber unglaublich schnell. Eine alte Taxe, ein rostiger, durchgesessener Chevrolet mit einem ebenfalls nicht jungen, weißbärtigen Schwarzen als Fahrer nahm ihn auf. Der Fahrer war neugierig, versuchte Michael auszufragen und redete im Gegenzug wie ein Wasserfall. So erfuhr Michael einiges über die Insel. Das Hotel Goats Head View sei bestimmt nicht voll belegt. Trotz der Hochsaison kämen Amerikaner kaum hierher, eher schon Europäer, meistens die ehemaligen Kolonialherren, die Briten, weil es hier billiger sei als anderswo und auch ursprünglicher.

Die Fahrt ging durch dichten Regenwald. Michael sah einzelne große, bunte Papageien, Kakaobäume, Bananenplantagen und wieder Dschungel. Es duftete nach Muskatnuss, Kokosöl, Kakao und Gewächshaus. Auf der anderen Seite der Bucht lag Georgetown, der Hauptort der Insel – Hauptstadt konnte man wirklich nicht sagen, bei den wenigen ein- bis zweistöckigen, meist mit Blech gedeckten, durchweg ärmlichen Häusern. Größere und besser gepflegte Gebäude waren das Rathaus und die Methodistenkirche, wie Michael im Vorbeifahren erkennen konnte. Dann sah man viele Bretterbuden auf Stelzen umgeben von Blumen, Müll, Wäsche, Schweinen und Kindern, die dem Taxi zuwinkten.

»Arme Leute«, bemerkte der Fahrer, »viele Männer arbeiten im Ausland und können nur selten herkommen. Viele kommen überhaupt nicht wieder, gehen in New York oder London eine neue Beziehung ein, haben neue Kinder und schicken dann nach einiger Zeit kein Geld mehr. Und die Frauen müssen es ausbaden. Verhungern muss zwar keiner, aber eine Aufstiegschance haben sie nicht, und ihre Kinder erst recht nicht, auch sie verschwinden irgendwann legal oder illegal in den großen Industrieländern.«

Michael war über die Bildung und die geschliffene Sprache des Fahrers Robert erstaunt und erfuhr, dass dieser im Hauptberuf Lehrer, genauer gesagt der stellvertretende Leiter der Mittelschule von St. Georg war und mit dem Taxifahren, der alte Wagen gehörte seinem Schwager, seine karge Bezahlung aufbesserte.

Robert versprach, täglich im Hotel bei Michael nachzufragen, ob und wann dieser einen Fahrer brauche und setzte ihn am Hotel ab, nicht ohne dass beide sich vergewissert hatten, dass für Michael ein Zimmer frei war.

Das Goats Head View gefiel Michael auf Anhieb. Es bestand aus mehreren mit Palmblättern gedeckten Bungalows. Das Haupthaus war zum Teil auf Stelzen über den Strand in einen lichten Kokospalmenwald hineingebaut. Alles war luftig und offen, die Hotelgäste wohnten in kleinen, frei stehenden Hütten mit Blick auf den Strand. Die Hütten bestanden aus Schlafzimmer, Bad und Terrasse, hatten eine Klimaanlage und

Mückengitter vor den Fenstern. Der Strand wirkte unsauber, war es aber nicht, lediglich die dunkle Vulkanaschenfarbe bewirkte diesen Effekt. Ab und zu fiel eine Kokosnuss herunter, was auf den Dächern einen erheblichen Lärm erzeugte und auf dem Weg zum Strand oder zum Haupthaus nicht eben ungefährlich war.

In der Rezeption hatten sich zwei hübsche, junge Mädchen aufgehalten, deren schon von weitem hörbares Lachen und Kichern eher zunahm, als sie Michael und seine lustige Frisur entdeckten. Wieder einmal wurde er rot, ärgerte sich darüber, woraufhin prompt noch mehr Blut in seinen Kopf schoss. Er sollte bald herausfinden, dass die beiden in ihren blauweißen Kitteln Lillibeth und Eve hießen. Lillibeth die größere, kräftigere und Eve die schmalere. Lillibeth zeigte Michael seine kleine Hütte, schaltete die Klimaanlage ein, erklärte die Funktion des Warmwasserboilers und den Verschlussmechanismus der Terrassentür. Ihr Kittel war eng, und sie roch nach einer süßlich-fruchtigen Seife.

Lillibeth sagte ihm, dass die Besitzer, die Verwandten von Tom aus St. Andrew, zur Zeit schliefen, aber zum Sundowner an der Terrassenbar wieder in Erscheinung treten würden. Im Hotel seien von 16 Hütten jetzt noch sechs frei, in den anderen würden nur ältere englische Paare wohnen – früher wären schon aufregendere Gäste hier gewesen, lächelte sie. Er würde sie bestimmt alle ab 18.00 Uhr in der Bar treffen.

Michael mochte das Mädchen auf Anhieb leiden. Er überwand seine Schüchternheit und fragte sie etwas aus. So erfuhr er, dass sie seit zwei Jahren im Hotel arbeiten und dass sie selbstverständlich von der Instel stammen würde. Ihre weiteste Reise sei einmal nach St. Andrew gewesen. Weiter weg müsste sie auch nicht, ihr gefalle es hier eigentlich ganz gut, zumal sie ja immer wieder außerordentlich nette Menschen im Hotel treffen würde. Als sie das sagte, lächelte sie Michael verschmitzt an. Wieder Erwarten wurde er diesmal aber nicht rot, sondern freute sich einfach über das nette kleine Kompliment.

Als Lillibeth gegangen war, wusch Michael sich die Hände, schaute in den Spiegel und fand, dass er deutlich anders aussehen würde als die Einwohner hier. Zum x-ten Mal versuchte er ohne Erfolg, die Haare seines Stirnwirbels mit Wasser an den Kopf zu klatschen, so wie Mary, die Beamtin auf St. Andrew, ihre krausen Haare. Schließlich gab er auf und schlenderte zum Haupthaus hinüber.

Die Bar war leer, was Michael ganz recht war, immerhin wollte er seinen Chef anrufen – und die Dinge, die sie zu besprechen hatten, waren nicht immer für alle Ohren gedacht. Herr Broll hatte schon auf seinen Anruf gewartet und freute sich mit ihm, dass die Spur von zumindest Senta Schleusser heiß zu sein schien. Sie überlegten zusammen, wie Michael weiter vorgehen sollte. Die deutsche Polizei jetzt schon einschalten wollten beide nicht. Sie einigten sich darauf, dass Michael zunächst einmal Kontakt mit der örtlichen Polizei aufnehmen sollte, um herauszubekommen, wo Bernd Schleusser war – weit konnte er doch eigentlich nicht sein? Michael solle, so meinte Herr Broll, sehr höflich und ganz informell mit der Polizei verhandeln. Anspruch auf irgendeine Form der Rechtshilfe bestehe nicht, so weit hatte sich Herr Broll bereits schlau gemacht. Insbesondere bestand kein Auslieferungsabkommen zwischen dem Staat St. Andrew und der Bundesrepublik Deutschland.

»Nein, Herr Hander«, meinte Herr Broll, »Frau Schleusser aufsuchen und zur Rede stellen, dazu ist es zu früh, wir wissen ja noch gar nichts über sie und ihr Umfeld. Ich würde sagen, Sie gehen jetzt erst mal gleich zur Polizei und versuchen, dort möglichst diplomatisch zu sein. – Wie? Das geht nicht? Warum nicht? Ach so, die Zeitverschiebung. Also morgen, und viel Glück!«

Die Bar begann sich zu füllen. Lillibeth hatte Recht gehabt, lauter grauhaarige, englische Paare. Eines war besonders eindrucksvoll: Sie erschien wie die alte Herzogin von Kent, während er den Typ des pensionierten Kolonialobersten mit weißer Schnurrbartbürste verkörperte – es fehlten ihm lediglich das Mahagonistöckchen unter dem Arm und die braunen Schaftstiefel.

Ein anderes Paar bestand aus zwei Schwulen um die Fünfzig, sehr gepflegt, sehr rücksichtsvoll, die liebevoll und diskret miteinander umgingen und von den anderen Paaren mit britischer Toleranz und Gelassenheit offensichtlich akzeptiert und in das Gespräch mit eingebunden wurden.

Dann trat Onkel Ezechiel auf. Zu sagen, er kam herein, wäre seinem Erscheinen nicht gerecht geworden. Groß, wuchtig, kahl, mit einer beigefarbenen Seidenpluderhose und einem gleichfarbigen Kasack, der mit roten Papageien bedruckt war, barfuß in Strohstrandschuhen mit Händen von der Größe seiner Barhockersitze, füllte er plötzlich den Raum. Er begrüßte Michael freundlich und stellte ihn den anderen Gästen vor, die alle nickten beziehungsweise ihr »nice to meet you« murmelten.

Michael bestellte sich eine Pinacolada und, weil er dann merkte, dass er eigentlich Durst hatte, noch ein Bier. Diese auffällige, unbritische Kombination wurde bemerkt und, wie er den Blicken entnehmen konnte, von den Übrigen nicht gebilligt. Hier tranken die Herren durchweg Whisky oder Brandy, für die Tropen etwas abgemildert durch einige Eiswürfel, und die Damen, auch der weibliche Part des gleichgeschlechtlichen Paares, nahmen einen großen, bunten Cocktail mit tropischen Früchten zu sich. Das Gespräch drehte sich um das Wetter, Erfahrungen mit den verschiedenen farbigen Dienstboten in den ehemaligen Kolonien, in denen die Gesprächsteilnehmer früher gearbeitet hatten oder aufgewachsen waren und, wie immer wenn vornehme Briten beisammen sind, um den Stuhlgang.

Michael hörte amüsiert und höflich zu, freute sich über die Zunahme der nahrhaften Gerüche, die aus der benachbarten Küche herüberdrangen und dann besonders über die Ehefrau von Ezechiel, die Mitbesitzerin des Hotels, Küchenchefin und, wie sich später herausstellen sollte, die Seele des Geschäftes, Esther.

In einem großen, sackförmigen, bodenlangen, ärmellosen, schwarzen Kleid mit auffallendem, buntem Blumenmuster wirkte sie wie ein am Boden stehender, in der Luft wabernder Fesselballon, aus dem schon ein Teil seiner Füllung abgelassen worden war. Dazu passten ihre weichen, schwappenden Bewegungen. Michael blickte fasziniert auf ihre Ellenbogen, die wie kleine Grübchen tief im fließenden Fett ihrer Arme verborgen waren. Sie brachte bestimmt das Gewicht ihres mächtigen Mannes auf die Waage. Lächelnd nickte sie allen zu und bat zu Tisch.

Die Gäste hatten sich wohl früher einmal auf eine gemeinsame Table d'hôte geeinigt, und so saß man an einer langen, bereits gedeckten Tafel. Das Dreitausendkalorienmenü hatte eine uneinheitliche Zusammensetzung: Salat aus Meeresfrüchten, Rinderfilet mit Keniaböhnchen, Bratkartoffeln und Minzesauce, Karamellpudding und Käseplatte.

Obwohl er zum Essen nur wenig Wein getrunken hatte, war Michael von den vielen neuen Eindrücken rechtschaffen müde und wollte gleich, nachdem er mit Ezechiel gesprochen hatte, ins Bett gehen. Er setzte sich auf einen Barhocker. Die anderen Gäste hatten ihre Getränke vom Esstisch mit zu den kleinen Tischen am Rande der über den Strand ragenden Veranda mitgenommen und erfreuten sich am Wind und dem Sternenschein.

Michael bestellte sich ein Bier und fragte den neugierigen Wirt nach dem Café von Senta Schleusser. Interessiert taxierte ihn Ezechiel:

»Eine Bekannte von Ihnen? Sie ist älter als Sie. Hm, sie hat vor etwa einem Jahr hier auf St. Georg eine kleine Bar aufgemacht, Sie müssten sie auf Ihrem Weg vom Hafen her eigentlich gesehen haben. Das Lokal heißt ›Weißer Kakadu‹ und Senta macht ihren Job gut. Der Laden ist klein, aber gepflegt, sie bietet neben Getränken auch kleine Snacks an, am besten und bekanntesten sind ihre Sandwiches aus dem deutschen Brot, das sie selber bäckt. – Einfach köstlich! – Und außerdem hat sie wohl auf der ganzen Insel die einzige Zapfanlage für

Fassbier, die funktioniert und bei der das Bier auch schmeckt. Ich denke es liegt daran, dass es bei ihr läuft, aber auch, weil sie gut kühlt, die Leitung reinigt und das Bier, das über Nacht in der Leitung steht, nicht verkauft, sondern wegschüttet. Nein, sie hat keinen Ehemann, bestimmt keinen Weißen, sie ist mit einem Farbigen aus Martinique zusammen, so einem langen, arroganten Scheiß-Froschfresser.«

Bei den letzten Worten zuckte Michael zusammen, so unerwartet kamen sie nach der durchweg positiven und geschliffenen Rede. Ezechiel grinste. Ob Michael denn nicht wüsste, dass alle Franzosen unehrlich seien und Frösche fressen würden? Michael verneinte.

Anschließend beschrieb Ezechiel ihm das zweigeschossige Haus, in dem unten der Weiße Kakadu wäre.

»Gehen Sie doch morgen einfach einmal dort vorbei, aber nicht abends, da müssen Sie natürlich hier sein, zur großen Feier.«

Michael war völlig entgangen, dass morgen ja Silvester war. Hamburg, Winter, Kälte, Weihnachten, Silvester waren weit, weit weg.

Doch bevor er an den Jahreswechsel denken konnte, wollte er morgen erst einmal versuchen, mit der örtlichen Polizei Kontakt aufzunehmen. Ezechiel blickte ihn misstrauisch an, Polizei? Polizei, die sei im Rathaus, Polizeichef, Revier, Verkehrspolizei, alles dort im Erdgeschoss.

Auf Michaels Frage riet er ihm davon ab, einen Mietwagen zu nehmen, die Entfernungen seien klein, und es wäre sicher günstiger, von Fall zu Fall eine Taxe zu bestellen, dann würde er sich auch nicht verfahren. Auf wie viel Uhr er Robert bestellen solle? Sie einigten sich auf 10.00 Uhr. »Vorher«, so Ezechiel, »erreichen Sie nirgendwo niemanden.«

Auf dem Weg zu seinem Bungalow sah Michael durch das Küchenfenster Esther, Lillibeth und Eve die Küche aufräumen. Lillibeth entdeckte den Beobachter im Dunkeln, lachte und winkte ihm zu. Michael schoss das Blut in den Kopf. Er schämte sich, trat zurück und ging schnell zu seiner Hütte.

Das Frühstück servierte Lillibeth. Beim Lächeln zeigten sich neben ihren Mundwinkeln kleine Grübchen und ihre Augen strahlten. Und wenn sie vor Michael etwas auf den Tisch stellte, sah man durch den Armausschnitt ihrer Arbeitsschürze den Ansatz ihrer großen, festen Brust. Sie wünschte guten Appetit, lächelte wieder und ließ beim Weggehen den süßen Geruch ihrer Seife zurück.

Der weißhaarige Lehrer Robert erwartete ihn bereits auf dem Parkplatz. Michael wollte zunächst ein Paar leichte Hosen und zwei kurzärmelige Hemden kaufen, mit so viel Wärme hatte er nicht gerechnet.

In dem Laden, in den ihn Robert führte, gab es alles, vom Angelhaken bis zur Holzkohle, vom Corned Beef bis zum Brautkleid. Das, was sich Michael an Kleidung vorgestellt hatte, gab es jedoch nicht. Robert beriet ihn, was hier sinnvoll, praktisch und seinen Preis wert wäre.

Die Räume des Policedepartements im Erdgeschoss hinten im Rathausgebäude waren fast leer. Türen und Fenster waren geöffnet. An der Decke drehten sich träge langflüglige Ventilatoren. Im letzten Raum hinten, von dem man eine Nebenstraße überblicken konnte, saß eine Person.

»Chieflieutenant White« stand auf der offenen Tür. Hinter einem kleinen, aufgeräumten Schreibtisch saß, obwohl er White hieß, ein athletischer Farbiger. Er schien etwa 50 Jahre alt zu sein und war gerade dabei, die Nägel seiner gepflegten Hände zu feilen. Als Michael anklopfte, blickte er kurz auf, änderte seinen ernsten Gesichtsausdruck nicht, erwiderte Michaels Gruß und fragte etwas spöttisch, womit er denn an diesem schönen Silvestertag dienen könne, ob Michael vielleicht seine Kreditkarte verloren hätte. Trotz der Hitze schien er in seinen engen Hosen nicht zu schwitzen und das Uniformhemd mit Rangabzeichen, Ordensspange und Namensschild saß perfekt.

Michael fragte, ob er auf dem Stuhl vor dem Schreibtisch Platz nehmen könnte. White machte eine Handbewegung, die man mit etwas gutem Willen auch als Einladung dazu deuten konnte. Dann erzählte Michael seine Geschichte. Auch dieses Mal ließ er ein paar Details seiner Nachforschungen weg, wie die Bankauskunft in Barbados und die der Ausländerbehörde in St. Andrew. Er schloss seine Ausführungen mit der Bitte, ihm doch zu helfen, vor allem auch Bernd Schleusser zu finden.

Auf die Bilder, die Michael White reichte, warf dieser nur einen kurzen Blick und schob sie dann zurück. Während Michaels Bericht hatte White wieder angefangen an seinen Fingernägeln zu feilen und dazu mehrfach aus dem Fenster geblickt. Sein Gesicht mit der hohen Stirn war die ganze Zeit unbewegt und ausdruckslos gewesen, nur unter dem Hemd hatte man das Spiel seiner durchtrainierten Muskeln sehen können. Am Ende fragte er Michael, ob dieser fertig und ob das alles sei. Als Michael dies bejahte, legte er seine Feile beiseite und nahm aus dem Becher vor ihm, in dem verschiedene Stifte und Schreiber standen, vier Bleistifte heraus, blickte Michael an und sagte: »Jetzt will ich Ihnen einmal sagen, was ich nicht leiden kann. Erstens Schnüffler, einerlei ob sie von einem Scheidungsanwalt oder einer Versicherung kommen, zweitens Leute, die sich in meine Angelegenheiten und Zuständigkeiten mischen, drittens Leute, die mir Arbeit machen und viertens ganz besonders wenig Weiße.«

Bei der Nennung jeder der vier Gruppen hatte er einen Bleistift auf seine Schreibunterlage gelegt. »Ich fasse zusammen«, fuhr er fort und nahm mit einem Griff alle vier Stifte in die rechte Hand und streckte sie in Richtung Michael.

»Was ich also am allerwenigsten leiden kann sind weiße Schnüffler, die sich mausig und mir Arbeit machen.«

Während er die Stifte in den Becher zurückgleiten ließ, rief er: »Benjamin!«

Benjamin war ein junger, freundlich, aber auch etwas dumm blickender Polizist mit Schlagstock, Pistolentasche und durchgeschwitztem Hemd.

White sagte zu Michael gewandt: »Aufstehen, an die Wand und keine Faxen!«

Und zu Benjamin: »Schau gründlich nach, ob der Schnüffler hier eine Knarre oder sonst etwas Verbotenes bei sich hat. Du wirst den Gentleman nachher auch in sein Hotel begleiten und seine Sachen durchsuchen. Wenn er eine Waffe hat, bringst du ihn in Handschellen zurück.«

Michael war an die Wand gegangen und hatte nach einigem Zögern, wie in einem Kriminalfilm, die Hände über sich an die Wand gelegt. Constable Benjamin hatte – ebenfalls wie im Kino – von innen gegen die Schuhe getreten, damit Michael breitbeiniger dastand, und durchsuchte ihn genau und ruppig, einschließlich eines schmerzhaften Griffes in die Hoden.

»Da is nix, Chief«, grinste er mit einem dummen Lächeln.

White schickte ihn hinaus. »Und jetzt zu Ihnen«, er musterte Michael. »Ich weiß nicht, ob Sie wirklich so blöd sind wie Sie aussehen. Sie haben wie Sie sagten bei der Einreise in unseren Staat angegeben, dass Sie hier Urlaub machen wollen. Das ist nicht verboten, das ist ausdrücklich erwünscht. Wenn Sie während Ihres Aufenthaltes einigen Leuten, ohne sie unter Druck zu setzen, ein paar Fragen stellen, kann ich das nicht verhindern, es ist auch nicht verboten. Sobald Sie sich aber Polizeibefugnisse anmaßen, Waffen tragen, Bürger einschüchtern, Amtsträger bestechen oder sonst irgendwie unangenehm auffallen oder stören, bringe ich Sie ins Gefängnis. Ich kann Ihnen sagen, verglichen mit dem Strafvollzug in Großbritannien, den ich kenne, wahrscheinlich ist er in Deutschland noch aufwändiger und humaner, ist das Gefängnis bei uns kein Sanatorium. Der Räume sind feucht und nicht klimatisiert, das Essen schlecht und einseitig, Erkrankungen häufig und die Sterblichkeitsrate hoch.«

Michael protestierte vorsichtig, er habe hier kein Gesetz gebrochen und habe das auch nicht vor. Das Einzige, was er gewollt habe, wäre ein wenig Unterstützung in Form einer Auskunft gewesen. Er wäre kein Privatdetektiv wie aus einem Agentenfilm und natürlich habe er auch in seinem Hotelzimmer keine Waffe.

»Ich will, Mr. White«, sagte Michael nun etwas entschiedener, »nur herausbekommen, wie der Versicherungsbetrug abgelaufen ist, ob noch Geld für meine Firma zu retten ist, und außerdem versuche ich, für die leidgeprüften Angehörigen eine Spur von Anna Schmitt zu finden. Falls mir das gelingt, komme ich natürlich zuerst zu Ihnen. Offiziell ist, das wissen Sie genau so gut wie ich, ein Haftbefehl oder eine Auslieferung sowieso nur auf dem Weg über die Außenministerien möglich.«

Chief White zeigte keinerlei Regung. Nach einer kurzen Pause sagte er: »Denken Sie daran, Sie sind der Tourist und ich bin der Polizist. Sie machen nichts, wirklich gar nichts ohne meine Zustimmung. Senta Schleusser ist in Ordnung. Bei ihr läuft alles korrekt, nichts ist auffällig. Ein weißer Ehemann war nie hier. Den Martinique-Neger hat sie etwa seit einem halben Jahr, aber der ist ebenfalls clean. Sie können ja mit ihr reden und ihr Fragen stellen. Aber sie ist nicht der Typ einer Betrügerin und für eine Weiße ist sie ganz sympathisch.«

Mit dem Ruf »Ben« und einer hinausdeutenden Kopfbewegung war die Unterhaltung beendet. Benjamin hatte kein Dienstfahrzeug, sondern stieg vorn in Roberts wartende Taxe ein und schickte Michael auf den Rücksitz.

Mit dem Polizisten an seiner Seite erregte er im Goats Head View bei Esther und Eve ein gewisses Aufsehen. Sie steckten die Köpfe zusammen und tuschelten mit der zu ihnen gekommenen Lillibeth.

In Michaels Bungalow fand der Constable weder eine Waffe noch Rauschgift. Er wurde freundlicher und begann sich auf der Rückfahrt zum Rhythmus der aus dem Autoradio dringenden Reggaemusik hin und her zu wiegen, bis er am Rathaus wieder abgesetzt wurde.

Michael lud seinen Fahrer zu einem Kaffee und einem Sandwich ein und schilderte ihm zumindest teilweise seine Probleme, schon allein, um seine Polizeikontakte zu erklären. Wieder einmal machte er sich zum Freund der Schmitt-

Täger-Familie, der im Rahmen seines Urlaubs hier auch nach Spuren von Anna suchen wolle.

Sie saßen in einer kleinen Bar, die nach außen offen war und nachts lediglich mit einem Gitter verschlossen werden konnte. Das Brot war mit Hühnerfleisch und einem dicken, kohlähnlichen Salatblatt belegt und schmeckte gut, und nach kurzer Beratung gönnten sich die beiden noch ein Bier.

Auf der Rückfahrt zum Hotel bat Michael Robert, beim Weißen Kakadu kurz anzuhalten.

Die Bar war klein, nur wenige Tische, sah aber gut aus und hatte einen weiten Blick auf die See. Der das Haus umgebende Garten war gepflegt, eine Synthese von Husum und Karibik, prächtig wuchernde Blumen und Stauden, aber akkurat eingefasst in Beete mit kleinen, dunklen Lavasteinen. Das Inventar war schlicht, passte aber zueinander. Auf den Tischen standen Vasen mit je einer hibiskusähnlichen Blüte, kein Mittelmeer- oder Karibikkitsch.

Bis auf einen alten, zahnlosen Mann, der ohne etwas zu verzehren an einem Tisch am Rande saß und sie nuschelnd begrüßte, war die Bar leer. Nach kurzer Zeit erschien eine kleine, drahtige, grauhaarige Farbige, die Michael misstrauisch musterte und Robert freundlich begrüßte. Senta sei leider verreist, sagte sie verschlossen. Erst nach dem Servieren des Kaffees und nachdem ihr Robert ein Kompliment gemacht hatte rückte Bess damit heraus, wo Senta sei.

Diese sei mit Pierre für einige Tage nach Martinique geflogen, um dort mit dessen Familie den Jahreswechsel zu feiern. Pierre sei der Freund von Senta und, vertraulich zu Robert, für einen Franzosen erstaunlich nett. Wahrscheinlich würden die beiden am 3. Januar wiederkommen. Sie hielte hier die Stellung, aber erfahrungsgemäß sei Silvester in den Kneipen nicht viel los, weil sich alle mit ihren Familien zu Hause volllaufen ließen.

Michael war enttäuscht und froh zugleich. Enttäuscht, dass er Senta Schleusser erst in einigen Tagen würde sehen und sprechen können, froh, dass er jetzt noch ein paar Tage in dieser unwirklichen, tropischen Umgebung bleiben durfte. Robert brachte ihn ins Hotel und sie wünschten sich ein gutes Neues Jahr.

Die Bar war leer. Am Telefon begrüßte Michael wieder einmal nur die Konservenstimme von Frau Gütig. Michael legte schnell auf. Sollte er Broll zu Hause anrufen? Broll hatte ihm eingeschärft, dies regelmäßig zu tun. Es meldete sich nach längerem Läuten eine ungnädige Frau Broll:

»Aber wissen Sie denn nicht, Herr Hander, was heute für ein Tag ist? Mein Gott, einmal im Jahr müsste man meinen Mann doch in Ruhe lassen können. Ja, wenn es so dringend ist, ich rufe ihn.«

Michaels Chef war freundlich und hörte sich an, was dieser zur Entwicklung des Falles zu sagen hatte. »Ja, ich bin natürlich einverstanden damit, dass Sie jetzt die drei Tage warten, bis Frau Schleusser wieder da ist. Die 14 Tage, die Sie gebucht haben, sind ja noch lange nicht vorüber. Melden Sie sich, wenn es etwas Neues gibt. Ein gutes Neues Jahr!«

Es war mittlerweile kurz nach 16 Uhr, der Silvesterabend mit der britischen Rentnertruppe stand ihm bevor. Michael war sehr müde, kehrte aber auf dem halben Weg zu seinem Bungalow noch einmal in die Bar und zum Telefon zurück, um mit seiner Mutter zu sprechen.

»Das ist aber lieb«, freute sie sich, »dass du an mich denkst. Das macht doch nichts, wenn ich heute Abend allein bin, ich werde fernsehen und wenn ich müde bin, gehe ich ins Bett, ob es nun schon 24.00 Uhr ist oder nicht. Pass auf dich auf!«

Rechtzeitig zum Sundowner war Michael wieder wach, er hatte wirres Zeug geträumt. Hand in Hand war er mit Lillibeth durch eine Dschungellandschaft geflüchtet, begleitet von großen, bunten, schreienden Papageien, verfolgt von Chief White, der ihn mit vier übergroßen Bleistiften in der Hand bedroht hatte.

Kritisch musterte Michael sich im Spiegel. Seine etwas zerknitterte, graue Kombination mit der roten Krawatte war das Vornehmste, das er mit auf die Reise genommen hatte.

In der Hotelbar merkte er, dass er gegen eine ungeschriebene Kleiderordnung verstoßen hatte. Alle Männer trugen weiße Dinnerjacketts, die zwar teilweise eng und nicht mehr modisch geschnitten erschienen, aber dem formellen Charakter des Silvesterdinners angemessen waren. Die Damen zeigten Seide, Chiffon und Dekolleté, Ezechiel war bei seiner gelben Seide geblieben, während Esther in einem wallenden, pinkfarbenen Traum daherwogte. Es wurde mehr getrunken und gelacht als gestern, es gab kein Menü und keine Tischordnung. Die Stereoanlage spielte laute Steelbandmusik, Esther hatte sich mit ihren fleißigen Küchenhelferinnen übertroffen und ein kaltes und warmes Büffet gezaubert, welches prachtvoll aussah und verführerisch duftete. Es bestand aus Salaten, Krebsen, Garnelen, Muscheln, Früchten, Käse, Schinken, einem ganzen Spanferkel, das Michael mit seinen toten Augen ein wenig traurig stimmte, einem großen Topf mit leise vor sich hinköchelndem scharfen Gulasch, kaltem Huhn, warmen Würsten, Roastbeef und vielem anderem mehr.

Die Gäste verhielten sich sehr diszipliniert und anders, als Michael es zum Beispiel von den Gesellschaftsabenden deutscher Versicherungskaufleute gewohnt war: Es wurde nicht gedrängelt, die Teller wurden nicht überladen und man half sich gegenseitig beim Vorlegen der Speisen. Obwohl der Alkoholpegel stieg, blieb man relativ leise und höflich. Michael hätte sich ein solches Silvesterfest früher gar nicht vorstellen können, noch weniger hätte er gedacht, einmal Teilnehmer eines solchen zu werden und am allerwenigsten hätte er geglaubt, dass es ihm auch noch Spaß gemacht haben würde.

Die »Herzogin von Kent« fragte ihn nach seinem Beruf, der älteste Teilnehmer hatte noch unter General Montgomery in Nordafrika gegen Feldmarschall Rommel gekämpft und fand, dass sich die Germans damals gut geschlagen hätten. Noch besser fand er, dass Michael Marineleutnant war. Esther verteilte lustige Hütchen, Knallbonbons wurden zerrissen, es wurde 24.00 Uhr, man stand auf, und für kurze Zeit übertönte das »God save the Queen« das Quaken der Baumfrösche.

Michael war mit aufgestanden und Ezechiel und Esther sangen laut und hingebungsvoll mit, obwohl die Kolonialzeit schon ein Vierteljahrhundert zurücklag. Nach dem Champagner zogen sich alle relativ rasch zurück. Michael schaute als letzter vom Verandaende ins dunkle, ruhige Meer, auf dem der Schein der unzähligen Sterne glänzte, und trank sein Glas aus, bevor er ebenfalls ins Bett ging.

In der Nacht fielen mit lautem Getöse zwei Kokosnüsse auf Michaels Hüttendach, doch er hörte es nicht und schlief weit in den Morgen hinein.

Als er wach wurde, machte er sich klar, dass er in den nächsten zwei Tagen frei hatte und nichts tun konnte und musste. Er verspürte trotz des leichten Katers ein großes Glücksgefühl. Er schlüpfte in seine Badehose und ging über die Terrasse zum Strand. Die Sonne stand schon hoch, er war allein, entfernt in Richtung Georgetown hörte er am Strand englische Laute. Das Wasser umspielte lau seine Beine, er tauchte ein, keine Brandung, nur eine geringe Dünung schaukelte ihn halb im Wasser liegend hin und her, und seine Kopfschmerzen verflogen. Das flaue Gefühl im Magen war einem handfesten Hunger gewichen, als er zur Hütte zurückkam. In der Zwischenzeit war Lillibeth damit beschäftigt gewesen, seinen kleinen Bungalow aufzuräumen. Michael blickte durch die Tür, als sie sich gerade über sein Bett bückte. Ihren runden Po und ihre Schenkel zu sehen und eine in seiner Badehose deutlich sichtbare Erektion zu bekommen war eins. Lillibeth schaute auf, sah ihn und seine Verlegenheit, versuchte unbefangen zu lächeln und sagte im Hinausgehen, dass sie später weitermachen würde. Michael stieg unter die kalte Dusche.

Ezechiel rief Robert für Michael an, der auch gerne am Feiertag arbeitete. Er zeigte Michael seine Insel, fuhr vorsichtig auf den teilweise unbefestigten Straßen, um sein altes Auto zu schonen. Über ein verfallenes, vom Urwald überwuchertes, verwunschenes Herrenhaus wusste Robert zu berichten, dass beim letzten Aufstand im 19. Jahrhundert die Sklaven ihre weiße Herrschaft einschließlich der Kleinkinder niedergemacht hätten und danach alle verurteilt und gehängt worden waren. Das Gutshaus sei nicht wieder aufgebaut worden, und die Zucker- und Bananenplantagen habe bald der Dschungel wieder geschluckt.

Wachsende Müllberge an den Straßenrändern kündigten stets zuverlässig die nächste kleine Besiedlung an. Die Häuser waren aus Holz, Plastik und Blech zusammengeschusterte Hütten. Auch hier winkten die Kinder freundlich.

An der Ostküste hörte die Straße plötzlich auf. »Wessas Point« stand auf einem schiefen Schild. Der Rand des ungesicherten Steilabbruches zum Meer ragte mit einem atemberaubenden Blick über das Wasser. Robert erzählte, dass der Überlieferung nach hier der dezimierte Rest der indianischen Urbevölkerung unter ihrem Häuptling Wessa mit Männern, Frauen und Kindern in die Tiefe gesprungen sei, um der Versklavung durch die Spanier zu entgehen. Im Geräusch der tief unten gegen die Felsen klatschenden Brandung und im Heulen des Windes würde man heute noch das Schreien der Männer und das Weinen der Frauen und Kinder hören. Michael konnte sich der eigenartigen und unheimlichen Stimmung dieses Ortes nicht entziehen.

»Mc. Donalds House« zum Schluss ihrer Rundfahrt war kein Restaurant der bekannten Fast-Food-Kette, sondern eine Bar, die zwischen Kakaobäumen und Lianen auf das entfernte Wasser blickte. Auf einer Stange vor dem Eingang saß ein gelbblauer Ara. Man nahm seinen Kaffee oder seinen Drink auf echten Walfischwirbelknochen sitzend zu sich. Mc. Donalds House hatte seinen Namen von seinem Erbauer, einem Walfänger, der es in hiesigen Gewässern zu Wohlstand gebracht und mit seiner jungen, eingeborenen Frau hier gelebt hatte. Er war ein wüster Trinker gewesen und hatte im Rausch seine Frau zu Tode gepeitscht und sich dann anschließend erhängt. Seitdem spuke er noch hier in der Gegend, besonders bei Neumond. Robert war voller Liebe aber auch voll tiefer Resignation, wenn er so über seine Insel, ihre Geschichte und ihre Zukunftsperspektiven sprach. Schweigend fuhren sie zu

Michaels Hotel zurück. Gegenüber, entfernt über dem Inselchen Goats Head, ging gerade ein Gewitter nieder. Die dunkle Insel und die schwarzen Wolken verschmolzen zu einer bedrohlich wirkenden, von Blitzen umzuckten Figur.

Kurz nachdem Michael vom Abendessen in seinen Bungalow zurückgekehrt war, kratzte es leise an seiner Tür. Es war Lillibeth, die hereinschlüpfte und hinter sich die Tür zuzog. Als Michael etwas stotterte, legte sie ihre Hand auf seinen Mund und flüsterte: »Oder willst du nicht, dass ich komme?«

Michael schüttelte den Kopf, Lillibeth stieg aus ihrem Kittel, unter dem sie keine weitere Kleidung trug, löschte das Licht, öffnete das Fenster, nachdem sie sich vergewissert hatte, dass das Mückengitter eingehängt war und stellte die Klimaanlage ab. Von der Beleuchtung der Verbindungswege zwischen den Gästebungalows drang genug Licht in das Zimmer und Michael, der auf der Bettkante wartete, hatte erstaunt und sehr erregt Lillibeths Bewegungen im Raum verfolgt. Das dichte, dunkle Büschel ihrer Schamhaare faszinierte ihn ebenso wie die Gegenlicht-Silhouette ihrer Brust mit den großen, aufgerichteten Brustwarzen. Als sie sich zu ihm aufs Bett setzte und nur leicht mit ihren Brüsten seinen Oberarm streifte, hatte Michael bereits einen Erguss. Zärtlich strich sie ihm mit ihrer Hand über den Kopf. »Das ist doch nicht schlimm«, flüsterte sie.

Dann stand sie auf, holte ein Handtuch aus dem Badezimmer und wischte ihn ab. Anschließend zog sie ihn auf das Bett, legte seine Hand auf ihre Brust, küsste seinen Hals und seufzte leise: »Ihr Männer seid immer so schnell, wir haben doch ganz viel Zeit.«

Es wurde die erste richtige Liebesnacht in Michaels Leben überhaupt. Geduld, hingebungsvolle Zärtlichkeit, heftige Bewegungen, leise Töne und lustvolle Laute, Lillibeth war eine unglaublich verständnisvolle und unegoistische Liebhaberin. Zwischendurch schliefen sie ein, schweißgebadet, aber trotz der Wärme eng aneinander geschmiegt. Und dann saß Lillibeth wieder plötzlich auf ihm oder liebkoste seinen Schoß.

Wenn sie einmal zur Toilette musste, ließ sie ganz zutraulich und familiär die Tür geöffnet und Michael sah im Halbdunkel gegen die hellen Fliesen des Badezimmers ihre dunklen Knie und hörte das fröhliche Strullern ihres Urins. Er war davon nicht unangenehm berührt, ganz im Gegenteil. Ihre Haut war wie schwarzer Samt, das klare Weiß ihrer Augäpfel und ihrer Zähne leuchtete, ihr Schweiß duftete herb und erregend, ihre Schamhaare waren wie die Locken des Kopfes nicht weich, sondern elastisch und kraus. Michael legte den Kopf in ihren Busen und konnte sein Glück kaum fassen. Ein Gefühl der Traurigkeit oder Ernüchterung nach dem Geschlechtsverkehr, wie er es mehrfach gelesen hatte, stellte sich nicht ein. Er empfand ihr Zusammensein von Stunde zu Stunde schöner. Dass er so etwas erleben konnte … er hatte schon lange nicht mehr daran geglaubt.

Als der Morgen graute, hörte er sie im Halbschlaf duschen. Dann verabschiedete sie sich von ihm, indem sie ihn mit ihrer Nase kitzelte und verschwand leise durch die Tür.

Nur langsam kam Michael zu sich. Er war glücklich und erschöpft, müde und hellwach zugleich, er war zerschlagen, fühlte sich aber dabei prickelnd leicht.

Am Strand ließ er sich vom warmen Karibikwasser tragen, lag auf dem Rücken im Sand, sah die dunkelrote Sonne aufgehen und blickte in die wehenden Blätter der sich im Wind biegenden Palmen. Wenige Minuten später war er eingeschlafen. Geweckt wurde er durch das besorgte Schwulenpaar, das ihn so vor einem schlimmen Sonnenbrand bewahrte. Nach dem Duschen blickte er in den Spiegel. Nein, das war nicht nur die Sonne, er fand, dass er anders aussah als gestern. Das ist natürlich nur Einbildung, dachte Michael, als er seine mit Robert gekaufte, neue weite Leinenhose anzog.

Nach dem Frühstück versuchte Ezechiel bei Robert anzurufen, der gerade unterwegs war. Seine Frau versprach, ihm auszurichten, sich gleich nach seiner Tour bei Michael zu melden. »Wir müssen die Schulferien, an denen mein Mann den ganzen Tag fahren kann, ausnützen«, sagte sie.

Lillibeth war nicht zu sehen, das Frühstück hatte eine verschwörerisch lächelnde Eve gebracht. Robert ließ auf sich warten, also setzte Michael sich in den Schatten einer Palme an den Strand und warf kleine Muscheln ins Wasser. Weiter draußen zog unter Vollzeug mit reichlich Lage eine Ketsch vorbei in Richtung Norden. Hamburg, Nautik-Versicherung, Schadensfreiheitsrabatte, Selbstbeteiligungen, der Ohlsdorfer Friedhof, ja selbst die Elbe und sein Club erschienen ihm sehr weit entfernt. Lediglich an seine kleine *Stormvogel* konnte Michael gut denken, sie wurde ja schon mit dem kabbeligen Elbwasser und der kurzen Ostseewelle gut fertig, umso mehr würde ihr hier die lange und gleichmäßige See gefallen. War ihm Lillibeth heute morgen aus dem Weg gegangen?

Robert rief ihn von der Restaurantveranda aus. Auf Michaels Bitte brachte er ihn noch einmal zum Weißen Kakadu. Fassbier gab es heute nicht, damit konnte nur die Chefin umgehen, aber die belegten Brote, die Bess servierte, waren sehr schmackhaft. Auf der kleinen Speisenkarte stand tatsächlich »Katenrauchschinken auf Roggenmischbrot« in einem ulkigen Englisch. Bess blickte schon weniger streng zu Michael hin und erzählte unaufgefordert, dass Senta angerufen habe, sie würde in zwei Tagen wieder hier sein. Michael schickte Robert nach Hause, die zwei Kilometer zum Hotel wollte er zurücklaufen, und außerdem wollte er ohne Roberts Anwesenheit Bess das Bild von Schleusser zeigen. Bess, die seit dem ersten Besuch, besonders durch Roberts Dabeisein viel freundlicher geworden war, verlor jede Mimik in ihrem Gesicht, als er ihr das Bild von Bernd Schleusser zeigte. Sie kenne diesen Mann nicht, gebe überhaupt keine Auskunft über Gäste, ob Michael von der Polizei wäre und ob Chief White wissen würde, was er hier mache. Michael versuchte, sie zu beruhigen, er würde sich nur im Auftrag der Angehörigen nach einem Freund erkundigen, und im Übrigen habe er Mr. White natürlich von seiner Suche unterrichtet. Bess sagte nichts mehr, war aber sichtlich beunruhigt und verschwand in der kleinen Küche hinter der Theke.

Der alte, zahnlose Mann, der schon bei Michaels erstem Besuch im Weißen Kakadu am Rande der Bar gesessen hatte, erwiderte auf Michaels Frage, dass er täglich hier sei und alle Leute der Insel kennen würde. Ob Michael ihm nicht ein Bier spendieren würde, da ließe es sich doch besser plaudern. Michael beeilte sich, ihm an der Theke bei einer finster blickenden Bess ein Bier zu besorgen und setzte sich zu ihm hin. Der alte Mann, er hieß William, ließ das Bier in einem kleinen und dann einem großen Schluck in sich hineinlaufen und sagte, dass er noch immer großen Durst habe, es müsse am heutigen Wetter liegen. Bess schüttelte wortlos den Kopf, als sie Michael die zweite Flasche aushändigte. William trank, rülpste nicht sehr diskret und sagte: »Ihnen wäre wohl gedient, wenn Sie den auf dem Bild finden würden, was? Was hat er denn ausgefressen?«

Michael beeilte sich zu versichern, dass der Betreffende nichts ausgefressen habe, dass er ihn aus familiären Gründen suchen würde und hielt William das Foto hin. William nahm es umständlich in die Hände, hielt das Bild erst weiter weg, dann näher an sich heran, legte es schließlich zurück auf den Tisch, beugte sich vor und flüsterte, damit Bess nicht mithören konnte: »Ganz sicher, der kommt oft her, den kenne ich, soll ich ihm was ausrichten? Sie kommen am besten regelmäßig vorbei, und ich berichte Ihnen.«

Michael strahlte. Das war der Durchbruch, endlich. Er bestellte für William ein drittes Bier, zahlte und ging zurück in Richtung seines Hotels. Auf der Straße war kaum Verkehr. Die Sonne brannte gnadenlos, und die zwei Kilometer kamen Michael sehr lang vor.

Wie am Vorabend kratzte es kurz nach 22.00 Uhr an seiner Tür. Lillibeth war gerannt und etwas atemlos. Sie nahmen sich in den Arm und ließen sich lange nicht los. Michael flüsterte leise: »Ich hatte schon Angst, du würdest nicht kommen.«

Wieder konnte er sein Glück kaum fassen. Sie entkleideten sich rasch. Die zweite Nacht mit Lillibeth war noch schöner als die vergangene. Michael hatte das Gefühl, dass diesmal nicht nur er der Nehmende und sie die Gebende war, wenn sie mit leicht geöffnetem Mund und halbgeschlossenen, etwas verdrehten Augen unter ihm stöhnte. Lillibeths Krauskopf an seiner Brust, sie gleichmäßig im Schlaf atmend, ihren warmen Geruch in seiner Nase, warum konnte es nicht immer so sein? Warum eigentlich nicht?

Am Morgen konnten sie sich gar nicht voneinander trennen, immer wieder küssten sie sich zum Abschied, bis Lillibeth ihn schließlich seufzend von sich schob. Als Michael gegen 11.00 Uhr das Büro von Chief White betrat, schien dieser nicht überrascht zu sein.

»Der Schnüffler«, gähnte er und reckte sich auf seinem Stuhl, »was darf es denn heute sein? Soll Benjamin Ihnen noch mal kräftig in die Eier greifen?« White lachte rau.

Michael überhörte den unfreundlichen Empfang. »Mr. White, ich habe einen Zeugen, der Herrn Schleusser spontan erkannt und mehrfach hier auf der Insel gesehen hat. Damit dürfte er ja wohl gegen die hiesigen Einreisebestimmungen verstoßen haben und Sie haben eine Handhabe, ihn zu verhören oder festzunehmen.«

White verzog keine Miene. Unbeeindruckt fragte er: »Wer ist denn dieser Zeuge?«

Michael antwortete eifrig: »Er heißt William, ich habe ihn im Weißen Kakadu getroffen, und er hat Schleusser einwandfrei nach meinem Bild identifiziert.«

White lächelte: »So so, einwandfrei identifiziert, sagen Sie, William im Kakadu.«

Er blickte auf seine Uhr und rief in den Nebenraum: »Ben, ich bin für eine gute Stunde weg«, und an Michael gewendet, »junger Mann, Sie dürfen mich zum Lunch im Kakadu einladen, dort sprechen wir mit Ihrem Zeugen. Sie haben ihm nicht zufällig ein Bier ausgegeben?«

Michael war verwirrt, was habe das mit der Zeugenaussage zu tun?

Chief White und Robert mochten sich offensichtlich nicht, so verlief die Fahrt schweigend.

»Hallo Bess, na Will«, rief White fröhlich, als er den Kakadu betrat. Er setzte sich an Williams Tisch, winkte Michael heran und fragte: »Wie geht es denn so?«

William schaute unglücklich drein, rutschte auf seinem Stuhl hin und her und sagte etwas gepresst: »Sie wissen doch, Chief, nicht so besonders.«

White holte sein Notizbuch heraus, klappte zwei weiße, unbeschriebene Seiten auf und hielt sie William vor die Nase. Ob er den Typen hier kennen würde? William kratzte sich am Kinn und fragte, ob er ihn kennen müsste, bekannt vorkommen würde er ihm schon, aber in der letzten Zeit glaube er nicht, ihn gesehen zu haben.

White hielt Michael die leeren Blätter hin, klappte dann sein Notizbuch zu, setzte sich an einen Tisch in einiger Entfernung von William und rief Bess zu:

»Ein doppeltes Hühnersandwich mit dem dunklen Brot, eine doppelte Portion von dem deutschen Kartoffelsalat und ein Bier.« Zu Michael machte er eine einladende Bewegung, sich ebenfalls zu setzen.

»William«, sagte er und trank einen großen Schluck Bier, »William ist schon lange so gut wie blind, er erkennt nur noch hell und dunkel. Für ein oder gar zwei Bier verkauft der seine Seele. Er hat Ihr Interesse an dieser Angelegenheit gespürt und für sich ein paar Drinks herausgeschlagen. Für ein weiteres Bier würde er heute auch die Jungfrau von Orléans gesehen haben, und zwar quicklebendig hier in der Bar.«

Michael war sehr enttäuscht. Er ließ sein belegtes Brot halb gegessen liegen, während White systematisch alles aufaß, mit dem Messer den letzten Rest Kartoffelsalat auf die Gabel schabte, ableckte und aufstand.

»Bess, der Gentleman hier zahlt. Ihr Chauffeur«, wandte er sich ironisch zu Michael, »darf mich jetzt auf die Wache fahren.«

Im Wagen, er saß vorn, lehnte er sich zu Michael zurück: »Ich habe Ihnen bereits gesagt, Senta hat hier nichts verbrochen, lassen Sie sie in Ruhe. Reden Sie meinetwegen mit ihr nach ihrer Rückkehr morgen, aber dann machen Sie die Fliege und lassen uns in unserem tropischen Paradies allein.«

Der Nachmittag wurde Michael lang, nicht einmal das Treffen in der Bar zum Sundowner mit den Engländern fand er heute witzig. Und selbst das gute und reichliche Abendessen erschien ihm merkwürdig fade.

Endlich, kurz vor 23.00 Uhr, kam Lillibeth. Sie hatte eine Flasche kalten Rosé stibitzt. In Ermangelung von Gläsern tranken sie den Wein aus der Flasche. Als sie sich geliebt hatten und Lillibeths Kopf auf Michaels Schulter lag, ihre Hand seinen Schopf kraulte und beide noch schwer atmeten, hörte Michael sich sagen: »Lilli, willst du meine Frau werden?«

Lillibeths weicher und angeschmiegter Körper erstarrte, und sie hörte auf ihn zu streicheln. Nach einer Ewigkeit löste sich ihre Anspannung wieder, sie richtete sich auf, nahm Michaels Kopf an den Ohren in beide Hände, schüttelte ihn sanft und sagte: »Du dummer, dummer, dummer Junge. Wie stellst du dir das denn vor? Du bist ein wohlhabender Weißer in guten Verhältnissen, ich bin ein ungebildetes Negermädchen. Seit ich sieben Jahre alt bin, hat sich mein Vater nicht mehr bei uns blicken lassen, er fährt irgendwo in England Taxi. Meine Mutter ist eine dicke Negerin, die mit ihren 40 Jahren wie 60 aussieht und nicht lesen und schreiben kann. Auch ich bin nur vier Jahre zur Schule gegangen und weiß wenig von der Welt. Wo sollen wir leben? Hier? Du würdest keine richtige Arbeit finden, du würdest wie die meisten Weißen, die so etwas Unüberlegtes getan haben – eine Eingeborene heiraten! –, bald anfangen zu trinken und mich zu hassen. Oder soll ich mit nach Deutschland kommen? Du würdest dich bald mit mir schämen. Nein«, sie küsste ihn auf die Nase, »mich heiraten würde dir und auch mir ganz schlecht bekommen. Aber, dass du mich gefragt hast, war sehr, sehr lieb.«

Auch bei der schwachen Beleuchtung sah Michael in ihren Augen Tränen glitzern. Sein warmes, zärtliches Gefühl für sie wurde noch stärker. Indem er ihre Wange streichelte sprach er: »Aber ich könnte hier doch mit dir zusammen eine

Charterbasis für Segelboote gründen und Beruf und Hobby miteinander verbinden.«

Lillibeth schüttelte den Kopf und legte ihre Hand auf seinen Mund. Sie tranken den Rest des lauwarmen Rosé und Lillibeth drängte sich an ihn. Am Morgen wirkte sie merkwürdig traurig, kehrte zweimal um, um ihn noch einmal in den Arm zu nehmen und verschwand dann schließlich in den blühenden Büschen.

Der Morgen war schwül und der Himmel mit Wolken bedeckt. Gegen 9.00 Uhr ging ein Schauer über St. Georg nieder. Die Sonne, die sich danach durch die Wolken kämpfte, stach regelrecht.

Beim Frühstück druckste Eve ein wenig herum und flüsterte Michael schließlich zu, als sie unbeobachtet waren, dass sie eine Botschaft von Lillibeth hätte und sie kurz nach 10.00 Uhr in seinen Bungalow kommen würde.

Unruhig lief Michael auf seiner Terrasse auf und ab. Endlich klopfte es, Eve stand in der Tür, wollte aber nicht hereinkommen oder sich setzen. Sie schaute bedrückt auf den Boden, als sie berichtete: »Lillibeth lässt Sie grüßen, ich soll Ihnen sagen, dass sie Sie sehr lieb hat, aber dass sie beide sich nicht mehr sehen können. Ihr … ihr Freund kommt heute nach St. Georg zurück, Lillibeth hat es gerade erfahren. Er hat auf einem amerikanischen Kreuzfahrtschiff in der Küche gearbeitet und sich dort verbrannt. Die Reederei hat ihn bezahlt und gleich entlassen. Es geht ihm schlecht, und Lillibeth muss sich jetzt um ihn kümmern. Sie will es. Morgen kommt ihre jüngere Schwester hierher und übernimmt ihre Arbeit. Ich muss jetzt zurück ins Haupthaus. Ich glaube es tut Lillibeth sehr Leid.«

Michael sah auf sein zerwühltes Bett und die leere Roséflasche im Papierkorb, setzte sich auf einen Terrassenstuhl und schämte sich nicht, dass er weinen musste.

Gegen Abend, überlegte Michael, wird sich Frau Schleusser hier schon wieder so weit eingelebt haben, dass sie Zeit haben wird, mit mir zu reden. Er hatte sich in den letzten Tagen schon mehrere Taktiken überlegt, wie er im Gespräch vorgehen sollte und sich jetzt für den geraden Weg, die Wahrheit, entschieden, was den Versicherungsfall anging. Von Anna wollte er zunächst nicht sprechen.

Robert setzte ihn ab, hatte in der Stadt noch eine Fahrt und wollte ihn später wieder abholen. Nach der Nachricht von Lillibeth fühlte sich Michael abgestumpft und gleichgültig, der Schleusserfall interessierte ihn nur noch am Rande. Er verspürte ein taubes Gefühl in der Brust und im Kopf, heute konnte ihn nichts mehr so recht erschüttern.

Senta saß an einem Tisch mit Papieren und schrieb, als er auf die Terrasse kam. Sie hatte nach wie vor kurze Haare wie auf dem Foto, das Michael besaß, war schlank, diskret geschminkt und sah mit ihrem schulterfreien Hängerchen gepflegt und durchaus attraktiv aus. Sie hatte ihn, wohl vorgewarnt durch Bess, schon erwartet. Sie sprach gleich auf Deutsch: »Sie haben mich gesucht? Wer sind Sie und was wollen Sie von mir? Sie haben Bilder hier herumgezeigt, die Polizei war hier?«

Sie stellte die Fragen so schnell hintereinander, dass Michael sie nicht beantworten konnte. »Frau Schleusser, darf ich mich setzen?«, versuchte Michael die Situation zu beruhigen.

Senta saß auf der Stuhlkante, an ihren straffen Halsmuskeln sah man, wie angespannt sie war.

Michael teilte ihr ruhig mit, dass er von ihrer Bootsversicherung sei, dass man die *Helena* gefunden habe und ob sie ihm erklären könne, was vorgefallen sei.

Senta war bleich geworden, hinter ihrer Stirn arbeitete es fieberhaft. Sie strich ihr kurzes Kleid glatt und fragte: »Herr …?«

Michael gab ihr seine Geschäftskarte und sagte gleichzeitig, dass er Hander hieße.

»Herr Hander«, sie spielte mit seiner Karte und betrachtete diese von beiden Seiten. »Damit war nicht zu rechnen. Wie haben Sie mich gefunden? Nein, sagen Sie es nicht, durch die

Bank? Sehen Sie, es stimmt, das war das schwächste Glied in der Kette, das Geld und die Bank. Was wollen Sie jetzt von mir? Was erwarten Sie nun, was ich tun soll?«

Michael erklärte ihr, dass man ja nicht sie allein, sondern vor allem auch ihren Mann suche, dass Versicherungsbetrug natürlich bestraft würde, aber bei Reue, Rückgabe der Summe oder eines Teils von ihr würde die Strafe in Deutschland nicht hoch sein. Da sie nicht vorbestraft sei, könne man davon ausgehen, dass sie zur Bewährung ausgesetzt werden würde.

Senta hatte sich früher schon erkundigt und kam gleich auf den schwachen Punkt von Michaels Position: »Sie haben Recht, Herr Hander, in Deutschland droht mir eine Strafe, in St. Andrew nicht. Es besteht, wie Sie sicher wissen, auch kein Rechtshilfeabkommen zwischen den beiden Staaten.«

Michael hob die Hände und schüttelte den Kopf. »Ganz so einfach liegen die Dinge für Sie nicht, Frau Schleusser, wir werden, das kann zwar etwas dauern, mit Englands Mithilfe doch eine Auslieferung erreichen. Warum machen Sie nicht einfach reinen Tisch? Wahrscheinlich sind Sie ja nicht die Hauptschuldige und haben alles auf Druck von Ihrem Mann hin getan, der ja, wie wir wissen, vorbestraft ist.«

Senta fing sich langsam und erklärte Michael, erst zögernd und dann flüssiger, dass er Recht habe und dass an allem nur ihr Mann schuld sei, dass er aber nicht hier, nicht direkt hier sei, dass sie alles noch einmal überdenken und mit ihrem neuen Lebensgefährten, Pierre, besprechen wolle und dass sie sich morgen noch einmal unterhalten sollten.

»Ich laufe Ihnen nicht davon«, sagte sie, »ich bin ja hier nicht bedroht und habe«, sie deutete auf ihr Café hinter sich, »etwas zu verlieren.«

Michael bat sie, noch einen Augenblick sitzen zu bleiben. Das Folgende wollte er noch zur Sprache bringen: »Natürlich bin ich auch am Schicksal von Anna Schmitt interessiert.«

Bei der Nennung von Annas Namen wurde Senta wieder sichtlich bleicher.

Michael sagte: »In erster Linie geht es uns um die Versicherung und das Geld. Über Anna habe ich mit der hiesigen Polizei noch nicht gesprochen.«

Diesen Satz sollte Michael bald bereuen. Er fuhr fort: »Aber ich glaube, dass diese an einem Vermisstenschicksal, das mit Ihrem Boot zusammenhängt, im Zweifel mehr interessiert sein dürfte als an einem Versicherungsfall.«

Nervös blickte Senta nach links und rechts, starrte dann auf ihre Papiere und sagte schließlich, stockend zunächst, doch dann immer schneller werdend, dass sie alles erklären könne. Anna sei nach ihrer Überfahrt hier ausgestiegen und hätte eine Zeit lang mit ihrem Mann zusammengelebt. Morgen könne sie ein Treffen mit Bernd arrangieren, das würde aber nur gehen, wenn Michael die Polizei nicht einweihen würde, da Bernd illegal hier sei.

»Morgen bringe ich Sie zu ihm«, versprach sie und legte einen Finger an den Mund. »Und lassen Sie sich nicht von Robert fahren, sagen Sie niemandem etwas. Pierre und ich holen Sie nach Einbruch der Dunkelheit um 20.00 Uhr auf der Straße vom Goats Head View zum Kakadu ab. Ich glaube Sie haben Recht, wir sollten dem Versteckspiel ein Ende bereiten.«

Sie gab Michael die Hand als sie sagte: »Eigentlich bin ich ganz froh, dass Sie gekommen sind.«

Sie konnte sogar wieder etwas lächeln: »Sie werden wissen wollen, ob von dem Geld noch etwas da ist, ja, mehr als die Hälfte der Summe liegt noch hier bei Barclays, aber meine Hausbank kennen Sie ja bereits.«

Michael hätte über das Ergebnis des Gespräches mit Senta froh sein müssen, aber der Verlust von Lillibeth überdeckte alles.

Herr Broll in Hamburg war nicht im Büro. Michael teilte Frau Gütig mit, dass alles in Ordnung sei, er mit Frau Schleusser gesprochen habe, ein Teil der Versicherungssumme noch vorhanden sei und er sich morgen wieder melden würde.

Der schon im Flugzeug von Deutschland begonnene Kriminalroman fesselte Michael nicht, als er auf seiner Terrasse saß und auf das Wasser blickte.

Was Lillibeth jetzt gerade wohl macht? Auf ihren Freund oder auf sie böse zu sein, hatte er kein Recht, aber es tat weh, an sie zu denken.

Frau Schleusser hatte er so gut wie sicher, dachte Michael. Es gab hier keinen Flughafen und heute fuhr keine Fähre. Da für sie hier keine unmittelbare Gefahr bestand, würde sie auch nicht verschwinden, ohne Geld abzuheben, und das ginge hier sicher nicht, ohne Aufsehen zu erregen. Michael glaubte, alles richtig gemacht zu haben. Wo aber war Bernd Schleusser? Wie war es ihm gelungen, sich unter den neugierigen Augen der Bevölkerung und denen von Chief White verborgen zu halten?

Den nächsten Tag verbrachte er am Strand, und obwohl er sich meist im Schatten aufhielt und eine Sonnencreme benutzte, die Ezechiel in der Bar verkaufte und die nach Kokosmilch roch, holte er sich einen Sonnenbrand. Der Tag war lang. Viel zu früh, er hatte sich vom Abendessen abgemeldet, war er startbereit, wartete ungeduldig auf die Uhr blickend in seiner Hütte und verließ die Hotelanlage schließlich über den Parkplatz. Es war schon völlig dunkel. Michael hatte zunächst Schwierigkeiten, sich auf der unbeleuchteten Landstraße zu orientieren. Als sich seine Augen an die Lichtverhältnisse gewöhnt hatten, zeigte ihm das Sternenlicht den Weg in Richtung St. Georg-Stadt. Der Wind war schwächer geworden, das Schreien der Papageien hatte aufgehört und auch die Baumfrösche quakten nicht mehr. Die herrschende Stille und die warme, stickige, nach Urwald riechende Luft waren beklemmend.

Nach einigen Minuten hörte Michael das Geräusch eines Wagens, der vor ihm anhielt, wendete und am Straßenrand auf ihn wartete. Senta Schleusser stieg aus. Am Steuer saß ein großer, relativ hellhäutiger Farbiger, jung, so weit man sehen konnte jünger als Senta, und nickte ihm zu.

»Das ist Pierre«, stellte Senta vor, »steigen Sie ein, wir fahren nach Goats Head Island.«

»Goats Head ist doch unbewohnt«, warf Michael ein.

»Nicht ganz«, Senta schloss die Wagentür, »nicht ganz, Bernd ist dort. Mit einer Frau.«

Schnell und sicher fuhr Pierre sie bis zu einem unbefestigten Weg, der zum Strand abbog. Hier schaltete er die Scheinwerfer aus, tastete sich schaukelnd im Sternenlicht bis zum Sandstrand und stellte den Wagen wenig entfernt vom Wasser in einem kleinen Dickicht ab.

»Kommen Sie«, flüsterte Senta, »wir gehen jetzt auf ein Boot, es ist besser, wenn uns niemand sieht. Bernd würde mich umbringen, wenn ich jemanden von den Leuten hier auf seine Spur bringen würde.«

Das Boot war ein flacher, langer Aluminiumkahn mit zwei Holzriemen und einem großen, 80 PS starken Außenbordmotor. Man ließ Michael nicht viel Zeit zu überlegen. Senta saß im Bug, er in der Mitte und Pierre, nachdem er bis an den Gürtel im Wasser das Boot in die See geschoben hatte, hatte sich ins Heck gezogen. Pierre senkte den Motor ab, dieser sprang sofort an und schnell zeigte das Boot in Richtung auf die kleine Insel vor ihnen, auf Goats Head, welche weit vor ihnen schemenhaft gegen den Sternenhimmel zu sehen war.

Michael hatte ein ungutes Gefühl. Was konnte er Bernd Schleusser anbieten? War es nicht unvorsichtig gewesen, niemanden von seiner abendlichen Verabredung mit den Schleussers zu informieren? Auf Goats Head würden sie drei oder vier gegen einen sein. Er versuchte, sich zu beruhigen. Senta sah nicht wie einer Mörderin aus. Wer den Eingeborenen deutsche Butterbrote schmiert, bringt doch keine Leute um!

Der Motor brummte laut und gleichmäßig, das Profil von Pierre hinter ihm war unbewegt.

Die Maschine holte sich ihren Kraftstoff aus einem nicht fest eingebauten, roten Blechtank auf dem Boden des Bootes, Michael war gerade mit seinen Füßen an ihn gestoßen. Interessiert betrachtete der Deutsche ihn. Dann blickte er wieder auf, stutzte, blickte wieder zum Tank und begann zu rechnen. Der Tank hatte einen Inhalt von ungefähr 12 Litern. Er war fast leer, bei den Bootsbewegungen konnte man das Benzin schwappen hören. Die Entfernung nach Goats Head und zurück schätzte er auf 16 Meilen, ein 80-PS-Motor schluckt viel … die Fahrt konnte unmöglich nach Goats Head gehen! Pierre schien mit Motor und Boot vertraut zu sein und musste das wissen. Was ging hier vor?

Michael richtete sich auf: »Halt«, rief er Senta Schleusser zu, »ich will zurück, lassen Sie sofort wenden!«

Senta nickte Pierre zu, der den Kurs etwas änderte, aber nicht in Richtung Strand, sondern entgegengesetzt auf die offene See hinaus. Als Michael sich umdrehte, sah er, dass Pierre, der bisher noch kein Wort gesagt hatte, in der rechten Hand die Pinne und in der linken einen matt glänzenden, metallischen Gegenstand hielt: eine Pistole.

»Ganz ruhig, Monsieur, nicht bewegen!«, bestimmte er.

Das Boot fuhr mit unverminderter Geschwindigkeit vom Land weg. Michael schaute zu Pierre, zu Senta, ins Wasser und wieder zu Pierre.

Der schüttelte den Kopf: »Ich würde hier nicht aussteigen. Die Strömung setzt vom Land weg, dagegen kann man nicht anschwimmen.«

Michael wendete sich an Senta: »Wegen so wenig Geld jetzt einen Menschen töten, Frau Schleusser! Fahren wir zurück, bis jetzt ist ja noch nichts passiert!«

Michaels Herz klopfte bis zum Hals, er war nass vom Schweiß, aber er fror.

Senta blickte ihn nicht an, als sie sagte: »Nein, ich lasse mir von niemandem mehr mein Leben zerstören.« Weiter den Blick auf den Schiffsboden gerichtet, fuhr sie nach einer kleinen Pause fort: »Ich glaube, Chérie, wir sind weit genug weg. Die Strömung, die Fische …«

In diesem Augenblick warf sich Michael nach hinten. Er traf Pierre an der Schulter und fiel gegen die Pinne. Die Kursänderung brachte das Boot in eine enge Kreisbahn. Es wurde langsamer. Ein Schuss fiel und traf Michael am Kopf, der aber nur ein leichtes Brennen an der Schläfe und am Ohr spürte, bevor er ebenso wie die Pistole ins Wasser fiel.

Senta und Pierre hatten sich im Boot halten können, Pierre brachte den Motor in den Leerlauf, sah neben sich den Kopf von Michael aus dem Wasser auftauchen und schlug ihm mit aller Kraft den Holzriemen auf den Kopf. Michael sah den Schlag zu spät kommen und konnte ihm nur teilweise ausweichen. So traf ihn der Riemen seitlich am Kopf und riss sein rechtes Ohr halb ab. Michaels Kopf war ein einziges Dröhnen und vor seinen Augen erschien ein tanzender, orangefarbener Ball. Dann versank er.

Das Wasser, das in seine Nase drang, machte ihn sofort wieder wach. Die Wasseroberfläche über ihm war durch das Sternenlicht gut zu erkennen. Prustend tauchte er auf und fand sich einige Meter vom Boot entfernt. Trotz seines Lärms bemerkten ihn die beiden nicht und riefen sich gerade zu: »Hast du ihn?«

»Bestimmt, wir fahren noch ein paar Kreise und dann geht es zurück.«

Michael unterdrückte ein Husten, atmete und tauchte ab, als das Boot genau auf ihn zukam. Bei zunehmender Entfernung des Motorgeräusches tauchte er vorsichtig wieder auf, sog die Luft tief ein und hustete. Noch zweimal musste er tauchen, dann verließ das Boot die immer größer gewordene Kreisbahn und fuhr mit geradem Kurs zur Insel zurück.

Das Wasser war warm und der Seegang gering. Michaels rechtes Auge war fast zugeschwollen, sodass er nur schlecht sehen konnte. Neben dem Salz des Wassers spürte er auf seinen Lippen den metallischen Geschmack seines Blutes, das von der rechten Kopfhälfte heruntersickerte. Die rechte Schläfe und das Ohr brannten, taten aber nicht richtig weh. Der Schlag, der am Kopf abgerutscht war, war auf seiner rechten Schulter gelandet. Diese schmerzte beim Schwimmen, wenn auch in einem Maße, das er aushalten konnte. Unangenehmer war, dass der rechte Arm taub erschien, so wie die Lippen nach einer Zahnarztspritze.

Langsam schwamm er in Richtung der kleinen Lichter von St. Georg, bemerkte aber bald an der Verschiebung der

Lichterkonstellation, dass er nicht näher kam. Im Gegenteil, er entfernte sich langsam in Richtung offene See und schnell, sehr schnell in Richtung Süden. Michael ließ sich treiben, das Dröhnen im Kopf gab ihm ein ganz unwirkliches Gefühl, er war plötzlich sehr müde. Er drehte sich auf den Rücken, hielt sich nur durch leichte Handbewegungen über Wasser und sah über sich die Sterne. Das war es dann wohl gewesen, dachte Michael. Dass ihn hier in den nächsten Stunden jemand finden würde, war mehr als unwahrscheinlich. Der Hafen lag im Norden der Insel, und nach Norden ging auch die Fährverbindung. Fischer hatte er hier zwar schon gesehen, aber nie so weit südlich, wohin ihn die Strömung mitnahm. Er war doch zu dumm, zu leichtgläubig, zu unvorsichtig gewesen, niemandem heute von seinem nächtlichen Ausflug zu erzählen.

Langsam wurde ihm kalt, er schwamm erneut ein Stück. Als er sich umdrehte, spürte er wieder den Blutgeschmack der Flüssigkeit, die über seine Wange auf seine Lippen floss. Wie war das noch gewesen? Auf wie viel Meter roch ein Haifisch Blut? Waren es 20 oder 200 Meter gewesen? 2 Kilometer? Auch wenn er die Schwimmbewegungen ganz langsam durchzog, schmerzte seine Schulter jetzt stark. Würde ihn jemand vermissen? Ich werde schon sentimental, dachte Michael. Mutter natürlich, die Firma? Lillibeth? Wahrscheinlich nicht. Vielleicht Ilona? Nein, die bestimmt nicht. Er würde keine große Lücke hinterlassen. Die *Stormvogel* würde Mutter natürlich verkaufen müssen, vielleicht an einen im Club? In der Überlebensbroschüre für Hochseesegler hatte gestanden, dass man als schiffbrüchiger Schwimmer nicht denken, sondern schwimmen sollte. In den unmöglichsten Situationen wäre manchmal noch Hilfe gekommen. So unmöglich wie meine, überlegte Michael weiter, war aber sicher keine gewesen. Er trat Wasser, orientierte sich und schwamm weiter in Richtung der Lichter an Land, obwohl diese jetzt inzwischen weit nach links ausgewandert waren. Plötzlich hörte er ein Tuckern. Ein Motor? Nein, nur etwas in seinem Ohr. Jetzt war es wieder ruhig bis auf den Wind und die Wellen. Komisch weich war das Wasser, fast wie Seifenlauge. Halb bewusstlos vor Schmerz, versank Michael in seinen Fantasien.

John Richard MacAllister war sauer, war müde, war wütend. Immer er. Sein älterer Bruder hatte sich wieder einmal durchgesetzt. Jetzt saß er hier am frühen Morgen noch vor Sonnenaufgang an Bord ihres kleinen, miesen Bootes. Jawohl, das Boot war ein Scheißboot, es war langsam, es machte Wasser, es war noch aus Holz, und er sollte wieder für alle fischen. Bud, sein Bruder, hatte ihn zur weit entfernt liegenden Untiefe im Süden der Insel geschickt, weil dort über dem Riff in der Strömung zeitweilig viele Fische sein sollten. Aber keine Sau fuhr sonst dahin, es dauerte einfach zu lange. Immer er. Und der Motor gab sicher auch bald seinen Geist auf.

John Richard sah wunderlich aus, war zusätzlich nicht besonders helle im Kopf und wurde deshalb von seiner Umgebung weidlich ausgenutzt und gehänselt. Er gehörte zu einer Gruppe von Mischlingen, die entstanden war, als schottische Walfänger sich auf den Inseln mit einheimischen Frauen zusammengetan hatten. Das Ergebnis war im Gegensatz zu anderen Mischungen nach landläufigen Begriffen nicht gerade als schön zu bezeichnen. Die Kinder und Enkel der Walfänger waren bei schwarzen wie weißen Einwohnern Außenseiter und wurden von beiden Gruppen als »Weiße Neger« bezeichnet. Die Haut war weiß mit fleckigen Sommersprossen, die Haare waren kraus, aber schottisch-irisch rot und die Gesichtszüge ausgeprägt negroid. John Richard war so ein armes Geschöpf. Er trug eine dicke Wollmütze gegen die Sonne, da man auf den Inseln annimmt, dies würde gegen Haarausfall schützen. Er hatte den Mund immer leicht geöffnet und schimpfte weiter vor sich hin. Die ganze Nacht hatte Bud mit seiner neuen Freundin nebenan rumgebumst, und durch die dünnen Bretterwände hatte John Richard gehört, wie die alte Sau von einer Schlampe, so die unmaßgebliche Meinung von John über die Dame, gekeucht und geschrien hatte.

Sie hatten ihn beim Schlafen gestört, neidisch war er natürlich auch gewesen, und Bud hatte ihn auch noch ganz früh zum Fischen aus dem Bett geschmissen. Wenn er nur ein bisschen Geld hätte. Er würde sich eine kleine, saubere Hütte bauen und sein eigenes Boot haben. Dann würde er sicher eine nette Frau finden, die seine Fische auf dem Markt von St. Georg verkaufte, und keiner würde ihn mehr auslachen.

Die Sonne war gerade als schmaler, roter Halbkreis zu sehen, als John Richard Ruder legte und wieder laut losschimpfte: »Diese scheißverdammten Frachterkapitäne lassen auch alles über Bord werfen, und so ein armes Fischerschwein wie ich brettert dann mit seinem schwachen Boot in der Dämmerung drauf. Das Boot kann kaputt sein, der Motor beschädigt, es kann sinken, ich könnte ertrinken. Und keiner zahlt einem den Schaden.«

Das Legen des Ruders war nicht zu früh gewesen, Richards Boot schrammte fast an einer beschädigten Holzpalette vorbei, die nur wenig aus dem Wasser ragte.

Was war das? Wie nahezu alle Schotten war John Richard ein guter Katholik. Er bekreuzigte sich, auf der Palette hatte sich etwas bewegt!

Irgendwann in der Nacht war Michael, der jetzt auch sein unverletztes, linkes Auge meist geschlossen hielt, weil es so brannte, auf die Palette gestoßen. Ein Brett fehlte, und die noch vorhandenen Nägel hatten Michaels Oberschenkel aufgerissen, als er sich hinaufzog. Die Füße noch im Wasser, beide Hände um die seitlichen Bretter geklammert, die linke Wange auf die Oberfläche gelegt, war Michael sofort eingeschlafen. Er wurde wieder wach, als er Wasser schluckte. Im Schlaf war er wohl nach einiger Zeit zurück ins Meer geglitten und hatte es kaum geschafft, die Palette wieder schwimmend zu erreichen. Lange konnte er sich nur festhalten, bis es ihm endlich wieder gelang, sich ganz hinaufzuziehen. Sitzen konnte er nicht, das veränderte die Stabilität seines kleinen Floßes zu sehr, so lag er, immer wieder überflutet, zusammengekrümmt wie ein Embryo, sich seitlich festhaltend auf den rauen Brettern. Der Wind hatte zugenommen und strich über seine nasse Kleidung. Er fror. Er konnte sich kaum wach halten, seine Arme waren schon lange gefühllos, ihm war übel durch seinen Kopfschmerz, durch die Bewegung des Floßes und weil er viel Wasser geschluckt hatte. Manchmal glaubte er, im Wind Stimmen oder Musik zu hören und dann einige Zeit einen Motor, der näher kam. Das konnte aber nicht sein. Dennoch machte er sein Auge auf und sah im noch fahlen Morgenlicht einen kleinen Fischerkahn auf sich zukommen, oder richtiger gesagt, nahe an ihm vorbeifahren. Er wollte schreien und winken, aber seine Stimme versagte ihm ihren Dienst, es kam nur ein heiseres Krächzen heraus, und aus dem heftigen Winken wurde ein mattes Heben des linken Armes.

Und eben dieses Heben hatte John Richard gesehen. Da er abergläubisch war, wollte er vorbeifahren, zumal das, was da auf der Palette lag, nicht unbedingt so wie ein Mensch aussah. Als dieses komische Wesen aber ein: »Please, help me!« herauspresste, siegten seine Neugier und sein gutes Herz. Der Seegang und die Schwäche von Michael machten ein Übersteigen ins Boot fast unmöglich. Mehrfach, laut und gefährlich, war die Palette schon an Johns Kahn gestoßen, als sich Michael einen Ruck gab und versuchte überzuspringen. Er verfehlte jedoch das Bootsinnere, schlug sehr schmerzhaft mit dem Rippenbogen auf den Bootsrand, fiel ins Wasser und trieb rasch ab. Er verspürte einen rasenden, stechenden Schmerz im Brustkorb, schluckte wieder Wasser und konnte nicht mehr atmen. Fast wäre er jetzt noch ertrunken. Doch geistesgegenwärtig manövrierte John sich in Lee von ihm, hielt seine Hand fest, zerrte Michael ans Bootsende, fasste ihn unter die Achseln und zog den schweren Körper, jeweils im Wellental, langsam über das Heck ins Boot. Michael keuchte, spuckte Wasser, hielt sich die Rippen und stöhnte.

John Richard betrachtete ihn, kam zu dem Schluss, dass es heute morgen wohl mit dem Fischen nichts mehr werden würde und nahm Gegenkurs in Richtung Piratharbour, die Bucht, aus der er gekommen war.

Michael konnte nur langsam sprechen. Er verstand das Karibikkauderwelsch von John schlecht, der ja außerdem von schwacher Auffassungsgabe war. Endlich hatte Michael ihm dennoch klar gemacht, dass ihn bei ihrer Landung niemand sehen sollte. Kein Problem, nickte John Richard, es war ja sehr früh und alles schlief noch.

Dann sollte er Michael verstecken. Auch nicht schwierig, direkt am Strand stand Buds und sein alter Bootsschuppen, den sonst niemand benutzte.

Und dann sollte John sich beeilen, die Polizei und nur Chief White an den Strand zu holen, er sollte ihm sagen, er, John Richard, hätte den weißen Schnüffler versteckt, der schwer verletzt sei.

Michael ging alle Punkte mit ihm noch einmal durch. John schaute ihn mit immer größer werdenden Augen an und schien letztlich, das Land kam immer näher, alles verstanden zu haben. Aber, John Richard schüttelte den Kopf, warum sollte er das eigentlich alles machen, er kam jetzt ohne Fische nach Hause, Bud würde schimpfen und ihn gleich wieder rausjagen. Jetzt schüttelte Michael den Kopf, ließ dies aber gleich wieder, weil dabei ein stechender Schmerz von der Schulter in den Hals schoss. Mühsam nestelte er an seiner Gesäßtasche. Gott sei Dank! Das Portemonnaie war noch da. Mit zitternden Fingern holte er eine nasse 50-Dollar-Note heraus und reichte sie John. Der bekam zunächst gar nicht mit, dass Michael ihm eine weitere versprach, wenn er Chief White zu ihm gebracht hätte. John starrte auf den Geldschein. So viel Geld auf einmal hatte er noch nie in seiner blassen Hand gehabt.

»Und dass er nass ist, macht nichts?«, fragte er besorgt. Michael gelang es, Johns Bedenken zu zerstreuen. Dieser holte eine Blechdose, in der er Zigaretten und ein Gasfeuerzeug aufbewahrte, aus seiner Hosentasche, faltete den nassen Geldschein vorsichtig zweimal zusammen und verstaute die kleine Kiste umständlich wieder in seiner Kleidung. Ein leises Lächeln zog über seine einfältigen Züge, 50 Dollar, 100 Dollar, so viel Geld, er alleine hatte den Fremden herausgefischt. »Hihi, rausgefischt«, gluckste er, »jawohl, die besten Fische fängt man über der Untiefe im Süden.«

Der kleine Strand war leer. John zog das Boot so weit er vermochte an Land. Michael konnte ohne Hilfe nicht aussteigen. Er stützte sich schwer auf den Fischer, als er mit schmerzverzerrtem Gesicht über die Bordwand kletterte. Die wenigen Schritte zum Schuppen waren hart. In dessen Inneren roch es nach Tang, Farbe und Fisch, der Boden war feucht, und die Bretter der Wände waren teilweise defekt, sodass durch die Ritzen die Sonne hereinschien. John setzte Michael vorsichtig auf einer leeren Fischkiste ab, die er an die Wand geschoben hatte, sodass sich dieser anlehnen konnte. John nickte, als Michael ihm noch einmal einschärfte, was er zu tun hätte. Ja, er würde sich beeilen, er würde das Fahrrad von Buds Freundin nehmen und ... zögernd fragte er, ob er dann wirklich noch einmal 50 Dollar bekommen würde? Michael versicherte ihm das hoch und heilig, obwohl ihm das Sprechen, Sehen, Sitzen, Schlucken, Bewegen, obwohl ihm einfach alles weh tat.

Als John gegangen war, waren nur noch der Wind und die kleinen Wellen zu hören. Die Zeit wurde lang. Michaels Uhr hatte einen Sprung, war voll Wasser und stand. Die höher steigende Sonne sorgte für noch schlechtere Luft in dem sich aufheizenden Schuppen. Der brennende Durst nach dem Salzwasser und dem Erbrechen war kaum noch auszuhalten. Vor allem beunruhigte Michael, dass sein rechtes, zugeschwollenes Auge jetzt gar nichts mehr sah. Sorgen machte er sich aber auch darüber, ob John vielleicht doch sein Erlebnis ausposaunen könnte und Pierre und Senta vor White hier sein würden. Und er war hilflos und allein.

Stunden schienen vergangen zu sein, als er endlich ein Auto näherkommen hörte. Sein Name wurde gerufen, und dann stand Chief White in der Tür. Michael hatte bisher keinen Grund gehabt, White zu mögen, aber so wie jetzt über ihn hatte er sich noch nie über das Kommen eines Menschen gefreut.

»Oh, Schnüffler, was machen Sie hier für eine Bullenscheiße!« White klang diesmal gar nicht wütend, eher freundlich und besorgt. Er erfasste die Situation und den schlechten Zustand von Michael sofort. John, der in der Tür des Schuppens hin und her trippelte und die zweite 50-Dollar-Note wollte, verscheuchte er wie eine lästige Fliege. Michael rief ihn aber zurück und gab ihm das Geld. John strahlte über sein ganzes, fleckiges Gesicht und zog sich schnell zurück, aus Angst, dass ihm jemand seinen Schatz streitig machen könnte.

White fuhr den Jeep ganz nahe an die Schuppentür und trug Michael, dieser war beim Versuch zu Gehen fast hingefallen, vorsichtig auf den Beifahrersitz. Der Jeep war nicht gut gefedert und alle Stöße des Fahrzeugs verursachten Michael starke Schmerzen. Er hielt die Augen geschlossen und hoffte nur noch, bald anzukommen – egal wo.

Am St. Georg-Hospital warteten bereits zwei weiß gekleidete Pfleger mit einer Trage auf ihn. White hatte über Funk ihr Kommen angekündigt. Unterwegs hatte ihm Michael mit stockender Stimme und großen Schwierigkeiten den Hergang des gestrigen Abends geschildert, und Chief White hatte, ebenfalls über Funk, angeordnet, dass seine Leute Pierre und Senta festnehmen sollten.

Michael sah vom Krankenhaus nicht, dass es sich um ein flaches, kleines Gebäude mit Blechdach und abblätternder Farbe handelte, genauso wenig wie er bemerkte, dass das Innere aus weiß gestrichenen Bretterwänden und fleckig grün gestrichenem, aber peinlich sauberem Zementfußboden bestand. Die Einrichtung des Behandlungsraumes war spartanisch, zwei Stühle, ein kleiner Tisch mit Instrumenten und eine abgenutzte Untersuchungseinheit, die man verlängern und verkürzen und an die man auch noch Kniestützen für gynäkologische Untersuchungen und Eingriffe anschrauben konnte.

Michael sah über sich das freundliche Gesicht eines grauhaarigen Schwarzen mit randloser Brille, der sich als Doktor Scott vorstellte. Dieser diagnostizierte korrekt zwei gebrochene Rippen, die durch einen straffen Verband des Brustkorbes schon gleich weniger schmerzten. Er versicherte Michael, dass sein rechtes Auge unverletzt sei und er lediglich durch die Stirnwunde einen Bluterguss der Lider hätte, der das Auge verschloss. Er vernähte die Stirnwunde, die Risswunde zwischen Ohrmuschel und Kopfhaut sowie die Wunden am Oberschenkel. Er hängte Michael an einen Tropf, spritzte ein Antibiotikum, ein Schmerzmittel, ein Beruhigungsmittel und machte eine Auffrischimpfung gegen Wundstarrkrampf. Michael bekam ein weißes Hemd, nachdem ihm vor der Wundversorgung eine Schwester mit Häubchen, Brille und vorstehenden Zähnen Hose und Hemd mit einer Schere vom Leib geschnitten hatte. Dass er in ein weißes Bett gehoben und in einen Raum geschoben wurde, in dem ihn drei weitere Kranke neugierig anstarrten, nahm er bereits nicht mehr wahr. In der Nacht bekam er Schüttelfrost und hohes Fieber. Das Ohr und seine Umgebung schmerzten so, dass man sie nicht mehr berühren durfte. Am Morgen verlegte Dr. Scott Michael in das Krankenhaus der Hauptstadt und zwar mit einem der beiden Hubschrauber, die dem Staat St. Andrew zur Verfügung standen, nachdem man das deutsche Generalkonsulat benachrichtigt und dieses zugesagt hatte, alle entstehenden Kosten zu übernehmen.

Der Wechsel auf ein anderes Antibiotikum mit breiterem Wirkungsspektrum, die Wiedereröffnung der Ohrwunde, aus der sich reichlich Eiter und Wundsekret entleerte, brachte eine rasche Verbesserung des Allgemeinzustandes des Patienten.

Der chirurgische Chefarzt, ein Jamaikaner, der lange Zeit Oberarzt an einem großen, städtischen Krankenhaus in London gewesen war, verstand sein Handwerk. Nach zwei Tagen konnte er Michael beruhigen, dass bis auf eine gewisse Narbenbildung am Kopf keine Dauerschäden zurückbleiben würden. Doktor Bowie war ein großer, hagerer, nach vorn gebeugter Mann zwischen 60 und 70 Jahren, der seine Abteilung gut im Griff hatte. Und obwohl der Hotel- oder Sanatoriumsstandard europäischer Krankenhäuser hier nicht erreicht wurde, fühlte sich Michael bei ihm und dem freundlichen und fröhlichen Personal gut aufgehoben. Er hatte abgewunken, als ihm das Konsulat angeboten hatte, ihn in ein deutsches Krankenhaus ausfliegen zu lassen. Birnbaum war der Name des besorgten, jungen, nicht sehr sympathischen stellvertretenden Generalkonsuls gewesen.

Michael konnte bald ein wenig auf dem Flur herumlaufen oder auf der Terrasse sitzen, weh taten ihm nur noch seine gebrochenen Rippen. Beim täglichen Verbandswechsel am Kopf durch die nette Operationsschwester, die ihn an Lillibeth erinnerte, zeigte es sich, dass die Menge des Wundsekretes von Tag zu Tag weniger wurde. Dennoch fühlte er sich nach seinen Erlebnissen bedrückt, erschöpft und an allem wenig interessiert. Er war letztlich froh, hier die Tage ohne Anforderungen an ihn verdämmern zu können. Er hatte keine Lust zu lesen, und das lokale Fernsehen interessierte ihn nicht. Stattdessen dachte Michael viel an die vergangenen Tage, vor allem an die Nacht schwimmend auf See und träumte wirre Dinge von Pierre, Senta und Lillibeth.

Als er weitgehend wiederhergestellt vom Deutschen Konsulat ein Ticket über Atlanta nach Hause bekam, fühlte er sich immer noch ausgelaugt und bedauerte fast, nach Hause fliegen zu müssen. Herr Birnbaum hatte ihn jeden zweiten Tag besucht, mit deutschen Zeitungen versorgt und ihn auch sonst auf dem Laufenden gehalten.

Senta war noch am selben Tage, an dem Michael von White ins Krankenhaus gebracht worden war, beim Betreten der Fähre von St. Georg nach St. Andrew festgenommen worden. Sie hatte sich nicht gewehrt und keinerlei Regungen gezeigt, als sie die Reise auf der *Victoria* mit Handschellen machen musste. Sie saß nun, gar nicht weit von Michael entfernt, im Gefängnis von St. Andrew und wartete auf ihren Prozess wegen Mordversuches.

Während seines Aufenthaltes im Krankenhaus waren natürlich auch die Kriminalpolizei und die Staatsanwaltschaft von St. Andrew bei ihm gewesen und hatten seine Aussagen akribisch protokolliert. Das Letzte, was Herr Birnbaum zu berichten wusste, war, dass Frau Schleusser ruhig und gefasst auf ihren Prozess warten würde. Er machte sich mit seinem kleinen Kopf und seinen glatten Haaren immer schrecklich wichtig, wenn er glaubte, etwas Interessantes mitteilen zu können.

Pierre war drei Tage später als Senta von den örtlichen Behörden auf Trinidad festgenommen worden, als er einen Flug nach Caracas, Venezuela, mit einem Travellerscheck, dessen zweite Unterschrift von ihm sehr laienhaft gefälscht worden war, bezahlen wollte. Der Staat Trinidad-Tobago hatte Pierre schnell an St. Andrew ausgeliefert, und er befand sich im selben Gefängnis wie Senta, Luftlinie 20 Meter von ihr entfernt. Er hatte bei seiner Verhaftung Widerstand geleistet und zeigte am ganzen Körper Prellungen und ein großes Hämatom um das linke Auge. Die Polizei auf Trinidad war wohl nicht gerade pfleglich mit ihm umgegangen.

Michael hatte in diesen Wochen mehrfach mit seinem Chef und auch mit seiner Mutter gesprochen, die beide viel Anteilnahme gezeigt hatten. Lillibeth hatte ihn nicht besucht, obwohl sein Schicksal durch die örtliche Zeitung und das Fernsehen bekannt gemacht worden war.

Womit Michael nicht einmal im Traum gerechnet hatte, war, dass er auch in Deutschland eine gewisse Berühmtheit erlangt hatte. Selbst in der Bildzeitung hatte gestanden: Deutscher Versicherungsdetektiv fast Mordopfer in der Karibik, oder so ähnlich.

Als er jetzt müde und zerschlagen von dem langen Flug von Atlanta nach Hamburg mit Schmerzen im Brustkorb und in den Beinen die Lufthansa-Maschine verließ und sich auf sein Bett freute, musste er erst einmal dem Dritten Fernsehen Rede und Antwort stehen, ehe ihn sein Kollege Walter Gebig, den sein Chef abkommandiert hatte, nach Hause bringen konnte.

Walter Gebig hatte am nächsten Morgen im Büro interessante Dinge zu berichten. Er hätte Michael kaum wiedererkannt, dieser wäre verändert, mit ganz kurzen Haaren, er hätte bestimmt 10 bis 12 Kilogramm abgenommen, wäre überhaupt nicht mehr dicklich, sondern eher mager, dann die Narben am Ohr und auf der Stirn, richtig verwegen und männlich sähe er jetzt aus.

Ilona Messmer hatte aufmerksam zugehört.

Die Wiedersehensfreude seiner Mutter dämpfte Michael sehr, als er ihr kurz nach ihrer überschwänglichen Begrüßung mitteilte, dass er bald in eine eigene Wohnung ziehen würde. Er nahm sie zwar in den Arm, als sie weinte, blieb aber hart und hatte, wie er dabei erstaunt bemerkte, kein schlechtes Gewissen oder großes Mitleid.

Am kommenden Montag ging er wieder ins Büro und wurde mit viel Hallo empfangen. Alle fanden, dass Gebig Recht gehabt hatte. Michael hatte sich in den vergangenen Wochen verändert – nicht nur äußerlich. Er wirkte älter, und sein dauerndes, verbindliches Lächeln war verschwunden, bemerkte Ilona Messmer, nachdem sie ihn länger aus dem Augenwinkel betrachtet hatte.

Herr Broll bot Michael an, erst einmal Urlaub zu machen. Die in der Karibik verbrachte Zeit würde natürlich nicht auf seinen Jahresurlaub angerechnet werden. Aber Michael wollte von Urlaub nichts wissen.

Bei einem Gespräch im Glaskasten teilte sein Chef ihm außerdem mit, dass Senta Schleusser bei der Verhaftung lediglich 3000 Dollar bei sich hatte und das Konto abgeräumt war. Bei Pierre waren jedoch insgesamt etwa 60 000 Dollar gefunden worden, sowohl als Bargeld als auch in Travellerschecks. Die Chance, so hatte man Broll aus London mitgeteilt, das Geld zu bekommen, sei nicht schlecht.

»Und wenn«, Broll lächelte Michael breit an, sodass man seine gelben Schneidezähne sehen konnte, »und wenn das Geld hier ist, bekommen Sie eine Prämie von über 6000 Euro, nicht schlecht, oder?«

Michael hatte das alles recht unbewegt angehört und sich dann in seine Arbeit gestürzt.

Drei unerledigte Schadensfälle, bei denen der Hergang noch nicht geklärt worden war, hatte ihm Frau Gütig, erleichtert, dass Hander wieder im Lande war, auf seinen Schreibtisch gelegt.

Der Erste war ein Verdacht auf Brandstiftung in einem Winterlager. Ein Kommissar Bettlein bat in dieser Angelegenheit um Rückruf. Michael griff zum Telefon.

Senta

Senta hatte geglaubt, in ihrem Leben schon viel Schlimmes erlebt zu haben. Aber alles, an was sie zu denken vermochte, war nicht so schrecklich gewesen wie der Gefängnisaufenthalt in St. Andrew. Der Raum war zwölf Quadratmeter groß und für zwei Gefangene gedacht gewesen. Jetzt teilte Senta sich die Zelle mit fünf weiteren Gefangenen. Alle waren Farbige, alle waren wegen Rauschgiftdelikten hier, alle waren süchtig, zwei waren Prostituierte, eine war aidskrank, zwei weitere glaubten, es zu sein. Durch ihre Sucht waren sie auf sich und ihre Not fixiert, völlig egoistisch, unsolidarisch und an Senta gar nicht interessiert. Ihr war das höchste Bett der rechten Dreiergruppe zugewiesen worden, oben war die schlechteste Luft. Mitten im Raum stand die Toilettenschüssel ohne Deckel und Sichtschutz und stank elendiglich trotz der Wasserspülung, da die Frauen das Becken nicht sauber hielten. Zweimal am Tag gab es Essen, stets eine undefinierbare Suppe oder einen Eintopf aus Reis oder Kartoffeln, in denen wenn man Glück hatte ein paar Fasern von verkochtem Hühnerfleisch schwammen. Dazu eine Art Tee oder Wasser und Brot. Keine der anderen fünf Mithäftlinge wollte etwas mit Senta, der weißen Mörderin, zu tun haben. Sie amüsierten sich köstlich, wenn diese auf der Kloschüssel saß und sich nicht traute, ihren – bei der Kost verständlichen – starken Blähungen freien Lauf zu lassen.

Der Direktor der Anstalt hatte sie bei der Aufnahme angesehen wie ein ekelhaftes Insekt, der Mann vom Konsulat war gleich auf kalte Distanz gegangen, und ihr Anwalt war ein junger, herumkaspernder Pflichtverteidiger, der sich bei der klaren Rechtslage für sie kein Bein ausriss. Die Einzige, die ihr mit einer gewissen Freundlichkeit begegnete, war die Chefaufseherin des Frauentraktes, die dafür Verständnis zu haben schien, dass man Männer umbrachte oder umbringen wollte. Groß und hässlich, hatte sie im Laufe der Jahre bereits drei Männer verschlissen.

Die Tage vergingen in ihrer Ereignislosigkeit quälend langsam und ungeheuer rasch zugleich. Senta hatte in der dumpfen Hitze ein nässendes Ekzem an den Schenkelinnenseiten, in den Achselhöhlen und unter den Brüsten bekommen. Die Schwester der Gefängniskrankenstation hatte nur mit den Achseln gezuckt, sich geweigert »für diese Bagatelle« einen Arzt zu rufen und ihr einen Puder gegeben, der den Zustand noch verschlechterte.

Seit Monaten hatte Senta nicht mehr gebetet, nicht, weil sie das Bedürfnis danach nicht gehabt hätte, eher, weil sie es nicht wagte, nach dem, was sie alles getan hatte, mit Gott zu sprechen. Langsam fand sie wieder zum Gebet zurück und war erstaunt, wie viel besser sie sich daraufhin fühlte.

Der kleine, glatte, junge Herr Birnbaum vom Deutschen Konsulat, dessen übergeordnete Dienststelle für St. Andrew und die anderen Grenadinen die Deutsche Botschaft in Caracas war, war der Stellvertreter des zur Zeit in Deutschland weilenden Generalkonsuls. Er war zwar höflich, aber Senta hatte das sichere Gefühl, dass er sie, wie alle anderen es auch taten, verabscheute. Auf ihre Bitte hin besorgte er ihr immerhin eine deutsche Bibel, die sie nicht mehr aus der Hand legte, auch wenn ihre Zellengenossinnen sie mit Spott überschütteten. Die Bibel und das Beten würden ihr auch nicht mehr helfen, sie würde auf jeden Fall in die Hölle kommen, höhnten sie. Aber Senta ließ sich nicht beirren.

Herr Birnbaum hatte noch etwas für sie getan. Er hatte Gisela Förster, die alte Freundin aus Husum, angerufen und sie über das Schicksal von Senta informiert. Gisela hatte schon in der Zeitung in Deutschland von Sentas Tat gelesen und war hin- und hergerissen gewesen, ob sie sich um Senta kümmern sollte oder nicht. Der Anruf des stellvertretenden Konsuls und das Drängen ihres Lebensgefährten gaben den Ausschlag. Sie würde ja sonst innerlich sowieso keine Ruhe finden, lautete sein berechtigtes Argument. Wenige Wochen später stand sie auf dem Flugfeld von St. Andrew und fand alles nicht urlaubsmäßig schön, sondern nur bedrückend. Der starke, warme Wind, der schwarze Boden der Insel, die hohe Luftfeuchtigkeit, die vielen fremden, schwarzen Gesichter, die ihr, auch wenn sie lachten und ihre weißen Zähne zeigten, beängstigend erschienen. Sie hatte sich schon in Deutschland dummerweise auch noch für ein preiswertes Hotel im Zentrum der Stadt entschieden und wohnte nun in einem kleinen, dumpfen Zimmer mit einer Toilette, die nach Urin roch und einer Dusche, aus der die Kakerlaken flüchteten, als sie den Duschvorhang beiseite schob.

Vierzehn Tage zuvor hatte man Senta vor Gericht gebracht. Es war schwer für sie gewesen, der Verhandlung zu folgen, da ihr Englisch nicht perfekt war, die Einheimischen meist ihren Inseldialekt sprachen und das Deutsch ihrer weißhaarigen, alten, dürren Dolmetscherin eingerostet und schlechter als Sentas Englisch war.

Die gesamte Gerichtsszenerie kam ihr so unwirklich vor, dass sie zeitweilig glaubte, zu träumen oder einen Film zu sehen. Die Richter, der Staatsanwalt, ihr Anwalt trugen lange Roben und weiße Perücken wie in England. Die schwarzen Köpfe unter diesen Kopfbedeckungen sahen bedrohlich und lächerlich zugleich aus. Vieles verstand Senta nicht, und nach einer Verhandlungsdauer von nur zwei Tagen war sie im Namen von Königin Elisabeth II. von England, die immer noch nominelles Staatsoberhaupt der ehemaligen Kolonie war, wegen gemeinschaftlich begangenem Mordversuch und schwerer Körperverletzung zu einer Freiheitsstrafe von acht Jahren verurteilt worden.

Ihr Anwalt riet ihr ab, in Revision zu gehen, nach vier bis sechs Jahren würde sie bei guter Führung frei kommen, und die Auslieferung nach Deutschland solle sie weiter betreiben.

Senta nahm ihr Schicksal an. Gläubig, wie sie eigentlich immer gewesen war, sah sie ihr jetziges Schicksal als Strafe Gottes an. Nach dem Verlust von Pierre versprach sie sich nichts mehr vom Leben. An Selbstmord dachte sie häufig, konnte sich aber doch nicht dazu entschließen – es hätte ihrer religiösen Überzeugung widersprochen. Wie betäubt aß sie ihre Mahlzeiten, nahm am Spaziergang auf dem schmutzigen, zertretenen Gefängnishof teil und verlor langsam das Zeitgefühl.

Als nun eines Tages plötzlich Gisela vor ihr stand, verlor Senta die Fassung. Man hatte sie in den Besuchsraum des Gefängnisses geführt, einen langen, dunklen Raum, der durch eine Gitterwand geteilt war. Auf jeder Seite standen drei alte Tische mit abblätternder Farbe und je drei verschiedenfarbene, wackelige Plastikstühle. Zwei große Ventilatoren drehten sich träge an der Zimmerdecke. Als sie in den Raum gerufen wurde, überlegte Senta, wer sie wohl zu sehen wünsche? Etwa noch mal der schmierige Herr Birnbaum vom Konsulat?

Umso überraschter war sie, als sie Gisela vor sich sah. Ihre Augen füllten sich mit Tränen, und ein Weinkrampf schüttelte sie. Gisela, die von der karibischen Gefängnisatmosphäre mehr als schockiert war, nahm durch die Gitterstäbe Sentas Hand, obwohl es ihr schwer fiel, in dieser bleichen, ungepflegten, alt aussehenden Frau mit den schmalen Lippen noch ihre Freundin zu erkennen. Sieht so eine Mörderin aus?, flog es ihr durch den Kopf.

Die Unterhaltung kam nur stockend in Gang, von ihrem Verbrechen sprach Senta nicht, lediglich vom Gefängnisaufenthalt, vom Prozess und davon, dass eine Auslieferung nach Deutschland in absehbarer Zeit wohl nicht wahrscheinlich sein würde. Die beiden Frauen wichen aus auf vergangene Zeiten. Gisela versuchte Senta aufzuheitern und manchmal zog sogar etwas wie ein Lächeln über Sentas verstörte Züge.

Rebecca, die grobe Wärterin, beendete das Treffen. Sie stellte kategorisch fest, dass Besuch nur einmal in der Woche möglich sei und blickte dabei unverhohlen begehrlich auf Giselas Hals, um den ein auffälliger Schmuck hing. Gisela hatte ihn von ihrem Freund zum letzten Weihnachtsfest bekommen. Der Schmuck bestand aus einem breiten silbernen Halsreif und einer großen, runden Silberscheibe, leicht konkav gewölbt, in der einige schwarze und dunkelgraue Perlen schimmerten. Zum Schmuck gehörte ein passender Armreif und ein großer Ring. Gisela bat Rebecca um eine Unterredung und wurde in den kleinen, fensterlosen Verschlag geführt, der ihr Büro darstellte. Nachdem Gisela sich, innerlich seufzend, von ihrem Schmuck getrennt und diskret noch eine 100-Dollar-Note dazugelegt hatte, war plötzlich, da sie aus dem Ausland kam, täglicher Besuch erlaubt. Sie durfte sogar Lesestoff und Obst mitbringen.

Am nächsten Tag sah Senta gefasster und weniger apathisch aus, als sie sagte: »Du, Gisela, ich habe eine große Bitte. Schon lange habe ich das Bedürfnis, reinen Tisch zu machen, und dein Kommen ist der richtige Anlass, es zu tun. Heute Nacht habe ich mir überlegt, wie ich das am besten bewerkstelligen kann. Ich möchte meine Handlungsweise der letzten Jahre erklären. Ich will, dass die Polizei alles über meine *Helena* erfährt und was sich auf ihr ereignet hat. Mir liegt sehr daran, dass dieser Herr Hander mich besser versteht, und vor allem will ich auch, dass die Eltern von Anna Schmitt Klarheit über das Schicksal ihres Kindes erhalten. Ich bin davon überzeugt, dass dieser Schritt für mich das Richtige ist, ich werde mich besser fühlen – vor allen, die ich geschädigt habe, aber auch vor Gott. Ich werde nicht Selbstmord begehen. Ich will meine Strafe verbüßen.«

Senta hatte ruhig, fast sachlich gesprochen, nicht theatralisch oder weinerlich und ohne eine Spur von Selbstmitleid, die Augen gesenkt. »Vielleicht besteht für mich doch noch die Möglichkeit später einen Neuanfang zu schaffen«, setzte sie kaum hörbar hinzu.

Dann atmete sie tief ein, blickte Gisela an und fuhr fort:

»Das wird eine lange Geschichte sein, am besten wäre es, wenn du dir ein Tonbandgerät besorgen würdest. Die Kassetten gebe bitte der Polizei und der Versicherung.«

Herr Birnbaum trieb im Konsulat ein älteres, funktionstüchtiges Tonbandgerät auf, fast so groß wie ein Koffer.

Als Gisela am Nachmittag im Besucherraum des Gefängnisses damit ankam, konnte es nicht gleich in Betrieb genommen werden, da ein Verlängerungskabel nötig war.

Die beiden anderen Besuchertische waren besetzt, Familienangehörige, vor allem Kinder, standen und schnatterten herum und blickten neugierig auf Senta, die zunächst recht leise, dann aber fester in das kleine Mikrofon sprach:

»Du weißt, Gisela, dass ich im Gegensatz zu dir immer Pech mit Männern gehabt habe. Thomas hat mich finanziell ausgenutzt. Nachdem ich sein Studium finanziert hatte und wir schon über unsere Heirat gesprochen hatten, war er mit einer Kollegin plötzlich auf und davon. Der ach so solide scheinende Jens hat mich mit einer ganzen Reihe von seinen Sprechstundenhilfen nach Strich und Faden betrogen. Bei Bernd Schleusser dachte ich, wäre alles ganz anders. Ich weiß, du mochtest ihn von Anfang an nicht, ich war deshalb damals wütend auf dich. Ich glaubte, Bernd wäre durch seinen Gefängnisaufenthalt irgendwie geläutert und habe mich sehr in ihn verliebt. Auch objektiv war er ja ein Bild von einem Mann, dann sein Interesse an mir, meinen Gedanken und Gefühlen. Dass das alles nur Berechnung gewesen sein soll? Und dann seine Zärtlichkeit, er hat mich durch seinen Blick und seine Stimme ganz schnell in seinen Bann gezogen.

Nach seiner Entlassung wollte ich nicht wahrhaben, dass ich mich vielleicht geirrt haben könnte. Seinen Traum vom unabhängigen freien Leben auf dem Boot später konnte ich nachempfinden. Ein Neuanfang mit einer neuen Aufgabe, einer neuen Umgebung und einem neuen Mann entsprach sehr meinen Wünschen. Die *Helena* war ein schönes Schiff. Die eleganten Linien, die gemütliche Kajüte, die Schnelligkeit … ich war beeindruckt. Vor der *Helena*-Zeit war ich nur ab und zu einmal mitgesegelt, aber mit ihr wurde es dann anders. Das Segeln entwickelte sich für mich zum Zentrum meines Lebens. Auf einem Schiff zu sein, das wie ein Lebewesen seufzen, rennen, bocken konnte, das Meer, die Natur, das Wetter waren jetzt die Dinge, um die ich kreiste, alles natürlich verbunden mit Bernd. Die ersten Monate waren fast ungetrübt. Dann merkte ich aber in Grenzsituationen, dass Bernd schwach war und auch feige. Bei Stürmen oder kleinen Verletzungen war er nicht belastbar. Im Hafen vor Dritten aber schnitt er auf, und ich war nach außen sein kleines, stilles Segelfrauchen. Dann haben uns die finanziellen Probleme eingeholt. Das Verchartern lief nicht gut. Der Druck der professionellen Konkurrenz, die Ansprechpartner in Deutschland und einen Werbeetat hatten, war zu groß. Für uns fiel nur ab und zu ein kleiner, schlechter Brocken vom großen Charterkuchen ab. In der Türkei hat man uns sogar einmal an die Kette gelegt, weil wir illegal Kojen verchartert hatten. Fast unsere ganzen Ersparnisse gingen bei der Bestechung der Hafenbeamten drauf, damit wir unser Zuhause wieder frei bekamen. In einer Nacht- und Nebelaktion konnten wir nach Griechenland entkommen.

Wir wussten, dass das schwarze Chartergeschäft in der Karibik besser lief, es gab ein größeres Klientel besonders von vagabundierenden, jungen Amerikanern. Als wir in Gran Canaria eine Hand suchten, um noch im Dezember über den Atlantik zu segeln, waren wir völlig abgebrannt. Dann stieg Anna, Anna Schmitt aus Blockhaven, bei uns ein. Ich dachte erst, sie wäre eine gute Lösung, sie war ruhig, konnte segeln, verstand etwas von Schiffen, Motoren, Navigation und sie war nicht besonders hübsch. Also würde sie keine große Gefahr für Bernd bedeuten, der sich sehr zu meinem Zorn angewöhnt hatte, anderen Frauen nachzusteigen. Außerdem hatte sie einiges Bargeld. – Ohne ihre Hilfe hätten wir die *Helena* auf Gran Canaria gar nicht verproviantieren können.

Bernd hatte sich in den letzten Monaten verändert. Mehr und mehr zeigte er zwei Seiten, zwei Persönlichkeiten. Einmal war er der lässige Typ mit Charme und sicherem Auftreten, und dann war er ängstlich, weinerlich, aggressiv und von grotesker Eitelkeit.

Er hatte mich nach Trinkereien in Häfen schon zweimal geschlagen und mich unter Tränen hinterher um Verzeihung gebeten …«, eine Weile versank Santa ins Grübeln. »Er war völlig unausgeglichen und trank viel.

Bald schon nach Beginn unserer Überfahrt machte er sich an Anna heran, die ihn aber zunächst abblitzen ließ. Nach einem Sturm, bei dem er sich wieder einmal feige verkrochen und uns Frauen allein den Kampf mit dem Wetter und die Verantwortung für das Boot überlassen hatte, sagte ihm die kleine, zahme Anna einmal deutlich ihre Meinung. Das schien ihn völlig aus der Bahn zu werfen, er wurde zu ihr zeitweise geradezu unterwürfig und betete sie an. Ich war wütend und begann, die beiden regelrecht zu beobachten. Und richtig! Mein Gefühl hatte mich nicht getäuscht. Eines Tages erwischte ich ihn, wie er an den Oberschenkeln der kleinen Schlampe rumfummelte und sie sich nicht wehrte. Die Stimmung an Bord war damals sehr schlecht, ja explosiv. Ich hatte das Gefühl, dass Bernd mehr und mehr aus der Normalität abdriftete und verrückt wurde.« Wieder unterbrach sie kurz, um sich zu sammeln. »Gegen Ende der Reise schärfte er dauernd ein kleines Beil, mit dem er Kokosnüsse ernten, aber auch, wie er sagte, eine von uns oder alle beide töten wollte.«

Erneut schwieg sie eine Weile, diesmal, weil sie die Tränen, die ihr lautlos übers Gesicht liefen, abwischen wollte. »Ich hatte Angst. Er trug immer seine Pistole bei sich, machte sich wichtig und schoss sogar einmal in die Kajütdecke. Als wir in Goats Head Island bei St. Georg ankamen, war die Stimmung so angespannt, dass eigentlich jeder dem anderen misstraute und ihn belauerte. Anna und ich sprachen überhaupt nicht mehr miteinander, Bernd hatte seine wechselnden Phasen, in denen er mit dem Beil und mit der Pistole herumfuchtelte, dann wieder faselte er von einem tollen Ankunftsessen auf Goats Head mit Kokoskrebsen.

Ich hatte in den letzten Monaten viel Zeit, um über ihn nachzudenken. Ich glaube, er hatte so eine Art Schizophrenie, jedenfalls empfand ich ihn damals nicht mehr als normal.

Das Gefühl der Freude, des Stolzes, der Erleichterung, das ich immer hatte, und das wohl alle Segler empfinden, wenn sie nach einer langen Reise am Ziel und der Landfall glücklich waren, stellte sich bei mir diesmal nicht ein. Bernd schien unberechenbar und war mit Beil und Pistole immer bis an die Zähne bewaffnet, Anna schaute nur stumm wie ein Kaninchen auf die Schlange.

Am Strand auf Goats Head zog sich Anna zurück. Ich dachte, sie müsste sich einmal hinter eine Palme setzen. Der Mond schien hell, wir hatten das Schlauchboot ein Stück auf den Strand gezogen. Bernd war der Revolver beim Klettern zweimal aus dem Gürtel gerutscht, deshalb legte er ihn auf einen Stein und warnte mich, ihn anzurühren. Bald darauf schlug er Nüsse mit dem Beil herunter. Ich hatte das Gefühl, dass er es darauf anlegte, mich mit einer Nuss zu treffen. Er kam von der Palme heruntergerutscht, fluchte, weil er sich die Hand ein wenig aufgeschürft hatte und blutete. Als er mich sah, fing er an zu grinsen und hob das Beil. Ich erinnere mich deutlich, wie hell es blinkte. Dann kam er auf mich zu und fragte mich, wie ich es finden würde, wenn er mir jetzt ebenfalls die Nuss, meinen hässlichen Kopf, abschlagen würde. Lange genug hätte er ihn sich ja ansehen müssen. Er wäre besser im Gefängnis geblieben, als mich alte und abgewrackte Nutte zu heiraten.« Jetzt schluchzte Senta. »So ging es weiter. Er beschimpfte und bedrohte mich. Als er noch näher kam, griff ich den Revolver und wich ein paar Schritte zurück. Er lachte mich nur aus und sagte, dass ich mich ja nie trauen würde, auf ihn zu schießen. Was ich genau entgegnete, weiß ich nicht mehr, es war so etwas wie, dass er ein Schwein sei, und ich mich sehr wohl trauen würde. Was hätte ich denn tun sollen?

Ich drückte ab, einmal, zweimal, fünfmal, dann machte es Klick, die Trommel war leer. Unter Bernds rechtem Auge war ein dunkles Loch und auf seinem Hemd ein dunkler Fleck, der ganz schnell größer wurde. Ich erinnere mich noch ganz genau an Bernds erstaunten Blick, als er mit dem fünften Schuss in sich zusammensackte.

Anna, die kleine Schlampe, hatte aus geringer Entfernung wohl alles gesehen und schrie, laut und anhaltend, geradezu hysterisch.

Durch meinen Kopf rasten die Bilder und Gedanken. Wahrscheinlich hatten die beiden vorgehabt, mich als lästige Dritte auszuschalten und zusammenzubleiben. Anna würde nie aussagen, dass ich in Notwehr gehandelt hatte, dass eigentlich ich das Opfer war. Dass diese blöde, schreiende Person mit dem zappelnden Krebs in der Hand jetzt mein Leben vollends zerstören würde, schien mir sicher und unsinnig. Ich warf den leeren Revolver weg, nahm das Beil und ging auf sie zu. Um mich zu retten, glaubte ich damals, sie töten zu müssen. Das mit dem Beil, es war wirklich sehr scharf, ging ganz einfach, erst als ich Kraft brauchte, um es wieder herauszuziehen, wurde mir übel.

Der Mond beschien eine Szenerie wie in einem Horrorfilm: In einiger Entfernung dümpelte die *Helena* auf dem durch das Mondlicht beschienenen, bleifarbenen Wasser, die Palmen rauschten, bewegten sich unheimlich und warfen Schatten auf den dunklen Lavasand. Ich stand zwischen zwei Leichen, auf denen sich schon die Krebse zu schaffen machten. Ich hatte ein blutiges Beil in der Hand und hatte gerade zwei Menschen getötet. Ich setzte mich auf den Gummiwulst des Beibootes und hielt die Hände vor das Gesicht. Ganz langsam ordneten sich meine Gedanken wieder. Ich redete mir ein, dass ich ja nichts anderes hätte tun können, dass ich in Notwehr gehandelt hätte.

Was jetzt? Goats Head war zwar nicht besiedelt, aber mehrfach im Jahr lebten in Palmenhütten am Strand einige Fischer, die hier die beliebten Conch-Muscheln herausholten. Ganze Berge der Muschelschalen waren zu sehen. Fischer konnten also jederzeit herkommen.

Als Erstes mussten die Leichen verschwinden. Ich verwarf den Gedanken, sie im Meer zu versenken, der Transport im Beiboot, die Höhe des Freibords der *Helena*, nichts Rechtes bei der Hand, die Leichen zu beschweren, einen Anker konnte ich nicht entbehren, das war zu schwierig. Ein dichtes Gebüsch war weit entfernt und auch kein sicheres Versteck, also beschloss ich, die beiden gleich am Strand einzugraben. Da wir keine Schaufel an Bord hatten, benutzte ich ein Stück Aluminium, die Fahne einer alten Selbststeueranlage. Das ging ganz gut, der Boden war nicht hart, Sand und nach wenigen Zentimetern nasser Sand. Die Wurzeln der Palmen schlug ich mit dem Beil durch. Ich zerrte die Körper in die nasse Grube. Sie war nicht tief genug geraten, aber das war mir egal. Nach dem Zuschütten bedeckten vielleicht gerade mal 20 Zentimeter Sand die beiden Leichen. Das musste genügen.

Ich schaute mich um, alles war unauffällig. Ich legte das Aluminiumstück, den Revolver und das Beil ins Beiboot und ruderte zur *Helena* zurück. Die Sonne ging gerade auf, als ich sie erreichte und merkte, dass ich völlig erschöpft war, ja kaum vom Beiboot übersteigen konnte. Ich machte das Schlauchboot fest, legte mich auf den Kajütboden und schlief ein paar Stunden tief.

Die Sonne stand schon hoch, als ich durch Rufe von außen geweckt wurde. Heiß fiel mir ein, dass das Beiboot noch draußen hing und darin ein blutiges Beil und ein Revolver lagen. Die Rufe kamen von zwei Fischern, die aus einem größeren Holzboot mit einem Fisch und einer Languste winkten und fragten, ob wir etwas kaufen wollten. Als ich dankend ablehnte, fragten sie mich, ob ich nicht auch den Skipper fragen wolle, ob der nicht fish oder lobster haben möchte. Ich schüttelte den Kopf, der Skipper möge keinen Fisch und würde gerade an der Maschine arbeiten. Sie lachten, winkten und fuhren weiter. Als ich in den Spiegel sah, erschrak ich: Angeklebte Haare, Blutspritzer im bleichen Gesicht, am Körper und auf dem Bikini. Ich sah in das Gesicht einer alten Frau mit tief liegenden Augen und erkannte mich selbst nicht wieder. Ich trank einen Schluck Wasser und ging nackt mit einer Bürste und einem Stück Seewasserseife außenbords. Am längsten hielten sich die Blutreste unter den Fingernägeln. Ich schrubbte so lange, bis mir die Haut ganz dünn erschien und die Fingerkuppen wehtaten, ging an Bord, machte mir einen großen Topf Nudeln, aß etwas und räumte auf.

Alle Kleidungsstücke und persönlichen Gegenstände von Bernd und Anna, einschließlich der Ausweise, der Pfeifen von Bernd, Schuhe, Bücher, einfach alles packte ich in den großen Segelsack der alten Genua, auch meinen Bikini, das Beil und den Revolver. Dann schnürte ich es zu einem großen Paket an den defekten Außenbordmotor. Behalten hatte ich lediglich Annas Geld, über 2000 Dollar, die ich erfreut unter ihren Sachen entdeckt hatte.

Dann putzte ich den Rest des Tages das Schiff und das Beiboot und klarte alles auf. Es war schon dämmrig, als ich ankerauf ging und mich ohne Positionslichter unter Motor aus der Bucht in Richtung offene See hinaustastete. Nach etwa sechs Seemeilen wuchtete ich den Außenborder mit seiner zusätzlichen Last über Bord, verfolgte mit der Stablampe die Blasenbahn, sah, dass er schnell versank und fühlte mich zerschlagen und erleichtert. Ich hatte vorgehabt hier beizudrehen, aber ich war auf Legerwall und die Dünung stark. Ich schaute in die Seekarte. Hinter der Bucht, in der in der letzten Nacht das Unglück geschehen war, gab es noch einen kleineren, ebenfalls gut geschützten Ankerplatz. Als das Echolot sechs Meter anzeigte, fuhr ich den Anker ein, nahm Peilung, zwei Palmen auf dem Kap, die man gegen den Himmel gut sehen konnte. Die Peilung stand.« Senta blickte auf und sah ihrer Freundin genau in die Augen. »Komisch, nicht? Dass ich mich daran noch so genau erinnern kann … Mir wurde bewusst, dass ich hungrig und durstig und seit zehn Stunden nicht mehr auf der Toilette gewesen war. Die nächste Nacht schlief ich lang.

Das Wetter nahm mir die Entscheidung ab, was ich jetzt weiter machen sollte. Das Barometer war tief gefallen, die Sonne bekam einen Hof, und der Wind schlief zeitweilig ein. Das sah nach schlechtem Wetter, das sah sehr nach Sturm aus, obwohl man ja sonst hier um diese Zeit außerhalb der Hurrikansaison mit konstanten Passatwinden rechnen konnte. Der

Wetterbericht von Antigua gab für die südlichen Kleinen Antillen Sturmwarnung, und wenig später stampfte die *Helena* unter stark gerefftem Groß und Sturmfock nach Osten, um aus dem Sturmgebiet herauszukommen und sich von den Inseln frei zu segeln.

Die Genua gegen die Sturmfock auszuwechseln, ging fast über meine Kräfte. Ich hatte überall Prellungen, die linke Hand war gequetscht und ein Fingernagel ziemlich tief abgebrochen. Wie lange ich dann am Ruder saß, weiß ich nicht mehr, aber als ich vor Erschöpfung einschlief, die Fock backkam, wir fast kenterten, beschloss ich beizudrehen. Das Schiff beruhigte sich sofort. Der Wind war um 11 Beaufort. Ich hatte mir die Salonkojenpolster auf den Kajütfußboden gelegt, verkeilte mich zwischen Tischfuß und Großmast und konnte zeitweise schlafen. Das schlechte Wetter hielt fast eine Woche an, ich vertrieb Meile um Meile nach Osten, trank Wasser, aß kalte Nudeln und machte auf einen Eimer, dessen Inhalt mir teilweise ins Gesicht geblasen wurde, als ich versuchte, ihn in die Plicht zu entleeren. Am sechsten Tag ging der Wind auf 8 zurück. Das Schiff hatte keinen großen Schaden genommen, die Segel standen, die zwei großen Fender waren mit Teilen des Heckkorbes verschwunden, das Ruder war intakt, die Selbststeueranlage, die ich ausgekuppelt hatte, war dennoch verbogen. Aber egal. Die *Helena* konnte weitersegeln.«

Draußen war es dunkel geworden. Die anderen Besucher hatten den Raum schon lange verlassen, die Wärterin Rebecca hustete und beendete das Treffen. Gisela war über das Gehörte entsetzt. Dies alles sollte die unscheinbare, zahme, ja fromme Senta gemacht haben?

In dieser Nacht schlief Gisela schlecht, hatte Alpträume von Senta mit blutigen Händen, schwitzte und hatte am nächsten Morgen einen steifen Hals und pochende Nasennebenhöhlen durch die kalte Luft der Klimaanlage.

Rebecca begrüßte sie, so weit ihr das überhaupt möglich war, freundlich, händigte ihr das Tonbandgerät, das sie in Verwahrung genommen hatte, wieder aus und begleitete sie in den Besucherraum, wo eine lächelnde Senta auf sie wartete. Sie streichelte Gisela durch die Gitterstäbe, die nicht wusste, ob sie sich über diese Geste der Zuneigung freuen sollte. Senta aß eine von den mitgebrachten Bananen, nahm das Mikrofon in die Hand und fuhr fort:

»In den letzten Tagen, die ich dösend auf dem Kajütboden verbracht hatte, hatte ich viel Zeit nachzudenken. Was sollte ich tun? Mich den Behörden stellen? Wer würde mir meine Geschichte glauben? Ich hatte zu wenig Geld, um allein mit dem Boot weiterzumachen, außerdem wollte ich mich nach den Ereignissen auf Goats Head Island von der *Helena* trennen. Verkaufen? In den letzten zwei Jahren hatten wir wenig am Schiff tun können. Ein neuer Besitzer, der Freude an der *Helena* haben wollte, müsste einiges investieren, das würde den Preis sehr drücken.

Da kam mir der Gedanke mit der Versicherung. Versenken ja, aber wo? Auf einen richtigen Sturm hier im Frühjahr zu warten, der eine Strandung oder sonst einen Schiffsverlust glaubwürdig erscheinen lassen würde, dazu hatte ich zu wenig Geld. Und außerdem war mehr als unsicher, ob ich unter den rauen Bedingungen eines Hurrikans überhaupt an Land und dann an Land dahin kommen würde, wohin ich wollte, wo ich überleben konnte.

Unsere Rettungsinsel war schon lange nicht mehr gewartet worden, die Kunststoffaußenhaut unseres Schlauchbootes war mehr als brüchig. Ich musste also die *Helena* an einer Stelle versenken, wo niemand sie finden würde, wo ich ungesehen gefahrlos an Land gehen konnte, möglichst in einem EU-Staat ohne große Grenzformalitäten.

Mit dem Geld von Anna konnte ich zurück in die Karibik fliegen, dort ein paar Mal die Insel wechseln und mich nach einem Hurrikan in dem folgenden, großen Durcheinander als Schiffbrüchiger bei den Behörden melden. Schiff verloren, an Land gespült – wer würde bei dem allgemeinen Notstand Zeit und das Bedürfnis haben, meine Angaben zu überprüfen.

Griechenland bot sich an. In Griechenland hatten wir uns monatelang aufgehalten, viele verschwiegene Buchten, spontan fiel mir Isychos ein, Klippen, tiefes Wasser, kein Fremdenverkehr. Dass die *Helena* ausgerechnet an diesem, in keinem Hafenhandbuch beschriebenen Ort gefunden werden würde, damit konnte ich nun wirklich nicht rechnen.

Ich schaltete mein Hand-GPS ein. Der Sturm hatte mich fast 1000 Seemeilen nach Ostnordost vertrieben. Ich rechnete die Strecke nach Isychos aus. Wenn mich nicht ein Wintersturm auf dem Atlantik erwischen würde, könnte ich in sechs bis acht Wochen da sein. Ich sichtete die Vorräte. Das Essen würde reichen, wenn ich mich einschränken würde, aber einseitig sein. Wasser musste ich unterwegs irgendwie auffangen, wie sich später herausstellte, war das kein Problem. Der Dieseltank war fast leer. Motoren würde also nur eine ganz kurze Strecke möglich sein. Für das Laden der Batterien würde es nicht reichen, also keine Elektrizität an Bord, auch keine Positionslichter. Das Hand-GPS lief mit Batterien. Ich hatte noch vier volle Zellen und würde das Gerät selten einschalten.«

Senta hielt einen Moment inne, in dem ein fast glückliches Lächeln über ihre mageren Züge glitt.

»Dass ich jetzt etwas in meinen Augen Sinnvolles tun konnte, versetzte mich in eine fast euphorische Stimmung. Es gelang mir, die Selbststeueranlage wieder so zurechtzubiegen und funktionstüchtig zu machen, dass sie bis kurz vor Gibraltar ihren Dienst tat. Kontakte zu anderen Schiffen hatte ich nicht. Mehrfach sah ich nachts Lichter und auch tagsüber in einiger Entfernung Schiffe, die mich, ich hatte ja keine Funkmöglichkeit, in Ruhe ließen.

In einer Schwachwindphase hatte ich das »*Helena*« am Heck mit einem Farbrest übermalt und die Fläche mit »*Verena*« neu beschriftet, die Schablonen für die Buchstaben hatte ich aus einer nicht benötigten Seekarte geschnitten. Ein Segelzeichen im Großsegel führten wir nicht, wir hatten das Segel in der Türkei gebraucht gekauft und für uns zurechtnähen lassen. So blieb meine Überfahrt unentdeckt.«

Sentas Stimme wurde etwas undeutlich, als sie sich voll Heißhunger einen von Gisela mitgebrachten Schokoladenkeks in den Mund schob.

»Was jetzt kommt«, fuhr sie fort, nachdem sie sich die Krümel mit dem Handrücken abgewischt hatte, »wirst du vielleicht nicht so recht verstehen. Trotz der Entbehrungen fand ich bei der letzten Reise der *Helena* nicht alles schlecht. Ja, es gab Situationen, Stunden, Tage, an denen in voller Liebe zu meinem Schiff, das unter meinen Füßen gehorsam dahineilte, das Segeln genossen habe.

Das Gefühl, ohne Hilfe, ohne Motor, ohne Elektrizität den Ozean zu bezwingen, täglich neue Etmale in der richtigen Richtung in die Seekarte eintragen zu können, Teil der Natur und der Schöpfung zu sein, machte mich unsagbar stolz.

Vielleicht waren es die lange Einsamkeit, die Erschöpfung oder der dauernde Schlafmangel, die mich manchmal in eine unglaublich euphorische Stimmung versetzten, in der ich glaubte, alles besser sehen und hören zu können als vorher. Wo ich das Gefühl hatte, mit dem Schiff über das Wasser zu schweben. Es gab fantastische Sonnenauf- und -untergänge, ich sah Wolkenbildungen, bei denen ich glaubte, in einer Kathedrale der Natur zu sein. Mein Schiff sprach mit mir, wenn der Wind durch das Rigg strich. Ich konnte sogar wieder beten, fühlte mich rein, mit der Welt in Übereinstimmung und vergaß zeitweilig sogar die Vorkommnisse auf Goats Head.

Begegnungen wie die mit dem müden Fregattvogel, der erschöpft auf dem Deck saß und sich von mir streicheln ließ, mit dem in der Nähe blasenen Wal, der ein rührendes Schnaufen von sich gab, bevor er abtauchte, oder die mit den Delfingruppen, die regelrecht mit mir und der *Helena* spielten, machten mich glücklich und rührten mich zu Tränen.

In den Phasen, in denen ich die Vergangenheit, die Toten auf der Karibikinsel, und die Zukunft, die kommende Vernichtung der *Helena* durch mich, verdrängen konnte, fühlte ich mich wohl und stark.«

Senta machte eine Pause und blickte ihre Freundin an:

»Ach, Gisela, ich würde zu gerne wissen, was du jetzt wirklich von mir denkst. Ich weiß gar nicht, ob sich überhaupt irgendjemand in mich und meine Situation hineinversetzten kann. Es war so schön, aber auch so schrecklich, wenn mich die Erinnerungen einholten. Die letzten Tage auf See waren noch dazu hart und eintönig. Lange Zeit musste ich gegenankreuzen, es wurde empfindlich kalt, ich konnte quasi überhaupt nicht mehr schlafen, aber irgendwie habe ich es dann geschafft. Die Fahrt des letzten Tags hatte ich mir so eingeteilt, dass ich am frühen Morgen Isychos erreichte.

Ich näherte mich der Insel von Süden, fand die Bucht mit dem kleinen Strand, auf dem ich mich vor undenklich langer Zeit, ich hatte das Gefühl in einem anderen Leben, mit Bernd im Sand geliebt hatte. Ich packte meine kleine Tasche mit Ausweis, Geld, Schiffspapieren und Versicherungspolice in einen wasserdichten Plastikumschlag.

Ich sah wettergegerbt und alt aus und hoffte nur, mit meiner mir jetzt viel zu groß gewordenen Kleidung nicht allzu sehr aufzufallen, so mager war ich geworden. Das Zahnfleisch war schmerzhaft geschwollen, wohl die ersten Anzeichen von Skorbut nach meiner langen, einseitigen Nudeldiät, wie in einem alten Segel- oder Piratenroman.

Von der Rettungsinsel hatte ich das aufgeklebte Etikett mit der Seriennummer abgeschnitten, dann die Seeventile der *Helena* geöffnet und den Geber des Speedometers ausgebaut. Es war windstill und nieselte, als ich ins Schlauchboot ging und wartete. Es dauerte viel länger, als ich geglaubt hatte, bis das Schiff leichte Schlagseite bekam und dann schnell über das Heck versank.

Bis zum Schluss hatte ich Angst, entdeckt zu werden, sodass keine wehmütige Stimmung aufkam, als das stolze Boot unterging. Ich war nur noch erleichtert, als mit einem letzten Gurgeln auch die Mastspitze verschwand.

Das Schlauchboot war alt und nicht als »Tender to *Helena*« gekennzeichnet. Ich ruderte um die nächste Felsspitze, kletterte auf die scharfkantigen, niedrigen Felsen, die nach Tang und Muscheln rochen und durch den Regen schlüpfrig waren, öffnete die Luftkammern und schöpfte den schlaffen Gummisack mit dem Ösfass voll, bis er, weitgehend versunken, im niedrigen Wasser hin und her schwappte.

Ich wusste, dass der Hauptort der Insel mit dem Hafen nördlich von mir lag. Nach einer halbstündigen Kletterpartie über den Fels und durch die Macchie kam ich auf einen unbefestigten Weg, von dem ich bald den Ort Isychos mit dem Fähranleger und dem anderen Hafenbecken sehen konnte. Es war noch früh am Morgen, als ich die Pier der Fähre erreichte. Die wenigen Menschen, die zu sehen waren, betrachteten mich erstaunt, aber da es auf den Inseln auch im Winter noch ein alterndes, herumstreunendes Hippievolk gibt, wurde ich wohl dazugerechnet und nicht angesprochen. Die nächste Fähre ging am frühen Abend, nach Piräus. Ich trank viel Kaffee, bis etwa eine Stunde vor Abfahrt das Fahrkartenbüro öffnete. Ich zahlte ohne Probleme mit Dollar, holte mir im Selbstbedienungsrestaurant an Bord so viel Salat, bis mir fast schlecht wurde und machte einen großen Bogen um alle Nudeln, die ich übrigens bis heute nicht mehr mag. Ich hatte mir eine Kabine gegönnt, und in Athen musste ich von dem Steward durch Rütteln an der Schulter geweckt werden, weil ich auf sein Klopfen an der Tür in meinem Tiefschlaf nicht reagiert hatte.

Alles was jetzt kam, war leichter:

Stand-by-Billigflug nach Frankfurt, dort ein flüchtiger Blick in meinen Personalausweis. Ich beschloss, zunächst in Frankfurt zu bleiben, bezog ein preiswertes Hotel etwas außerhalb, aber in der Nähe der S-Bahn, besorgte mir Kleidung und Wäsche, ließ mir die Haare schneiden und saß nach zwei Tagen im Charterflugzeug nach St. Lucia, Karibik. Ich hatte einen Last-Minute-Urlaub für eine Woche mit Hin- und Rückflug gebucht, meldete mich aber schon am dritten Tag in St. Lucia bei der örtlichen Reiseleitung für den Rückflug ab, mit der Begründung, ich hätte ein Schiff gefunden, auf dem ich weiterfahren wollte. Das war nicht mal gelogen.

Beim Schlendern durch den Hafen von St. Lucia hatte ich auf einer großen, amerikanischen Charteryacht ein Schild gesehen: Cook wanted.

Das Skipperehepaar war froh, eine Englisch sprechende Europäerin mit guten Segelkenntnissen zu bekommen. Und als ich ihnen dann noch erzählte, dass ich in Deutschland ein Restaurant besessen hatte, waren sie völlig von mir begeistert. Als Grund für meine Verfügbarkeit gab ich an, wegen Partnerproblemen aus unserer Yacht ausgestiegen zu sein, und das war ja auch irgendwie wahr.

Die Zeit auf der *Morning Cloud*, so hieß die Yacht, war gut. Mit der den Amerikanern eigenen kumpelhaften Art und Unkompliziertheit ließen mich Bill und Susan kaum merken, dass ich ihre Angestellte war.

Das Klientel der Charterer bestand ausschließlich aus wohlhabenden, lustigen und aufgeschlossenen Amerikanern, die erstaunlich wenig anspruchsvoll waren. Der Charterpreis pro Tag betrug 1400 Dollar, das Boot war ein 20-Meter-Schoner aus Aluminium, an der Westküste gebaut, mit Klimaanlage, Wasserskibeiboot und Surfbrettern. In der Küche, meinem Reich, gab es eine Mikrowelle, eine Tiefkühltruhe, eine Geschirrspülmaschine und eine Wasseraufbereitungsanlage, alles vom Feinsten.

Mein Kochen, karibisch mit deutschem Einschlag, wurde überschwänglich gelobt. Und nicht nur die Gäste nahmen zu, auch ich erreichte bald wieder mein Normalgewicht.

Ich lernte die Karibik von einer ganz neuen Seite kennen. Ich musste zwar einerseits hart arbeiten, hatte aber andererseits keine Geldsorgen, wurde bei Landausflügen häufig eingeladen, hatte keine Verantwortung für das Schiff, konnte also ruhig in die Koje gehen, ohne mich zu vergewissern, ob nachts der Anker hielt.

Schließlich musterte ich im Juli in Antigua ab, ohne mich bei der Einwanderungsbehörde zu melden. Bill und Susan deckten meinen illegalen Ausstieg, ich hatte ihnen erklärt, dass ich fürchtete, mein Mann würde mich verfolgen.

Jetzt musste ich noch nach St. Andrew oder Dominica, beides Inselstaaten, die noch recht rückständig waren und bei denen ich glaubte, mit dem geringsten Risiko nach einem Sturm aus dem Nichts auftauchen zu können. Ein Trampfrachter nahm mich gegen einen stolzen Preis nach St. Andrew mit. Ich kam gut und ohne Kontrolle von Bord, suchte mir ein billiges Zimmer, in dem ich unangemeldet wohnen konnte. Ich war bewusst in die Aussteigerszene gezogen, wo unter den Weißen eine große Fluktuation herrschte und ich nicht so auffiel. Das Haus, in dem ich lebte, gehörte einer indischen Familie, die sehr zurückhaltend bis unfreundlich war, es roch stark nach Gewürzen und Urin und war unglaublich schmutzig. Mit mir wohnten hier noch zwei oder drei andere ›Segler ohne Schiff‹, zwei farbige Prostituierte und wechselndes Publikum. Die Polizeikontrollen für die Meldebehörde waren dem indischen Besitzer der Pension schon immer einige Stunden oder Tage vorher bekannt, sodass die Mieter ohne Papiere in Ruhe ihre Tasche packen und in einer Kneipe oder am Strand abwarten konnten, bis die Luft wieder rein war.

Die Zeit wurde mir lang, Woche um Woche verging ohne einen richtigen Sturm. Es war wie verhext, alle anderen Inseln der südlichen Kleinen Antillen waren in diesen Wochen heimgesucht worden, nur ausgerechnet St. Andrew wurde verschont. Mein Geld wurde weniger. Erst nach vier Wochen erwischte uns ein Ausläufer des Hurrikans ›Vanessa‹, der auf den Grenadinen damals diese Jahrhundertverheerungen angerichtet hatte. Auch in St. Andrew brach erst einmal alles zusammen, Palmen blockierten die Straßen, die Stromversorgung fiel eine Zeit lang aus und einige Hütten wurden umgepustet.

Ich hatte mich für so ein Ereignis schon präpariert, trug jetzt als Kleidung ausgefranste, kurze Jeans, ein ausgeblichenes T-Shirt und Bootsschuhe, hatte mir einige blaue Flecken angeschminkt und wandte mich am Strandbereich an einen Uniformierten, dort, wo das Chaos am größten war. Zwei Fischerboote und eine Yacht waren vom Sturm an Land gesetzt worden, die Palmen lagen auf dem Boden wie ein Mikadospiel.

Der Soldat gehörte zur Küstenwache und nahm mich später mit zur Hafenbehörde. Diese hatte aber andere Sorgen, da das Dach ihrer Baracke abgedeckt worden war und die Beamten gerade dabei waren, ihre Büros mit Plastikplanen vor den prasselnden Tropenschauern zu schützen. Man verwies mich an die Ausländerbehörde und die mich am nächsten Tag wieder an die Hafenbehörde. Immerhin erreichte ich in den nächsten zwei Tagen, dass mein Fall notiert wurde. Meine Einreise und mein Schiffbruch wurden mir bestätigt, ich durfte befristet auf St. Andrew bleiben und man versprach mir, nach Überresten der *Helena* Ausschau zu halten. Die Hilfe des Deutschen Konsulates nahm ich bewusst nicht in Anspruch, um nicht aufzufallen und um unangenehmen Fragen nach Bernd zu entgehen.

Als nach kurzer Zeit der Flughafen wieder geöffnet war, konnte ich einen Flug über Miami nach Frankfurt buchen Ich hatte mir eine Jacke, eine Hose und etwas Wäsche gekauft und betrat bei herbstlichem Wetter wieder deutschen Boden.

Ich nahm mit niemandem, auch nicht mit dir, Kontakt auf, meldete meinen Anspruch bei der Nautik-Versicherung und teilte mit, dass ich zur Zeit völlig mittellos und auf die Versicherungssumme angewiesen sei. Schneller als ich befürchtet hatte, wurde die Summe an mich ausgezahlt. Ich hatte noch 80 DM in der Tasche, als ich die Bank betrat. Niemand fragte nach Bernd, niemand war misstrauisch oder neugierig wegen der Überweisung nach Barbados.

Trotz des Unglücks auf Goats Head Island zog es mich in die Karibik zurück. Ich hatte Land, Leute und Klima lieben gelernt und wollte dort bleiben. Um meine Spur zu verwischen, verließ ich Barbados illegal mit einer Yacht nach Dominica und von da aus erreichte ich mit einer kleinen Bestechungssumme für den Ausreisestempel legal St. Andrew, fand auf St. Georg ein Haus, das ich günstig mieten und welches ich für meine Begriffe mit wenig Geld in den ›Weißen Kakadu‹

verwandeln konnte. Es wurde eine sehr nette Kneipe, hatte einen prächtigen, tropischen Garten und einen fantastischen Blick auf die See.

Die Leute dort haben zwar eine etwas andere Mentalität, was die Arbeit angeht, aber wenn man ihnen das Gefühl vermittelt, dass man sie mag und nicht ausnützen will, sind sie loyal und auch nicht faul. Ich wurde geachtet, konnte von den Einnahmen des Cafés gut leben und hatte die Versicherungssumme nur zum Teil verbraucht. Alles lief gut. Bess, meine erste Kraft, machte sich im Kakadu unentbehrlich und wurde mir mehr als eine Angestellte, eine Freundin.

Was ich zu vermissen begann, war ein Freund, Zärtlichkeit, Sex. Es war schon lange her, dass ich mit einem Mann zusammen gewesen war, ein Gast auf der *Morning Cloud*, die anderen Gäste und das Skipperehepaar waren an Land gegangen. Aber das war nur eine kurze Sache, er fuhr bald nach Hause zurück, nach Boston, er war dort verheiratet.

Dann traf ich Pierre. Er kam mit seiner Schiffsbesatzung, er arbeitete als Maschinist auf einem unter Panamaflagge fahrenden Frachter, in meine Bar. Es war ein lauter und lustiger Abend, wir alle waren etwas betrunken. Und als die anderen gingen, blieb Pierre da. Von Anfang an fühlte ich mich sehr zu ihm hingezogen. Er sah unverschämt gut aus und hatte mich nur ansehen müssen, damit mir ganz heiß wurde und, ich weiß, das hört sich jetzt romanhaft an, aber hier stimmt es wirklich, völlig willenlos.

In der Nacht liebte er mich mit so viel Zärtlichkeit, Verständnis und Kraft, dass ich lange weinte, als er mich am Morgen verließ. Er versprach wiederzukommen, das glaubte ich ihm aber zu diesem Zeitpunkt nicht. Einige Wochen später stand er aber mit einer kleinen Tasche vor der Tür, lächelte sein umwerfendes Lächeln, du musst dir vorstellen, Gisela, makellose Zähne, keinerlei Mundgeruch, nahm mich in die Arme und sagte mit seinem süßen, französischen Akzent, er wolle bleiben und mir in der Bar helfen.

Die folgende Zeit war vielleicht die schönste in meinem Leben. Pierre akzeptierte, dass ich ihn bezahlte, er war und blieb interessiert und fleißig. Obwohl er nicht gebildet war, war er nie plump, immer höflich, man könnte fast sagen kultiviert. In vielem spürte man unter seiner hellbraunen Haut seine französischen Vorfahren. Er betrank sich nie völlig, er schlug mich nicht, er hatte neben mir keine anderen Frauen, obwohl ich etwa zehn Jahre älter war als er. Dass er sich nicht wie meine St. Andrew-Leute gleich mit dem ersten Besten an den Strand setzte, um einen Karton Bier leer zu trinken, wurde ihm als Arroganz ausgelegt.

Ich habe schon von der ersten gemeinsamen Nacht erzählt. Es wurde keine Routine, es wurde immer besser. Was die Leute so sagen, dass die Neger größere Geschlechtorgane haben als weiße Männer, ist natürlich Unsinn. Aber die Fantasie, die Geduld, das Eingehen auf meine Bedürfnisse von Pierre waren einmalig. Umso mehr hat mich dann sein Verrat getroffen.

Ich hatte nur anfangs Bedenken, Pierre zu bitten, mir zu helfen, als dieser Herr Hander kam. Aber da unser Zusammenleben so harmonisch war, traute ich mich dann doch, ihn teilweise in meine Lage einzuweihen. Ich war erstaunt, wie selbstverständlich er anbot, Hander aus dem Weg zu räumen.

Ich hatte Pierre nur erzählt, dass Hander mich um mein Versicherungsgeld bringen würde und ich fand damals auch nichts dabei, ihm die Summe, die ich noch besaß, zu nennen.

Er war sofort bereit, mit mir im Anschluss an die Beseitigung Handers von St. Georg wegzugehen. Wir machten Pläne für die Zukunft, Französisch Polynesien, Neukaledonien, mit ihm wäre ich überall hingegangen. Als ich ihm für die Tat als persönliches Geschenk 10 000 Dollar versprach, verzog er keine Miene und sagte, er würde es nicht für das Geld, sondern für mich tun. In der letzten gemeinsamen Nacht liebte er mich wild und meine letzten Skrupel, was Hander anging, verschwanden. Das Leben mit Pierre durfte mir niemand nehmen.

Der einzige Schwachpunkt unseres Planes war Hander. Würde er freiwillig ins Boot kommen? Wir waren sehr erleichtert, als er so dumm war, es zu tun. Nach Pierres Schlag mit dem Holzriemen und nachdem wir das Wasser abgesucht hatten, waren wir sicher, dass Hander tot sei.

Am nächsten Morgen ging ich zur Bank. Sie hatten in St. Georg nicht genügend Dollar, um mein Konto aufzulösen und mich auszuzahlen. Meine Version vor den Bankleuten, ich hätte vor, mit dem Geld in Martinique ein Restaurant zusammen mit Pierre zu kaufen, das hätte sich bei meinem Aufenthalt an Silvester ergeben, wurde akzeptiert, ebenso dass ich das Geld bar zur Verfügung haben wollte, um die komplizierten Devisenbestimmungen der Franzosen zu umgehen.

Wir einigten uns auf 23 000 Dollar in bar und den Rest in Travellerschecks, die ja überall und unkompliziert von mir eingelöst werden konnten.

Ich übergab Pierre meine Tasche, in der sich das Geld befand. Wir hatten uns gedacht, dass es besser sei, unauffällig und getrennt zu verschwinden, mit Bess wollte ich später telefonieren. Pierre wollte mit seinem kleinen Motorrad vorfahren, Tickets besorgen und an der Fähre auf mich warten, ich würde mit dem Rest des Gepäcks und dem alten Jeep nachkommen.

Als ich am Pier bei der Fähre ankam, wartete schon die Polizei auf mich. Von Pierre keine Spur, ich weiß bis heute nicht, wie er von der Insel gekommen ist. In Handschellen, von allen begafft auf der Fähre zu sein, das Gefängnis, der Prozess, das alles war sehr schlimm, aber das Allerschlimmste war der Verrat von Pierre. Ich hatte wirklich geglaubt, dass er mich geliebt hat. Auf den Gedanken, dass er vielleicht mit meinem Geld durchbrennen würde, war ich überhaupt nicht gekommen.

Den Rest kennst du ja, Gisela.«

Beide Frauen schwiegen eine Weile. Dann versuchte Senta ein Lächeln, das zu einer Grimasse wurde.

»Wahrscheinlich bist du jetzt sehr schockiert von dem, was ich alles getan habe. Auf jeden Fall bin ich heilfroh, mir meine Geschichte von der Seele geredet zu haben. Ich danke dir sehr.«

Der nächste Tag wurde Gisela im Gefängnis sehr lang – zum Glück war es der Letzte. Sie wusste nicht recht, worüber sie mit Senta reden sollte und fühlte sich in deren Gesellschaft unwohl und unfrei.

Am darauf folgenden Morgen hatte es die bockende Maschine der örtlichen Luftfahrtgesellschaft Liat mit dem Bestimmungsziel Puerto Rico schwer, bei dem starken, böigen Wind zu starten. Gisela drückte sich in die Polster. Gott sei Dank, bald bin ich endlich wieder zu Hause, dachte sie erleichtert.

Zwei Tage später stießen sich Sentas Zellengenossinnen an, als sie diese beim Aufstehen beobachteten. Sie kicherten und freuten sich, jetzt auch eine Chinesin in ihrer Zelle zu haben. Erst verstand Senta nicht, was sie meinten, aber dann sah sie trotz schlechter Beleuchtung und obwohl die Spiegelscherbe neben dem Klo halb blind war, dass sie eine gleichmäßig zitronengelbe Hautfarbe besaß. Sie fühlte sich noch matter als sonst, abgeschlagen und zunehmend fiebrig. Am Nachmittag verlegte man sie auf die Krankenstation in das so genannte Isolierzimmer. Vor dem Raum stand auf einem Drahtgestell eine Schüssel mit einem Desinfektionsmittel für die Hände des Personals. Im Zimmer waren zwei Betten, in einem lag nun Senta und in dem anderen eine ältere, magere Farbige mit einer offenen Lungentuberkulose, die, wenn sie nicht laut schnarchte, die meiste Zeit ekelerregend hustete, dabei große Mengen von rotem Schleim aus der Tiefe hervorbrachte und in einen Blechbecher spuckte.

Senta schlief viel. Die Tage verschwammen ineinander. Sie hatte keinen Appetit und musste zum Trinken fast gezwungen werden.

Der behandelnde Arzt, ein Praktiker aus der Stadt, der die Tätigkeit im Gefängnis nebenberuflich ausübte, war zwar freundlich und ruhig und nahm sich auch einmal die Zeit, Senta ihre Lage zu erklären, konnte ihr aber nicht wesentlich helfen. Sie hätte eine infektiöse Hepatitis, eine Leberentzündung, die häufig von alleine wieder abheilen würde, aber auch zu einer chronischen Leberentzündung werden oder gar in eine akute Leberdystrophie münden könne, mit schlechtem Ausgang. Dr. van Diessen, so hieß der Arzt, war ein heller, schlanker Mischling mit holländischen Vorfahren. Seine Therapie bestand in Abwarten, Vitamintabletten und Ruhe, von der Senta ja genug hatte. Mehr konnte er ihr nicht bieten.

Wenn der junge Mann vom Konsulat kam, fasste er nichts an, setzte sich nicht hin und schien selbst geistig abwesend zu sein. Man sah ihm deutlich an, dass er sich auf dieser Krankenstation vor der Pest oder der Cholera fürchtete.

Senta wurde von Tag zu Tag kachektischer und wog noch etwa 40 Kilo, als sie von einer sehr erschrockenen Gisela Förster in der Krankenstation des Gefängnisses besucht wurde. Das Konsulat hatte ihr mitgeteilt, dass Senta sehr krank und mit dem Schlimmsten zu rechnen sei.

Gisela hatte schon zu Hause, nachdem sie die Haftbedingungen in St. Andrew selbst gesehen hatte, Himmel und Hölle in Bewegung gesetzt, um eine Überstellung des Häftlings zur weiteren Verbüßung der Haftstrafe nach Deutschland zu erreichen.

Sie hatte Amnesty International eingeschaltet, sich an das Justizministerium des Landes und die Menschenrechtskommission der UNO gewandt. Vor allem hatte sie aber ihren Freund aktiviert, der als Lehrer Mitglied der Gewerkschaft Erziehung und Wissenschaft war und der aus seiner SDS-Zeit an der Universität Marburg gute linke Verbindungen hatte. Der SPD-Landtagsabgeordnete, ein Abteilungsleiter des Justizministeriums und ein Leitender Ministerialrat des Entwicklungshilfeministeriums waren gute Freunde von ihm aus der bewegten Zeit des gemeinsamen Studiums.

Das Entsetzen von Gisela Förster war mehr als begründet. Die Umgebung von Senta war wie aus einem Alptraum, im Nebenbett röchelte die Tuberkulosekranke und Senta selbst, extrem abgemagert, gelb, kraftlos, nicht mehr gehfähig, sah aus wie eine Sterbende. Das ganze Zimmer roch nach Tod.

Gisela überwand ihre Furcht vor Ansteckung, nahm Sentas dünne Hand in die ihre und versprach ihr die rasche Verlegung nach Hause.

Mithilfe ihrer Verbindungen und Kontakte gelang dann auch sehr schnell folgender Handel: Die todkranke Senta Schleusser – der behandelnde Arzt in St. Andrew gab ihr keine Überlebenschance mehr – wurde zur Behandlung ihrer Erkrankung nach Deutschland verlegt. Die Bundesrepublik Deutschland verpflichtete sich, falls wieder Haftfähigkeit eintreten würde, die kranke Gefangene noch mindestens vier Jahre in einem deutschen Gefängnis, gerechnet vom Tage der Verhaftung an, einsitzen zu lassen. Gleichzeitig wurde die erst im nächsten Jahr fällige, weitere Tranche des Entwicklungshilfeprojektes »Förderung des Ananasanbaus auf St. Andrew« von 1,1 Millionen Euro um ein Jahr vorgezogen und zusätzlich als Geste der Verbundenheit beider Staaten eine neuwertige Dialyseeinheit für das Hauptkrankenhaus der Insel im Wert von 360 000 Euro gespendet und sofort per Luftfracht ausgeflogen.

Am 13. März wurde das leichte Bündel, das Senta noch darstellte, aus dem Flugzeug in Hamburg getragen und in die Universitätsklinik Hamburg-Eppendorf gebracht. Die Staatsanwaltschaft verzichtete in Anbetracht des schlechten Allgemeinzustandes und der damit nicht bestehenden Fluchtgefahr der Patientin auf eine Verlegung ins Krankenhaus der Justizvollzugsanstalt oder auf eine Bewachung am Krankenbett.

Als Gisela Senta besuchte, erschrak sie erneut. Senta wog jetzt noch 34 Kilo, der abgemagerte Kopf sah aus wie der eines unreifen Vogels, der aus dem Nest gefallen ist.

Da keine Angehörigen von Senta existierten, teilten die behandelnden Ärzte Gisela mit, dass die Chancen für ein Überleben gering seien. Man würde mit geeigneten Infusionslösungen versuchen, die Ernährungslage des Körper zu verbessern, es gäbe auch Medikamente, die sie einsetzen würden, und es wären auch Fälle beschrieben, bei denen sich Patienten mit nur noch geringer Restfunktion der Leber wieder erholt hätten. Bei Frau Schleusser allerdings …

Die Tür zu Sentas Zimmer zu öffnen, fiel Gisela schwer. Sie gab sich Mühe, zu lächeln und Zuversicht auszustrahlen. Senta lächelte schwach zurück, als sie sprach:

»Die Ärzte haben mir gesagt, dass ich nur noch ansteckend bin, wenn du mit meinem Blut in Berührung kommst. Bitte setze dich zu mir und gib mir deine Hand. Du kannst dir nicht vorstellen, wie dankbar ich dir bin, dass du dir um unserer alten Freundschaft willen die Zeit nimmst, mich zu besuchen und dass du meine Verlegung nach Deutschland bewirkt hast. Ich werde das nicht wieder gutmachen können, denn ich werde bald sterben. Sage nichts. Ich weiß es. Du weißt es, und die Ärzte wissen es erst recht.«

Es kostete Gisela viel Überwindung, die krallenartigen Finger von Senta anzufassen und den üblen Verwesungsgeruch, der aus Sentas Mund strömte, auszuhalten. Auch Sentas Lächeln, fand Gisela, war schwer zu ertragen, es verzerrte den kleinen Vogelkopf noch mehr.

Es sollte das letzte Mal sein, dass Gisela Senta sah. Das Zimmer, in dem es nach Sterben roch, die Hände Sentas, die jetzt dauernd ihre Bibel umklammerten, den Gesichtsausdruck, der unterwürfig, gottergeben aber auch irgendwie listig und unheimlich war, das alles belastete sie zu sehr. Sie hatte ihre alte Freundschaftsschuld mit ihren Besuchen und Aktivitäten abgetragen.

Den Wunsch von Frau Schleusser, Herrn Hander noch einmal persönlich zu sehen, um ihn um Verzeihung bitten zu können, erfüllte Michael nicht. Der Presse, die natürlich gern eine schöne Überschrift gehabt hätte, wie: »Detektiv verzeiht seiner Mörderin auf deren Sterbebett«, teilte er nach Rücksprache mit seinem Chef mit, dass er Frau Schleusser verzeihe, aber aus persönlichen Gründen ein Treffen nicht wünsche. Er habe innerlich noch nicht den nötigen Abstand zu den Ereignissen auf St. Georg.

Epilog

Senta Schleusser und die behandelnden Ärzte der Universitätsklinik irrten sich, sie verstarb nicht an ihrem Leberleiden. Langsam, ganz langsam, Woche für Woche erholte sie sich. Eine intakte Restinsel ihres Lebergewebes regenerierte sich. Senta nahm an Gewicht zu, verlor ihre gelbbraune Hautfarbe und nach einigen wackeligen Gehversuchen war sie wieder im Stande, mit Hilfe zu laufen. So sah sich der verantwortliche Oberarzt veranlasst, der Staatsanwaltschaft mitzuteilen, dass bei Frau Schleusser Verhandlungsfähigkeit und wenig später auch Haftfähigkeit bestand. Nach kurzem Aufenthalt in der Krankenabteilung der Vollzugsanstalt wurde sie in den normalen Strafvollzug verlegt.

Die Ermittlungen waren schon lange vorher angelaufen. Der Erste Kriminalhauptkommissar Wentorf war vom Leiter der Mordkommission Hamburg mit dem Fall Schleusser betraut worden, nachdem das Tonbandgeständnis, welches Gisela von ihrem ersten Besuch in der Karibik mitgebracht hatte, in Hamburg eingetroffen war.

Trotz seiner langen Erfahrung empfand Wentorf den Schleusserfall als etwas Besonderes, sei es durch den exotischen Tatort oder die Art des Geständnisses. Er hatte sogar versucht, bei der Suche nach den Opfern auf Goats Head Island mit dabei sein zu können. Diesen Wunsch erfüllte ihm seine vorgesetzte Dienststelle aus Kostengründen allerdings nicht.

Die Zusammenarbeit mit den Kollegen auf der anderen Seite des Ozeans war gut. Nachdem sich die Bundesrepublik

Deutschland bereit erklärt hatte, die Kosten, insbesondere die der gerichtsmedizinischen Untersuchungen, übernehmen zu wollen, kam Bewegung in den Fall.

Ein knappes Jahr nach Michaels Abenteuer fanden Chieflieutenant White und seine Leute in dem von Senta beschriebenen Strandbereich auf Goats Head Island nur wenige Zentimeter unter der Oberfläche des Sandes die Überreste zweier Leichen. Ein Metalldetektor, wie man ihn am Strand zum Suchen von Münzen oder sonstigen metallischen Gegenständen benutzt, hatte geholfen – er hatte auf die große Gürtelschnalle von Bernd Schleussers Hose angesprochen. Die Bergung der Leichen, vor allem ihre Trennung voneinander, war schwierig, da die Körper praktisch im warmen Salzwasser gelegen hatten, ihre Weichteile von den diversen Mikroorganismen fast vollständig zersetzt und verdaut waren und die Kleidung verrottet war.

Im Kopf und im Brustraum des männlichen Opfers fand sich je ein Projektil einer Handfeuerwaffe. Bei der weiblichen Leiche war der Schädel im Frontbereich parietal mit einem scharfen, schweren Gegenstand gespalten worden. Der Befund entsprach dem Geständnis der Täterin. Der männliche Körper konnte an einer verheilten Knochenfraktur mit überschießender Kallusbildung am rechten Oberarm identifiziert werden. Die Röntgenaufnahmen des Gefängniskrankenhauses in Hamburg und die Aufnahmen, die ein Gerichtsmediziner aus Trinidad von Schleussers Oberarmknochen gemacht hatte, entsprachen einander.

Die weibliche Leiche wurde eindeutig durch die Aufnahme des Oberkiefers als Anna Schmitt identifiziert. Art und Lage der Füllungen waren die gleichen, wie die auf den Bildern von Annas Zahnarzt in Blockhaven.

Als Kommissar Wentorf schließlich den Bericht des Landeskriminalamtes über die im männlichen Leichnam gefundenen zwei Projektile erhielt, konnte er den Fall abschließen. Die Spuren auf den Kugeln glichen völlig denen, die nach Schleussers Banküberfall auf den sichergestellten Projektilen gefunden worden waren und die man auch auf der Kugel sah, die Hander aus der Kajütdecke der *Helena* geholt hatte.

Der Prozess war ein kleines Medienereignis. Von »die Mörderin gehört auf den elektrischen Stuhl« bis »die arme Frau war doch nur ein Opfer ihrer männlich-sexistischen Umgebung« gab es eine große Spannbreite von Kommentaren zum Fall Schleusser.

Michael Hander, groß, schlank, ernst und mit seinen auffallenden Narben gezeichnet, stand bei seinem Auftritt als Zeuge im Mittelpunkt des Interesses. Seine Aussage war sachlich, fast emotionslos, er hatte auf eine Nebenklage verzichtet. Senta erschien vor Gericht in einem grauen Kostüm, sie war ungeschminkt, die kurz geschnittenen Haare waren von grauen Strähnen durchsetzt. Sie wirkte gefasst, gepflegt und war in allen Punkten der Anklage geständig und bei der Verhandlung kooperativ.

Das Gericht unter dem Vorsitzenden Richter Dr. Rheinhardt, der die Verhandlung souverän, ruhig, sachlich und schnell leitete und irgendwelche Mätzchen von Staatsanwaltschaft oder Verteidigung schon im Ansatz unterdrückte, erkannte schließlich auf Mordversuch, schwere Körperverletzung, Versicherungsbetrug und Totschlag in zwei minder schweren Fällen. Die Gesamtstrafe betrug sieben Jahre und acht Monate. Die Haftstrafe in St. Andrew, der Krankenhausaufenthalt und die Untersuchungshaft in Hamburg wurden auf die Strafe angerechnet.

Das Gericht berücksichtigte die Reue der Angeklagten, ihr umfassendes Geständnis und ihre Mitarbeit vor Gericht und hielt ihr in der Urteilsbegründung bei den Todschlagsdelikten eine nicht selbst verschuldete Ausnahmesituation zugute.

Gegen den Rat ihrer Anwältin nahm Senta das Urteil sofort an.

In den folgenden Jahren wurde sie in ihrer Vollzugsanstalt zu einem Musterhäftling. Still, angepasst und fleißig arbeitete sie in der Gefängniswäscherei, um diese nach kurzer Zeit zu leiten.

Wegen guter Führung und guter Prognose wurde sie schon nach vier Jahren Haft nach einem Gutachten von Professor Dr. med. J. von Weikersheim, dem berühmten forensischen Psychiater, Freigängerin. Als Arbeitskraft an ein Wäschereiunternehmen vermittelt, machte sie dort eine steile Karriere und wurde eine Woche, nachdem sie auf Bewährung entlassen worden war, in aller Stille vom Besitzer dieser Wäscherei- und Reinigungskette geheiratet. Gegen den anfänglichen Widerstand ihres neuen Mannes, der kein Aufsehen erregen wollte, setzte sie nach der standesamtlichen Trauung auch eine kirchliche Zeremonie durch, bei der der junge Geistliche, ein Pater aus dem Süden Indiens, in etwas gebrochenem Deutsch über die Heimkehr des verlorenen Sohnes predigte. Sentas Mann war um vieles älter als sie und äußerlich nicht attraktiv. Sehr zum Missfallen seiner erwachsenen Kinder nahm er Senta nach wenigen Monaten mit in die Geschäftsführung auf. Die Ehe wurde von ihrer Umgebung als gut bezeichnet.

Die sterblichen Überreste von Bernd Schleusser, von dem sich keine Angehörigen ermitteln ließen, wurden nach der gerichtsmedizinischen Untersuchung in Trinidad in einer verschweißten Aluminiumkiste von der Größe eines Arztkoffers wieder zurück nach St. Andrew geflogen und dort auf dem Friedhof der anglikanischen Church of England auf Kosten des Deutschen Konsulats beerdigt.

Der Attaché Birnbaum, der als Einziger außer den zwei Totengräbern bei der Beerdigung anwesend war, entblödete sich nicht, da ein Fotoreporter der Lokalzeitung auftauchte, eine Art stilles Gedenken mit gefalteten Händen am offenen Grabe vorzuführen.

Anna Schmitt wurde nach Deutschland überführt. Unter großer Anteilnahme der Blockhavener Bevölkerung, ihrer ehemaligen Schule und vor allem der fast vollständig anwesenden Seglervereinigung, die »Schmitt sine Lütte« unbedingt die letzte Ehre erweisen wollte, fand die Beerdigung statt.

Über einem blauen Himmel fegte ein Westwind von 5 Beaufort einzelne, kleine Schönwetterwölkchen über den Deich nach Osten. Annas ehemalige Mitsegler waren sich einig: So ein Tag hätte Anna gefallen.

An ihrem Grabe sangen ergreifend und sehr lange, nur unterbrochen vom zeitweiligen Schluchzen ihrer Mutter und ihrer Freundin Birte, die Blockhavener Fischermädchen in ihrer wirklich herzigen Tracht, unter der Leitung ihres Dirigenten, des Stiefvaters von Anna, der mit seiner neuen Perücke jetzt noch mehr wie Gotthilf Fischer aussah.

Die Lokalpresse berichtete ausführlich von dem Ereignis.

Die *Helena* wurde von einem Schotten, einem Junggesellen, Lebenskünstler, Aussteiger und Bastler dem griechischen Staat, nachdem sie noch eine Zeit auf der Coast-Guard-Pier vor sich hingerottet hatte, für eine geringe Summe abgekauft. Er ließ sie auf die kleine Kaikiwerft von Isychos bringen und ist jetzt immer noch dabei, sie zu reparieren und auszubauen. Die *Helena* hat noch keinen Motor, steht noch an Land, wird aber schon von dem Schotten bewohnt. Zur nächsten Sommersaison soll sie unter dem neuen Namen *Town of Aberdeen* wieder ins Wasser kommen.

Helge Brarup, der Freund Michaels, wurde nicht aus dem Polizeidienst entlassen. Er tut wie bisher seinen Dienst im Dezernat für Spurensicherung und hat seine geschiedene Frau erneut geheiratet. Dem Vernehmen nach kracht es aber schon wieder in dieser Beziehung, und sein Umfeld würde es nicht wundern, wenn er sich zum zweiten Mal von seiner Ehefrau trennen würde.

Herr Broll und die Nautik-Versicherung konnten sich freuen. Bargeld und Vermögenswerte der Senta Schleusser im Wert von über 60 000 Euro gingen in ihren Besitz über. Wie ihm zugesagt worden war, erhielt Michael eine Prämie von der Summe in Höhe von 10 Prozent.

Jahre später übrigens, einen Tag nach Sentas Heirat mit ihrem Chef, dem Wäschereibesitzer, überwies dieser den Rest von Sentas Schuld aus dem Versicherungsbetrug an die Nautik, hochgerechnet mit einer Verzinsung von sechs Prozent, und machte Senta somit, zumindest was die Betrugssumme anging, wieder ehrlich.

Schon bei seiner Rückkehr aus St. Andrew hatte Michael erwachsener, gestandener und nicht mehr wie ein Muttersöhnchen gewirkt. Diese positive Entwicklung hielt an. Michael blieb schlank, und er lächelte nur noch dann, wenn es wirklich etwas zu lächeln gab.

Die Ankündigung, die er bei seiner Ankunft aus der Karibik seiner Mutter gegenüber gemacht hatte, setzte er nach wenigen Wochen in die Tat um und bezog eine hübsche Zwei-Zimmer-Wohnung mit kleiner Terrasse, Küche und Bad, fast auf halber Strecke zwischen Büro und Yachthafen.

Die Erfolgsprämie für die Wiederbeschaffung des Schleussergeldes benutzte er für die Verschönerung seiner Wohnung, aber erst nachdem er sich vom Großteil des Geldes einen kompakten Volvo-Saildrive Diesel für seine *Stormvogel* gekauft hatte.

Im kommenden Winter hatte der Firmenwitzbold Walter den Kolleginnen und Kollegen etwas zu berichten. Er war, ganz zufällig, an Michaels Wohnung vorbeigefahren. Und wen hatte er mit einem kleinen Köfferchen ins Haus gehen sehen? Die Kollegin Messmer in engen, schwarzen Lederhosen und einem neuen Webpelzjäckchen im Leopardenlook.

Auch einige von Michaels Clubfreunden waren überrascht, ihn im folgenden Sommer zu sehen, wie er in dem netten dänischen Hafen Ærørskøbing an Bord seiner *Stormvogel* stieg, Hand in Hand mit einer jungen, sehr hübschen Dame, der Beschreibung nach hätte es Ilona sein können, deren Segelkleidung sehr neu und sehr schick aussah.

Und so bekam Michael im Büro von Walter einen neuen Spitznamen, der ihm lange erhalten blieb.

Aufgrund seiner Fahndungserfolge, seines jetzt doch offensichtlichen Erfolges bei Frauen und wegen seiner verwegenen Narbe, die sein Ohr vom Kopf etwas abwinkelte, nannte man ihn ›unseren James Bond mit dem Schlappohr‹.

Zum Abschluss ein ganz kitschiges Happy End, aber es hat sich nun einmal so ereignet.

Michael und Ilona heirateten noch im selben Jahr und bekamen erfreulicherweise schon wenige Monate nach der Hochzeit eine ganz entzückende, lebhafte und gesunde Tochter, die auf den zugegeben in Norddeutschland ungewöhnlichen Namen Lillibeth getauft wurde.